全汉昇 著

全漢昇全集

上海市"十四五"重点出版物出版规划项目

汉冶萍公司史略

上海财经大学出版社
SHANGHAI UNIVERSITY OF FINANCE & ECONOMICS PRESS
上海学术·经济学出版中心

图书在版编目(CIP)数据

汉冶萍公司史略 / 全汉昇著. -- 上海 ：上海财经大学出版社，2025.8. --（全汉昇全集）. -- ISBN 978-7-5642-4725-6

Ⅰ．F426.31

中国国家版本馆 CIP 数据核字第 2025Y0F472 号

本书由上海市促进文化创意产业发展财政扶持资金资助出版

□ 责任编辑　朱晓凤
□ 封面设计　桃　夭

汉冶萍公司史略

全汉昇　著

上海财经大学出版社出版发行
（上海市中山北一路 369 号　邮编 200083）
网　　址：http://www.sufep.com
电子邮箱：webmaster@sufep.com
全国新华书店经销
苏州市越洋印刷有限公司印刷装订
2025 年 8 月第 1 版　2025 年 8 月第 1 次印刷

710mm×1000mm　1/16　15.5 印张（插页：2）　230 千字
定价：88.00 元

编 委 会

主 编
杨永汉　张伟保

编辑委员会
杨永汉　张伟保　郑润培
陈俊仁　赵善轩　罗志强

学术顾问
赵　潜　王业键　黎志刚
许倬云　陈慈玉　何汉威
朱荫贵　郑永常

总 序

全汉昇先生献身于中国经济史研究逾60年,他的学术贡献深受同道重视。他毕生孜孜不息,从20世纪30年代开始,筚路蓝缕,穷研史料,挖掘新问题,开拓新领域;并且毕生不断地吸取西方经济史研究的新观念与新成果。同时尽心提携后进,可说他大力带动了中国经济史研究的新风气,开拓了新视野,提升了研究水准。

固然在长达60多年的学术生涯中,他所钻研的议题随时间的流转与工作地点的改变而异,但治学态度始终如一,并且有其连贯性。如果以他所研究的时代来划分:1949年以前,他的研究范围上溯汉末,下及元代,而以唐宋经济史为主;此年以后专注于明清近代经济的探讨。如以他工作的地点来观察,则1949~1965年主要是在中国台湾地区任教,1965~1995年在中国香港地区任教。他所研究的议题包括货币经济、物价、财政、城市、经济组织、交通运输、国内商业、国际贸易以及近代工业化等,成果丰硕。全先生登上历史研究的舞台时,适值中国社会经济史研究的兴起并走向黄金时代,当时学界展开了20世纪20年代末期到30年代的中国社会史论战。他以踏实严谨的态度研究唐宋经济史,指出汉末以后到唐代中叶以前的中古时期很明显地可自成一个阶段,与此时期以前及以后是不同阶段的社会,此点有力地反驳了社会停滞论者。而在全球化议题被广泛关注的今日,我们重新检视他对近代中国经济史的贡献,发现他的国际贸易与工业化研究是下意识地反省此现象,就此意义而言,其研究可以说具有前瞻性。

他在1935年毕业于北京大学历史学系,因陈受颐主任的推荐,得以进入"中央研究院"历史语言研究所。大学时期,他已经开始其研究生涯的第一阶段,他当时深受政治系陶希圣教授及"中央研究院"历史语言研究所所长、史学系傅斯年教授的影响。陶希圣教授讲授中国社会经济史,全先生跨系修读,对其极具兴趣,感到这门学问亟待开发的新领域甚多,遂决定以此为终生志业。傅斯年教授治学求博求深,教导学生认真搜罗史料,不尚空言,这种务实求真的治学态度,日后遂成为全先生的治学方针。他的中古经济史研究可以说是陶希圣与傅斯年两位师长学风的结合。

全先生的学术生涯在1944年面临转折。该年他蒙傅斯年和"中央研究院"社会科学研究所陶孟和两位所长的提拔,获派到美国哈佛大学、哥伦比亚大学和芝加哥大学3所著名学府进修,向 Abbott P. Usher、Shepherd B. Clough、John U. Nef 等经济史大师学习,汲取西洋经济史学界的新观念、新方法与新成果,并且与西方经济史学家建立了联系渠道,奠定了日后中西学术交流的基础。其中,John U. Nef 的 *The Rise of the British Coal Industry* 一书,详细地分析了英国煤矿业的兴起与当地交通运输、资本、技术等因素的关系,亦论及煤矿业及其相关的钢铁业在英国资本主义发展过程中所扮演的举足轻重的角色。他当时深受此书的启发,又觉得日本于明治维新以后,短短70年的经济发展,即能脱胎换骨,威胁美、英两国,究其原因,工业化乃是日本踏上侵略亚洲之途的动力。并且他远离当时贫困的家园,亲身体验美国富庶的物质文明,不免感慨万分,所以开始推敲近代中国工业化迟缓的问题,并以《唐宋政府岁入与货币经济的关系》(1948年)一文,为其中古史研究划下终止符。

来台湾以后,他一方面从汉阳铁厂着手,钻研近代中国工业化的问题;另一方面在《社会科学论丛》《财政经济月刊》等期刊撰文,论述西方先进国家的工业化、日本与"二战"前后远东的经济,以及台湾的工业化问题。同时,全先生与 Dr. Arthur F. Raper、台湾大学社会系陈绍馨教授等人,率领一群台大经济系学生,针对台湾的城市与工厂,做了详尽的调查工作。这可以说是一向埋首于故纸、古书中的全先生,生平唯一的一次田野调查工作。1954年,根据当时田野工作而以中、英两种文字出版了《台湾之城市与工业》,这本书应有助于学界对第二次世界大战后初期台湾地区经济的了解。

1961年9月,全先生第三度到美国,两年的时间里先后在芝加哥大学、华盛顿大学和哈佛大学访问。当时他看到了1903~1909年间在美国克利夫兰（Cleveland）出版的《1493~1898年的菲律宾群岛》这一重要史料，开启了他从中国、菲律宾、西班牙的三角贸易关系来论析美洲白银与中国丝绸贸易的研究之门。1965年11月，全先生到香港后，身处国际贸易明珠，更深深地感受到了16世纪以来东西方经济交流在中国经济史上的重要性。此后在香港30载，他将中西贸易与明清时期的金属货币制度（银两和铜钱兼充市场交易的媒介和支付的工具）相联结，从银铜等币材的供给面思考，希企完成他自30岁以来对中国货币史的体系化研究。他因此厘清了同时期中国与西班牙、葡萄牙、荷兰、日本等国的贸易关系，扩大了中国经济史的视野。他有关明清时期中国国际贸易与金银比价方面的论文多达25篇，可谓研究生涯晚期最珍贵的结晶，也为后进开拓了新课题。

全先生于1967年和1971年先后在香港的《新亚学报》和台北的《"中央研究院"历史语言研究所集刊》，分别发表《宋明间白银购买力的变动及其原因》和《自宋至明政府岁出入中钱银比例的变动》两篇学术论文，他经由论述白银成为货币的过程，联结了早期的唐宋经济史研究和晚期的明清经济史研究。而1987年于台北出版的《明清经济史研究》一书中，则指出自明清以来输入大量白银，却不进口机器等物，是中国工业发展落后的一个因素。亦即他所关注的明清白银流入问题，不仅和他的货币经济与物价史研究有关，也关系到他的中国工业化研究。易言之，在长达60多年的学术生涯中，全先生最关注的议题，虽然因时因地而有所改变，但依然可见其延续性。

全先生的研究课题所跨越的时间，自汉代而迄抗战前夕，可谓源远流长，据初步统计其出版品，共有专著9种、论文116篇、书评10篇，以及杂著9篇，其内容有专精者，亦不乏博通之类。已故哈佛大学杨联陞教授曾经题诗称誉全先生："妙年唐宋追中古，壮岁明清迈等伦；经济史坛推祭酒，雄才硕学两超群。"可以说具体系统地勾勒了他在学术上的重要贡献。

全先生自北京大学毕业以后，终身服务于"中央研究院"历史语言研究所。他刚进史语所时，只知遵照傅斯年先生"闭门读书"的指示，却因此养成习惯，"上穷碧落下黄泉，动手动脚找东西"，找资料和写论文乃成为他一生中的工作与兴趣。或许因为不善于言辞表达，除非必要，他很少开口；然而全先生先后在台湾大学、香港中文大学和新亚研究所等讲授了50载的中国经济史,也曾在台湾大学经济系教授西洋经济史,培育了不少人才。他上课时常用一些有趣的名言,例如以"月明桥上看神仙",描写江南的繁华,让人留下深刻的印象。1980年他更应日本基金会之邀,前往东洋文库、东京大学和京都大学讲学半年。第二次世界大战后70多年来,中国的研究条件大大地改善,现今中国经济史研究的面貌,与全先生拓荒时已不能同日而语,但毫无疑问,他在这一领域所灌注的心血,是我们晚辈所永远铭记的。

全先生的著作曾经在香港地区、台湾地区和北京分别出版,一些早期期刊上的论文往往很难入手,不易阅读。此次承蒙杨永汉、张伟保、郑润培、陈俊仁、赵善轩和罗志强等诸位学长组成编辑委员会,费尽心血收集所有论著及其相关书评、杂文等,交由上海财经大学出版社编排印刷简体字版,编委会并尽心尽力校对全集,力求完美,实属可贵。家属谨致由衷的谢忱,衷心期盼全集的问世能让生活在全球化时代的现今学子重新审视历史上国际贸易、货币金融与工业化等议题的重要性与关联性。

陈慈玉
2022年4月23日

许倬云先生《全汉昇全集》序

奉读来函,应邀为全汉昇先生大作的全集作序。一时之间,感慨甚深。全先生是我的前辈,在史语所中属于第二代。他那一代,劳师贞一、严师归田以及全先生三人被称为史语所历史组的"三杰"。他们三人各有成就,也可以说在自己的领域里,都是领军人物。现在他们三人都走了,而居然要我第三代的人撰序,原本是不敢当的。可是,仔细一想,我这第三代的人竟已是92岁了。哪里再去找一个他们的同辈人,为我的长辈撰序呢?

言归正传,全先生一生的撰述,是从他还没有从北京大学毕业时,就加入了《食货》杂志的阵营。当时有全先生、杨联陞先生和武仙卿先生,他们从中国历史发展的实际形态,以矫正当时流行的"为主义而治学"的浮夸之风。这一务实治学的习惯,终其一生不变。从北大毕业后,他由北大的陈受颐教授推荐,进入"中央研究院"史语所工作。史语所的所长傅孟真先生很清楚全先生的治学经历,欣然接受:"你的治学方法和史语所非常吻合。在这里,你会如同在自己家里一样,希望我们终身合作。"

全先生的著作,正如他的学生和儿媳陈慈玉所说,可以分成三个阶段。

第一个阶段是在史语所,他不单继续了《食货》杂志时期研究经济制度的线索,而且在这个范围之内,从秦汉研究到唐宋,累积了许多研究成果,包括交通、市场、货币、生产、税收及国际关系等不同的现象。他终于肯定地指出,在汉代几乎走向"货币经济"的时代,中间有个转折,出现了东汉以后以至于南北朝甚至于唐代初期的,以实物交换品为基础的"自然经济"。然后他肯定唐代中期以后延伸到宋代的这段时期,是中国"货币经济"完全确立的阶段。

第二个阶段,到了台湾,他继续在大陆时已经开始思索的问题:中国在近代化的过程中,如何开始踏上工业化的途径?他的研究,从汉冶萍公司开始。因为这个厂是中国第一个现代大规模生产重要资源的工厂。他考察到制度中官督商办的利弊,也指出如果官家办厂,好处是可以投入大量的资金,不需要从民间筹款,这对于工业化起步是比较方便的一个步骤。在这一个阶段,他讨论的课题,实际上扩大到工业开展的不同形式;而且指出,即使以设立钢铁厂而论,也必须考虑到许多投入的资源——水、燃料、制造机件的原料等。而在产出方面,也要想到运销的问题,找到市场在何处,如何与人竞争等。其中两端之间,还必须考虑到组织管理的制度,工厂技术人员的招聘和训练,以及一般劳工的聘雇和照顾。因此,他在这个阶段的工作,实际上是着重于之后中国走向现代化的经济时,这些全面的思考必须早日着手。

在20世纪50年代末期,全先生应李济之先生之邀,在李先生代理"中央研究院"院长的任期,担任总干事。两年之后,胡适之先生回台,担任院长。胡先生挽留他继续以总干事的职位辅助院务。可是,不久之后,他应芝加哥大学之聘赴美研究,也就终于离开了行政职务回到研究工作。

第三个阶段,他在美国不仅在芝加哥大学做研究,同时还访问好几所其他大学的经济系,与当时各处的经济学专家切磋学问。1965年,他应聘在香港担任中文大学新亚书院教授,其后更获聘为新亚书院校长。在香港时期,他有非常安定的研究环境,也能用到香港各处保留的国际贸易资料,于是他的研究主题就进入"中国历史上的国际贸易"这一课题。

他研究过中国明代的贸易,牵扯到当时"倭寇"和海盗等各种贸易性质,然后逐渐进入三角贸易的研究,讨论西班牙银元,中国的丝绸、瓷器,美国的市场以及中国和日本之间各种不同产品的交换,而且涉及日本和中国如何在这个过程中进行银铜的交换。这许多复杂的关系,使他理解了:任何区间贸易,都会走到接近于全球化的大市场。在这个过程中,他也研究过明代国内市场各地区之间的交换和贸易。当时他就指出,很难有小地区之间直接双向交换的市场,任何这一类的交换都会被卷入更大地区的复杂商业流通。他指出的现象,确实是西方经济史研究中一个很重要的项目。但是那些研究通常是从西洋国家全球性的殖民行为后,逐渐扩散而造成的全球市场化。以至于在20世纪后半期,国际经济行为中肯定了全球化的必然性。而那个时候,才出现了WTO(世界贸易组织)。

全先生终身研究致力于这三个现象,而这三个现象实际上又是互相关联的。他的研究工作,涵盖面之广阔,深入面之透彻,使全先生的著作成为中国经济史研究的典范。他的一生都在训练学生,成为专家后,分别在各处工作。他的影响,还会继续由这些弟子们提升。

言念及此,想到全先生谈话的音容,一口广东国语,使他言辞不能完全顺畅,但是句句触动人心,结合成一串的逻辑思考。我今天能够得此荣幸为长者的全集撰写序文,不仅是荣幸而已,也是由此寄托第三代弟子对两代师长的思念和感激。

许倬云谨序
2022年3月31日,于匹兹堡

目 录

自序 　1

第一章　绪论 　1
第二章　汉阳铁厂官办时期(1890—1896年) 　11
　第一节　汉阳铁厂创办的目的和经过 　11
　第二节　资金问题 　26
　第三节　燃料问题 　32
　第四节　机器设备问题 　37
　第五节　厂址问题 　39
第三章　汉阳铁厂官督商办时期(1896—1908年) 　47
　第一节　铁厂改归官督商办的经过 　47
　第二节　燃料问题的解决——萍乡煤矿的开采 　51
　第三节　与日本签订预备矿石价值合同的经过和影响 　58
　第四节　机器设备的改良和扩充 　67
　第五节　产品及销路 　69
　第六节　新厂址的建议 　77
第四章　汉冶萍公司商办时期(1908—1925年) 　79
　第一节　清朝末年 　79
　　一、汉冶萍煤铁厂矿的合并 　79
　　二、股本的筹集 　83

　　　　三、经营概况　　　　　　　　　　　　　　88
　　第二节　民国初期　　　　　　　　　　　　　　96
　　　　一、中日合办问题　　　　　　　　　　　　98
　　　　二、省有问题　　　　　　　　　　　　　104
　　　　三、国有问题　　　　　　　　　　　　　107
　　　　四、官商合办问题　　　　　　　　　　　112
　　　　五、日债的举借　　　　　　　　　　　　115
　　第三节　欧战时期　　　　　　　　　　　　　119
　　　　一、欧战对汉冶萍公司的影响　　　　　　119
　　　　二、"二十一条"与汉冶萍公司　　　　　126
　　第四节　欧战以后　　　　　　　　　　　　　131
　　　　一、汉冶萍公司的没落　　　　　　　　　131
　　　　二、汉冶萍公司没落的原因　　　　　　　141
　　　　三、没落后的汉冶萍公司　　　　　　　　146
第五章　汉冶萍公司失败的原因　　　　　　　　　153
　　　　一、计划不周　　　　　　　　　　　　　153
　　　　二、经营不善　　　　　　　　　　　　　154
　　　　三、用人不当　　　　　　　　　　　　　156
　　　　四、环境不良　　　　　　　　　　　　　158
　　　　五、成本高昂　　　　　　　　　　　　　160
第六章　结论　　　　　　　　　　　　　　　　　168
汉冶萍公司大事年表　　　　　　　　　　　　　　171
附录　　　　　　　　　　　　　　　　　　　　　189
　　（一）汉阳铁厂与日本制铁所互易煤铁合同（光绪
　　　　二十五年二月二十七日）　　　　　　　189
　　（二）萍乡煤矿有限公司招股章程（光绪二十七年
　　　　六月）　　　　　　　　　　　　　　　193
　　（三）萍乡煤矿公司借款合同（光绪二十八年七月

初四日)	195
(四)大冶购运矿石预借矿价正合同(光绪二十九年十一月二十八日)	199
(五)广九铁路与汉阳铁厂订定铸轨章程(光绪三十四年四月呈部核定)	202
(六)广九铁路与汉阳铁厂订造钢轨等件合约(光绪三十四年四月呈部核定)	207
(七)汉冶萍公司中日合办草合同细则(1912年1月29日)	208
(八)中日汉冶萍矿石价金预付契约十四款(1913年12月2日订立)	210
(九)中日合办九州制钢厂股份有限公司合同二十一款(1916年8月23日订立)	215
(十)中日合办九州制钢厂生铁供给合同十一款(1916年8月23日订立)	217
常用书籍简称表	221
参考书目	222

自 序

　　清光绪十六年（1890年），湖广总督张之洞在湖北汉阳以官款创办钢铁工厂，名汉阳铁厂。经过数年的筹备，到了光绪二十年（1894年），在铁厂装设好了化铁炉、炼钢炉及其他机器设备，把自湖北大冶铁矿开采出来的铁砂炼成生铁，再炼成钢，成为在东亚最早创设的新式钢铁厂。到光绪二十二年（1896年），因官款支绌，张氏把铁厂交给盛宣怀招商承办，因此铁厂由官办改为官督商办，而以盛氏充任督办。盛氏接办铁厂后，设法开采江西萍乡煤矿，以供应铁厂必须大量消费的燃料，同时对铁厂的机炉设备加以改良或扩充。到了光绪三十四年（1908年），汉阳铁厂、大冶铁矿及萍乡煤矿合并组成完全商办的汉冶萍煤铁厂矿有限公司（简称汉冶萍公司），在农工商部注册。在当日向该部注册的公司中，它是资本最大的一家。在清末民初，除土法炼铁以外，它又是我国用新式机炉设备来制炼的唯一企业。其后欧战（1914—1918年）爆发，刺激钢铁价格上涨，我国始有其他钢铁厂的设立。但在1914—1923年，汉冶萍公司每年的生铁产量仍占全国新式铁厂总产额的2/3。可是，欧战结束后，由于钢铁价格低落，加之经营不善，汉冶萍公司各部门便或先或后停工倒闭，只有大冶铁矿仍然开采铁砂，运交日本，作为偿债之用。

　　关于汉冶萍公司的历史，作者于十年前曾经在《中国现代史丛刊》第二册（台北正中书局，1960年）发表《汉冶萍公司之史的研究》一文。可是，该文付印后，作者并没有机会把校样校阅，结果错字甚多，有若干处简直不能阅读下去，深感愧对读者。为了弥补，表示衷心的歉疚，作者早就想把汉冶萍的历史重新写过。到了近年来，作者因为有机会搜集更多有关的资料，故决定扩充成书。

书中根据的资料，有不少来自"中央研究院"历史语言研究所图书室及近代史研究所档案室。作者提出研究计划后，由香港中文大学中国文化研究所推荐，获得美国哈佛燕京学社的财政资助。关于资料的搜集、整理及其他有关工作，荷蒙香港中文大学研究院区美嫦同学鼎力协助。初稿完成后，又蒙张德昌先生细阅一遍，提出许多宝贵的意见。作者在此谨一一表示诚恳的谢意。当然，本书如有错误，均由作者负责。书中不完备及不妥当之处，在所难免，敬请读者指教！

全汉昇

1971 年 2 月 19 日于香港九龙

第一章　绪　　论

　　近代世界各国的工业化,以18、19世纪间在英国发生的工业革命为最早。英国在18世纪中叶以后的数十年或一百年内,因为在科学、技术上有许多重要的发明,工业制造及其他生产事业都普遍使用动力传动机器来生产,从而生产力提高,成为"世界的工厂"。到了19世纪中叶以后,由于英国工业技术的传播,西欧、美国、日本及其他若干国家都或先或后地工业化成功。

　　我国与英国工业文明的接触,时间并不太晚。早在鸦片战争(1840—1842年)时期,我国一部分人士已经感觉到英国船坚炮利的威胁。其后到了太平天国革命(1850—1864年)后期,因为李鸿章在安徽训练出来的淮军要倚赖外国轮船运往上海,后来他的军队又要倚赖由外人组成的洋枪队(后称常胜军)的帮助才能打败太平军,故朝野上下都深感有采用西洋机器设备来制造轮船、枪炮的必要。因此,中国工业化开始的特点,是以建设国防工业为主。可是,中国因受英国工业革命的影响而开始工业化,在时间上虽然并不太晚,但是成绩远在欧、美、日本及其他若干国家之后。

　　如果想在清末创办的各种工业中找一个例子来说明中国在近代工业化过程中所面临的问题或遭遇到的困难,我们可以拿制炼钢铁的汉冶萍公司的历史来加以研究。因为钢铁工业是一种关键工业(Key Industry),举凡一国工业制造的机器设备、交通器材、日常用品,以及其他许多生产工具,无不以钢铁为主要原料来制造,故钢铁工业的发达与否,关系着一个国家生产力的大小或经济力量的强弱。不特如此,它的发达又是一国武力强大的象征,因为它在近代军事设备方面是不可缺少的重要材料。因此,本书的目的是把汉冶萍公司的历史作为一个个案来研究,以探讨近代中国工业化进行迟缓的症结或失败的原因。

　　严格地说,汉冶萍公司并不是中国第一所新式的钢铁厂,因为在它成立前四年,即光绪十二年(1886年)二月,署贵州巡抚潘霨鉴于该省太过贫穷,同时误认为贵州铁矿丰富,已经预备在青溪县设立一所新式钢铁工厂,借以利民和抵制洋货。① 经过长时间的苦心筹划,青溪铁厂终于光绪十五年(1889年)九月十四日正式出铁。② 但由于经费短绌、管理乏人,铁厂不得不于次年八月熄炉停炼。③ 它在中国近代工业史上,只如昙花一现,转瞬即逝。故事实上,到了光绪十六年(1890年),湖广总督张之洞在汉阳创办一所规模庞大的钢铁厂的时候,中国新式钢铁工业才正式萌芽苗长。

张之洞主持官办的汉阳铁厂,由于资金短绌、燃料缺乏,出铁不久后,到了光绪二十二年(1896年)即不能继续经营,而改为官督商办,由盛宣怀任督办大臣。盛氏接办铁厂后,开采萍乡煤矿以解决燃料问题,并于光绪三十四年(1908年)把汉阳、大冶、萍乡三厂矿改组为完全商办的汉冶萍公司。在清末民初,汉冶萍公司可说是中国唯一的新式钢铁工业企业,因为从光绪十六年(1890年)汉阳铁厂成立时起,直到宣统三年(1911年)日本在东北经营本溪湖煤矿兼营钢铁业,中国境内才有第二所钢铁厂,并且它还不是华资经营的。到了欧战(1914—1918年)期间,由于战争的刺激,钢、铁价格上涨,国内钢铁厂才纷纷设立。例如民国五年(1916年),中、日合办振兴公司,在东北成立;次年,上海浦东有和兴公司创设;又次年,河北龙烟公司和山西保晋公司阳泉铁厂成立;八年,山东金岭镇铁矿被日本人强行开采(民国十年由中、

---

① 光绪十四年十一月初七日《京报》载署贵州巡抚潘霨奏:"臣查黔地瘠苦,惟铁为自有之产,是以奏明派员前赴外洋购办机器,在镇远府属之青溪地方开设铁厂,以兴大利。"又《新辑时务汇通》卷九三载潘霨等《贵州矿务札文》说:"近年各省凡洋铁可到之区,铁店均愿购用……中国所出小块熟铁,用之不便,是以滞销。欲收回洋庄生意,与之并驾齐驱,非(用)机器(制炼)不可。"又参考光绪十二年二月二十九日及十三年六月初八日《申报》。以上各文,分别引自孙毓棠编《中国近代工业史资料》第一辑(科学出版社,1957年),页681、678、674及676。
② 潘霨创办青溪铁厂,可以说费了不少心血。光绪十二年,首先,他在青溪收购铁矿,同时派员在镇远、常德、汉口、上海等地设立分局,以便将来把产品运销各地。其次,他曾经把贵州土炉铸炼的熟铁运往上海、天津机器局试验,认为绵软而韧,与外洋产品相同,故对创办铁厂更有信心。最后,他"又虑买回机器不合要(需?)用及糜经费",派员往英国各铁厂考察和购买机器,机器价值合计12 610镑。参考光绪十二年七月初十日《京报》、《新辑时务汇通》卷九三。以上均引自孙毓棠前引书,页675、677、678、684。
③ 由于作为冶炼钢铁的主要燃料的煤和原料的铁的缺乏及经费短绌、交通不便,青溪铁厂规模很小。故当主持者潘露(潘霨的弟弟)因积劳成疾而以身殉厂之后,便因后继无人,生产难以继续而倒闭。参考光绪十三年六月初八日及十四年十月十五日《申报》、《新辑时务汇通》卷九三,光绪十四年六月十七日《益闻录》,抄本张之洞电稿载光绪十五年十二月初一日潘霨致张之洞电及其他文献。以上资料都引自孙毓棠前引书,页676、678、680、683—685。又参考薛福成《出使日记续刻》(台北市京华书局,1968年)卷三,页37。

第一章 绪 论

日合办之鲁大公司经营),安徽繁昌的裕繁公司亦正式出铁,同时扬子机器公司在汉口谌家矶建化铁炉一座,于次年出铁;九年,湖北官矿局成立,开采象鼻山铁矿。① 截至民国三年(1914年),国内利用新式化铁炉出产生铁的,只有汉冶萍公司,但它的产量还不能超过全国土炉炼铁的产量。其中除民国三年的产额差不多可以和土炉产量比拟以外,其他各年都追赶不上,平均每年只等于土法制炼的67.78%。从民国四年(1915年)至十一年(1922年),汉冶萍公司的生铁产量,平均每年占全国新式化铁炉产额的66.65%(参考表1)。

欧战期间,因为列强忙于战争,无暇东顾,同时海洋运费激增,故输华产品锐减。随着外货输入的减少和价格的昂贵,中华民族工业(包括上述的钢铁业)便趁着没有工业先进国家产品竞争的机会而大加发展。② 但好景不长,民国七年(1918年)十一月,欧战结束。因为中国自民国建立以来,内战频繁,没有一个安定的环境来发展工业,故不能够像日本那样利用欧战机会,致力于国内经济建设③;欧战结束后,也没有趁着列强忙于国内战后重建而无暇经济侵略我国的时机,从事大规模建设,为国家的工业化打下基础,使钢铁工业产品得到一个广大的国内市场。

刚刚相反,在民国七年(1918年)后,外国产品重新进入中国,到了民国十三年(1924年),输入总值已经增加一倍,此后中国便失去了一个发展工业

---

① 参考谷源田《中国之钢铁工业》(《经济统计季刊》二卷三期,1933年9月),引自陈真编《中国近代工业史资料》第四辑(三联书店,1961年),页738;中国工程师学会主编《三十年来之中国工程》(台北市京华书局,1967年8月),胡博渊《三十年来中国之钢铁事业》,页3—9;Yuen-li Wu(吴元黎), *The Steel Industry in Communist China* (New York, 1965), pp.18-19。又振兴公司成立的日期,胡博渊前引文认为是民国四年,吴元黎前引书则认为是民国五年,侯德封《第四次中国矿业纪要》(地质调查所,民国二十一年)页234所载,亦与吴氏相同。据黄月波编《中外条约汇编》(文海出版社,1964年11月),页200,《中日合办振兴铁矿无限公司合同十五条》记载,条约订于民国五年三月,同年四月十七日奉农商部批准。可见振兴公司设于民国五年,胡博渊的说法显然有误。
② 例如棉纺织业,在民国三年至十一年(1914—1922年)间,纯华资创办的纱厂有54家,其中在九年至十年(1920—1921年)的三年间开设的达39家,超过战前二十余年中外各籍纱厂总数的31家。从民国六年至十年(1917—1921年),平均每生产十六支纱一包,最少可得利15.33两,最多高至50.55两,获利之厚,是中国自有纱厂以来所没有过的。参考 Albert Feuerwerker, *The Chinese Economy, 1912-1949* (Ann Arbor: Michigan Papers in Chinese Studies, No.1, 1969), p.21;严中平《中国棉纺织史稿》(科学出版社,1963年),页171—172。
③ 日本利用欧战来从事本国经济建设的结果,是其企业资本,1915—1920年为1905—1915年的8倍。自1913年至1920年,日本的棉纱纺锭自2 415 000枚跃增至3 814 000枚;钢年产量由255 000吨增至547 000吨;生铁增加一倍;煤自2 100万吨增至3 100万吨。对外贸易总值,由1914年至1918年,增加300%;轮船吨数加倍,总额达300万吨。参考 George M. Beckmann, *The Modernization of China and Japan* (Tokyo, 1965), pp.366-367。

的大好机会,而仍旧滞留在经济落后的阶段。① 同时,由于战后钢铁市价锐降,各钢铁厂便因亏本而纷纷倒闭。民国十年(1921年),本溪湖铁矿停工(后二年复工);十一年,本溪湖铁厂停工(次年复工年);十二年,扬子机器厂停工(十五年始复工年);十三年,鲁大公司停工。② 汉冶萍公司虽然自光绪十六年(1890年)至民国三年(1914年)曾经是中国唯一的新式钢铁工业企业,自民国四年(1915年)至十一年(1922年)的产额也占全国新式化铁炉总产额的2/3,但是到了欧战后,在这种钢铁业不景气的袭击之下,自然也支持不住。其中汉阳铁厂于民国八年(1919年)部分停炼钢铁,于十一年底全部停炼;在大冶新建的两座大化铁炉,也于十三、十四年相继停炼(参考第四章第四节)。因为日本锐意经营东北,不惜投下巨资,故东北钢铁工业不因战后钢铁市价的降低而停业,而且于民国十二年(1923年),生铁产量超过中国本部产量;之后三年,铁砂产量也超过中国本部。③（关于欧战后中国铁砂、生铁产量,参考表1、表2、表3。）

日本钢铁工业开始建设的时间虽然略较汉阳铁厂为晚,但后来居上,有长足的进展。可是,日本铁矿非常贫乏,储量只有6 000万至8 000万吨,如果专供本国制炼,不到20年就要用完。因此,它必须向国外想办法,而最近和最方便的莫如中国。④ 中国国内钢铁厂既然熄炉停炼,故都和日本订约,

---

① 关于欧战后中国输入贸易概况,参考 Yu-kwei Cheng, *Foreign Trade and Industrial Development of China* (Washington, D.C., 1956), pp.258－259。复次,在抗战前,国际联盟对于每一国工业化的程度,曾经做过一个统计。它根据1926年至1929年每一国的工业生产总值,用每一国的人口总数去除,得到每国每人一年平均消费的工业品价值。根据这个统计,1926—1929年美国每年每人消费工业品254美元;英国,112美元;德国,111美元;法国,96美元;意大利,60美元;日本,28美元;苏联,22美元;中国和印度,3美元。参考 N. S. Buchanan, "Deliberate Industrialization for Higher Incomes," in *Economic Journal*, December, 1946。按:Buchanan 文中的数字,主要来自 Folke Hilgerdt, *Industrialization and Foreign Trade*, League of Nations, Geneva, 1945。
② 谷源田前引文,引自陈真前引书第四辑,页738。又《第四次中国矿业纪要》(民国二十一年),页124说:"中国制铁事业,近年毫无起色。原有设备如汉冶萍公司炼厂,久已停闭,难望复工。龙烟、宏豫,始终未开炉,和兴亦停顿。硕果仅存之扬子厂时兴时辍,困于维持。保晋铁厂虽继续提炼但产量甚微。故近年产额几全属于日人直接关系之鞍山及本溪湖两炼厂。"
③ Yuan-li Wu, 前引书,页20。
④ 除了向中国购买矿砂外,日本又向印度、马来亚购买及开采铁砂。参考《第四次中国矿业纪要》,页135—137、138;翁文灏《日本人如何取得铁矿砂的供给》,《独立评论》第一号(北平,民国二十一年五月二十二日),页12—14;《国闻周报》四卷四十六期(民国十六年十一月二十七日),页1,梁宗鼎《中国钢铁权之丧失》;H. G. Woodhead, ed., *The China Year Book 1924* (Tientsin), pp.132－134; F.R. Tegengren, *The Iron Ores and Iron Industry of China* (Peking, 1923－24), pp.407－408。

表 1 1900—1931 年国内生铁产额

(单位：吨)

年份	汉冶萍公司	扬子公司#	本溪湖铁厂	鞍山铁厂	保晋公司	新式化铁炉产量(全国)	土法产量	合　计
1900	25 890					25 890	170 000	195 890
1901	28 805					28 805	170 000	198 805*
1902	15 800					15 800	170 000	185 800
1903	38 875					38 875	170 000	208 875
1904	38 771					38 771	170 000	208 771
1905	32 314					32 314	170 000	202 314
1906	50 622					50 622	170 000	220 622
1907	62 148					62 148	170 000	232 148
1908	66 410					66 410	170 000	236 410
1909	74 405					74 405	170 000	244 405**
1910	119 396					119 396	170 000	289 396
1911	83 337					83 337	170 000	253 337
1912	7 989					7 989c	170 000	177 989
1913	97 513					97 513	170 000	267 513
1914	130 000					130 000	170 000	300 000
1915	136 531		29 530			166 061	170 000	336 061
1916	149 930		49 211			199 141	170 000	369 141
1917	149 664		37 971			187 635	170 000	357 635

续表

年份	汉冶萍公司	扬子公司 #	本溪湖铁厂	鞍山铁厂	保晋公司	新式化铁炉产量（全国）	土法产量	合计
1918	139 152		44 992			184 144+	170 000	354 144
1919	166 097		78 871	31 620		276 588	170 000	446 588
1920	126 305	7 624	48 824	74 895		257 648	170 000	427 648
1921	124 360	15 248	30 869	62 310		232 787	170 000	402 787
1922	148 424	15 248	——	60 022		223 694	170 000	393 694
1923	73 018	——	24 338	76 086		173 442	170 000	343 442
1924	26 977	——	51 950	81 594		160 521	170 000	330 521
1925	53 482	——	50 000	96 135		199 617	170 000	369 617
1926	——	7 498	51 000	162 500	4 800	225 798	178 870	404 668
1927	——	——	63 224	165 000	4 000	232 278	178 870	411 148
1928	——	5 814	84 345	160 000	4 814	254 973	178 870	433 843
1929	——	11 094	76 300	217 858	2 838	308 090	135 368	433 458
1930	——	——	85 060	262 994	2 587	350 641	122 226	472 867
1931	——	4 072	65 620	276 650	5 563	351 905	126 130	478 035

资料来源：谷源田《中国之钢铁工业》，引自陈真《中国近代工业史资料》第四辑，页746。

\# 民国十二年（1923年）归六河沟公司接办，故以后产量，应属六河沟公司。

* 原文作188 805，误。

** 原文作224 405，误。

e 原文作7 939，误。

+ 原文作184 114，误。

第一章 绪　论

表 2　1918—1934 年中国铁矿产量

(单位：吨)#

矿名	矿区	1918年	1919年	1920年	1921年	1922年	1923年	1924年	1925年	1926年	1927年	1928年	1929年	1930年	1931年	1932年	1933年	1934年
汉冶萍公司	湖北大冶	684 756	751 442	824 491	384 285	345 631	486 631	468 922	241 785	85 732	243 632	419 950	476 096	377 667	425 000※	382 000	366 339	382 000
湖北官矿局	象鼻山	—	—	45 667	161 575	45 439	149 406	172 110	214 272	103 822	76 629	212 533	162 194	128 096	83 165	134 556	72 984	70 000
本溪湖公司	辽宁庙儿沟	104 578	109 671	90 434	—	—	25 513	65 000	62 407	93 000	91 000	115 000	148 646	141 061	146 560	153 470	260 230	235 031
振兴公司	鞍山	88 364	165 519	151 030	160 164	139 528	188 218	155 105	140 927	472 985	539 604	540 000	837 025	691 168	816 969	888 143	916 413	950 000
裕繁公司	安徽桃冲	—	114 461	61 810	160 760	267 400	301 650	348 755	309 730	204 080	167 450	112 390	218 817	197 876	265 000	101 333	110 000	280 000
宝兴公司	当涂	97 000	41 290	44 389	8 000	34 583	74 190	55 840	49 900	61 240	52 990	64 000	149 607	124 983	135 000	33 710	50 000	80 000
福利民公司	当涂	—	—	—	—	—	—	—	—	2 152	930	454	—	80 000	50 000	68 000	110 000	120 000
昌华公司	当涂	—	—	—	—	—	—	—	—	—	—	—	37 994	27 000	17 000	65 000	—	—
益华公司	当涂	—	—	—	—	—	7 618	—	—	—	—	—	10 380	—	—	—	—	—
鲁大公司	山东金岭镇	—	178 847	128 164	88 204	26 335	—	—	—	10 000	9 000	10 573	6 237	5 685	12 226	13 000	17 500	18 000
保晋公司	山西阳泉	—	—	—	—	—	—	—	—	—	—	—	—	—	—	—	—	—
大矿产额		974 698	1 361 230	1 345 985	962 988	858 916	1 233 226	1 265 732	1 019 021	1 033 011	1 181 235	1 474 900	2 046 996	1 773 536	1 950 920	1 693 212	1 775 966	1 997 031
小矿产额		500 000	500 000	500 000	500 000	500 000	500 000	500 000	500 000	528 900	528 900	528 900	583 180	478 950	496 100	78 000	17 500	18 000
总　计		1 474 698	1 861 230	1 845 985	1 462 988	1 358 916	1 733 226	1 765 732	1 519 021	1 561 911	1 710 135	2 003 800	2 630 176	2 252 486	2 447 020	1 771 212	1 793 466	2 015 031

资料来源：各原田前引文，引自陈真前引书第四辑，页 742；侯德封《第五次中国矿业纪要》《地质调查所出版，民国二十一年十二月，页 181—182，《第四次中国矿业纪要》，页 122。

1927 年以后，辽宁产额占总额的 37% 左右；土法小矿年产 50 万吨左右，并有逐渐减少之趋势；长江各矿则视日本的收运量而定。参考《第四次中国矿业纪要》，页 122。

※ 各原田前引文作 425 000，侯德封前引书作 314 359。

表3 1927—1931年国内各大铁矿产量比较表

矿　　区	五年之总产额(吨)	百分比(%)
辽宁鞍山	3 424 766	41
辽宁本溪湖	642 267	7
湖北大冶	1 942 345	23
湖北象鼻山	662 617	8
安徽繁昌(裕繁公司)	961 533	11
安徽当涂(宝兴、福利民等)	750 338	10
山西保晋公司(阳泉铁厂)	43 721	
合　　计	8 427 587	100

资料来源：谷源田前引文，陈真前引书第四辑，页743。

以售卖铁砂为主要业务。结果，中国在东北和长江流域的两大铁矿区，储藏总量约8亿吨，都为日本人所控制。其中由长江流域输出的，每年约100万吨。另一方面，国内需要的钢铁材料，却须自外国输入，每年60余万吨，价值5 000余万海关两，要比铁砂及生铁的输出值大得多。[1]（关于中国铁砂、生铁的输出入及消费量，参考表4、表5。）至于钢的产量，据侯德封说："每年最高钢产量不过一万五千吨"[2]，产钢能力远落在日本之后。当日本钢铁工业突飞猛进而以中国铁矿为主要原料取给地的时候，汉冶萍公司既然陷于熄炉停炼的命运，自然只好专门开采铁砂，运交日本来还债了。

汉冶萍公司从清光绪十六年(1890年)汉阳铁厂官办时候开始，直至民国十四年(1925年)汉阳及大冶熄炉停炼为止，它的盛衰，正反映中国钢铁工业的盛衰。在近代中国工业化的初期，它的历史，可以说就是中国钢铁工业的历史。不幸得很，它并没有逃出清末民初一般实业的命运，最终走上了失

---

[1] 《第四次中国矿业纪要》，页126、137；《第五次中国矿业纪要》，页179、180；翁文灏前引文，《独立评论》第一号，页12—13；《国闻周报》四卷四十六期，页4，梁宗鼎前引文。
[2] 《第四次中国矿业纪要》，页126。

第一章 绪　　论

表 4　欧战后中国铁砂输出及钢铁输出入额

年份	输出 铁砂 吨	输出 铁砂 海关两	输出 生铁 吨	输出 生铁 海关两	输出 共计 吨	输出 共计 海关两	输入 制品（钢及铁） 吨	输入 制品（钢及铁） 海关两
民国十五年（1926）	516 924	1 348 784	168 693	4 936 901	685 617	6 285 685	433 582	35 274 393
民国十六年（1927）	493 767	1 390 040	200 832	5 927 092	694 599	7 317 132	389 061	32 893 288
民国十七年（1928）	910 020	2 661 646	216 969	7 028 476	1 126 989	9 690 122	624 898	48 324 571
民国十八年（1929）	964 274	3 210 763	202 145	6 896 357	1 166 419	10 107 120	634 192	52 791 323
民国十九年（1930）	835 559	3 450 622	180 492	7 317 227	1 016 051	10 767 849	527 428	56 564 895
民国二十年（1931）	584 489	2 677 466	246 963	8 773 262	831 652	11 450 708	557 625	67 889 945

资料来源：《第四次中国矿业纪要》，页127。

表 5　欧战后中国铁砂、钢铁消费量　　　　　　　　　　（单位：吨）*

年份	铁砂 产额	铁砂 出口额	铁砂 消费额	钢铁 产额	钢铁 入口额	钢铁 出口额
民国十五年（1926）	1 561 911	516 924	1 044 987	434 668	433 582	168 693
民国十六年（1927）	1 710 135	493 767	1 216 368	441 148	389 061	200 832
民国十七年（1928）	2 003 800	910 020	1 093 780	463 843	624 192	216 969
民国十八年（1929）	2 630 176	964 274	1 665 902	463 458	634 192	202 145
民国十九年（1930）	2 252 486	835 559	1 349 927	487 867	527 428	180 492
民国二十年（1931）	2 447 020	854 689	1 862 331	493 053	557 625	246 963

资料来源：前引书，页127—128。

　　* 鞍山、本溪湖消费的矿砂，占各年总额的大半。见同书，页128。

败的道路。它的失败,着实是中国近代工业化过程中的一个大损失!故研究它的历史,不只可以窥见我国近代工业化成绩恶劣的一斑,还可以看到导致工业化失败的一些因素。本书对于汉冶萍公司历史的研究,打算自光绪十六年(1890年)张之洞创办铁厂时起,至民国十四年(1925年)汉冶萍公司熄炉停炼时止,划分为官办、官督商办、商办三个时期。兹分别论述于后。

第二章 汉阳铁厂官办时期
(1890—1896 年)

第一节 汉阳铁厂创办的目的和经过

张之洞(1837—1909 年),字香涛,又字孝达,直隶南皮人。同治二年(1863 年)中进士,此后曾历任浙江、湖北、四川等省乡试副考官和学政。光绪五年(1879 年),使俄大臣崇厚与俄国擅订新约,使我国丧失许多利权,一时朝野大为惊愕。[①] 当时张之洞虽然位居洗马,却对崇厚所订的条约力加抨击,由此跻身于清流党中,大露头角,得到勇于弹劾时政的美名。但他对国家的贡献,主要是在光绪八年(1882 年)被任命为山西巡抚,开始他的疆臣生涯之后。他在地方上兴办各种实业[②],其中尤以光绪十六年(1890 年)在湖北创办的汉阳铁厂为最重要,而他创办这个铁厂的用意是十分深远而宏大的。

张之洞创办汉阳铁厂的第一个目的是开发国内资源,以杜绝外货的侵入。当光绪十五年(1889 年)任两广总督的时候,他发现一个相当矛盾的现象,那就是广东虽然产铁,而且又有铁器(铁锅、铁槌、铁线等)运销于国外,但民间所用的铁器如铁板、钢条等,莫不采用洋货。他仔细研究发现,造成这种矛盾现象,在于洋铁利用机器制造,所以能够品质优良而又价格便宜,大受中

[①] 光绪三年(1877年)左宗棠底定南疆,引起中、俄交涉。次年,清廷任命崇厚为使俄全权大臣,与俄国交涉。光绪五年,崇厚在圣彼得堡和俄国订立条约十八条,虽然收回伊犁首府,中国却要赔偿500万卢布给俄国,并割让伊犁西部及南部,重定南疆和北疆边界,准许俄国在嘉峪关、乌里雅苏台、科布多、哈密等地设置领事官及贸易行栈,并许俄商在蒙古、天山南北路贸易,不用纳税,丧失利权甚大。参考李恩涵《曾纪泽的外交》(台湾台北市商务印书馆,1966 年 3 月),页 62—66。
[②] 关于张之洞的生平,参考《清史稿》(香港文学研究社版),列传 224,页 1378,《张之洞传》;蔡冠洛《清代七百名人传》(香港远东图书公司,1963 年 7 月 1 日),页 631—640;张之洞《张文襄公全集》(以下简称《张集》,文海出版社,1962 年 8 月),卷首上,页 19—22,陈宝琛《墓志铭》。

国民间欢迎,以致土货在国内滞销。① 约在光绪十五年前后,中国每年消耗洋铁的价值,多至500余万元。② 在此以前,每年洋铁的入口值,远比土铁出口值为大。例如光绪十二年(1886年),洋铁输入值银240余万两,中国土铁(铜、锡在内)出口值118 000余两,不及进口值的1/20;十三年洋铁进口值213万余两,十四年更多至280余万两,而这两年土铁竟没有出口。③ 张之洞认为一个国家自强的要旨,在于开辟自己国内的资源,以杜绝外货的侵入。现在土铁出口额和洋铁入口额竟相差这样大,真是一件值得警惕的事。广东铁矿既然丰富,而铁质又精美,中国为什么不干脆自购机器,在广东创办一个新式的铁厂,以保护本国的利益呢?④ 他又认为,这个铁厂不创办则已,若创办,则要办到不论军事方面的枪、炮及其他军械,交通方面的轮船、火车、电线,以至民间的农具和日用品,都能制造。换句话说,凡是一切利用钢铁制成的日用品,张之洞都希望能够在国内制造,而不再依赖外国的供给,好让国家"多出一分之货,即少漏一分之财",从而"积之日久,强弱之势,必有转移于无形者",中国便可从贫弱转为富强。⑤

张之洞创办铁厂的第二个目的是铸造铁轨,以供给建造芦汉铁路〔又作卢汉铁路,自芦(卢)沟桥至汉口,即后来的京汉或平汉铁路〕的需要。光绪十四年(1888年)十月,海军衙门根据李鸿章的意见,奏请把津沽铁路展筑至通州,以改善天津至北京的交通。但是张之洞认为芦汉铁路深处内陆,万一有战事发生,不易遭受敌人破坏,并且它沟通中国南北,经济价值远较津通铁路为大,故奏请

---

① 《张集》卷二七,页1下-2,《筹设炼铁厂折》(光绪十五年八月二十六日)说:"以本省(广东)铁货出入计之,每年洋铁入廉州者约四五十万斤,入琼州者百万斤有奇,入省城(广州)、佛山者约一千余万斤,入汕头者约二百万斤。内地铁货出洋,以锅为大宗,其往新嘉坡、新旧金山等处,由佛山贩去者五十余万口,由汕头贩去者三十余万口,由廉州运往越南者约四万口。此外,铁锤运往澳门等处者每年约五六万斤;铁线运往越南者先年十余万斤,近因越税太苛,业经停贩。然此皆粗贱之物,凡稍精稍贵之铁板、钢条,则不惟不能外行,且皆取资洋产。"洋铁畅销的原因,正如文中所说:"因其向用机器,煅炼精良,工省价廉。……是以民间竞用洋铁,而土铁遂至滞销。"又参考《海防档》("中央研究院"近代史研究所编,1957年9月),丙册,页171—172。
② 前引书卷一三二,《电牍》十一,页7,《致柏林洪钦差》(光绪十五年三月十八日)。
③ 前引书卷二七,页2,前引文;《海防档》,丙册,页172。
④ 《张集》卷二七,页1,前引文;《海防档》,丙册,页1。又参考《张集》卷一三二,《电牍》十一,页4下,《致轮墩郭钦差柏林洪钦差》(光绪十五年三月初十日)。关于广东产铁的记载,除见于前引文外,屈大均《广东新语》(木天阁绣版)卷一五,页7下-8,《铁》也说:"铁莫良于广铁。广中产铁之山,凡有黄水渗流,则知有铁。"
⑤ 《张集》卷二七,页1、3下,前引文;《海防档》,丙册,页173。

缓造津通铁路，改建芦汉铁路。结果清廷采纳张氏的意见，并调他为湖广总督，督办芦汉铁路的南段。① 在这里，我们将要叙述一下他对于铁路的认识。

在近代交通运输中，水运和铁路运输都占有非常重要的地位。但水道和铁路比较起来，又不如后者那么重要，因为它如果位于寒冷的地方，每年都要受到冬天水道结冰的影响而不能供航运之用。铁路的好处，除了不受水道结冰的影响外，还因运输速度较大而节省时间和运费，以及因运输能力较大而促进与工业化关系密切的资源的开发。② 因此，各国在工业化的过程中，多以建筑铁路为最先努力的一个步骤。中国人士对于铁路的认识，早在同治元年（1862年）前后已经开始，可是事实上，直到光绪五年（1879年），才有一条真正由中国自己筑办的铁路——唐山至胥各庄间的轻便铁路。当日清廷对于铁路的建设，采取一种排斥固拒的态度。③ 在清末大员中，能够意识到铁

---

① 参考《张集》卷二五，页11—18，《请缓造津通铁路改建腹省干路折》（光绪十五年三月初三日）；李国祁《中国早期的铁路经营》（"中央研究院"近代史研究所，1961年5月），页75、78、83；P. H. Kent, *Railway Enterprise in China* (London, 1907), pp.33-34；凌鸿勋《中国铁路志》（世界书局，1963年3月），页177；胡钧《张文襄公年谱》（文海出版社，1967年2月）卷二，页22；许同莘《张文襄公年谱》（台湾商务印书馆，1969年5月），页62；Chang Kia-Ngau, *China's Struggle for Railroad Development* (New York, 1943), p.25.
② 举例来说，美国运河及其他水道的长度从来没有超过2万哩，而且位于北边的那一部分水道每年又有相当长的时间因冰冻而不能航行；反之，美国的铁路却长达25万哩左右，一年四季都可以畅通无阻。随着铁路网在19世纪末叶的成功建设，美国在1897年以后十年内出产的煤，比过去美国自有历史以来所产的煤还要多；复次，美国于1890—1910年二十年内自铁矿中挖出的铁砂，约3倍于美国自有历史以来至1890年的生产量。此外，在俄、德、法等国工业化的历史中，我们也可看出铁路交通与资源开发的密切关系。参考拙著《清季铁路建设的资本问题》，"台湾大学"法学院编《社会科学论丛》第四辑（台北市，1953年9月），页2—3。
③ 同治元年至二年（1862—1863年），先后有英、法、美等国商人分别或联名向清廷申请修筑由广东至江西、北京附近及上海至苏州的铁路，均被拒绝；三年，英国铁路专家史提芬孙（Macdonald Stevenson）应在中国英商的邀请，由印度来华，研究在中国修筑铁路的计划，建议以汉口、上海、广州为三个基点，修筑7条铁路，但未被我国接受；四年七月，英商杜兰德在北京宣武门外，铺设小铁路，轰动一时，引起很多谣言，结果由步军统领衙门命令拆毁。同治十三年（1874年），英商怡和洋行为了发展业务，请准地方当局在上海闸北至吴淞口筑一铁路，并在伦敦组织淞沪铁路公司。光绪二年正月二十日（1876年2月14日）该段铁路通车，为中国有铁路之始。但通车未及两个月，火车撞倒一个中国士兵，引起交涉，终于由清廷在一年内备银28.5万两，将铁路财产全部购回，把它拆卸。直到光绪五年（1879年），因为便利开平矿务局运煤的关系，矿务局总办唐廷枢禀请李鸿章，由李请准清廷，兴建由唐山至胥各庄的一段铁路，聘请英国工程师金达（C. W. Kinder）主持修筑。铁路于光绪七年（1881年）五月兴工，十一月完工，全长20里，是我国第一条自资建筑的铁路。由此可见，我国铁路的发展实在是极其纡缓而困难的。因此，学者称中日甲午战争（1894—1895年）以前中国铁路的发展为闭关时期；而当时清廷反对兴建铁路的原因，是恐怕铁路兴筑以后，交通便利，中国门户洞开，险阻尽失，外人可以横冲直撞地深入内部，对于国防有害。参考 P. H. Kent, 前引书, pp.1-15, 22-26；李国祁前引书，页12—14、23—24、37—38、41—43；凌鸿勋前引书，页1—3、5；Chang Kia-ngau, 前引书, pp.23-24。

路的重要性的,只有李鸿章、刘坤一、刘铭传和张之洞等寥寥数人。① 因为前三位对铁路的认识不在本文研究范围之内,兹不赘述。张之洞对于铁路的认识,偏重于经济方面。他鉴于英国铁路的获利及美国自从铁路网筑成后,煤和棉花产量大增,国家的财政收入增益不少,因此认为铁路是使国家富强的一个好方法。② 中国自通商以后,土货的出口远较洋货的入口为少,以致民生凋敝,经济贫乏。唯有赶快修筑铁路,使国内资源能够开发,机器能够输入,从而土货的质得以改善,量得以增加,能够运销到全国和世界各地,才是根本救治的办法。③

关于铁路的兴建,张之洞反对借用外债、购买洋轨。他认为兴办铁路,首先要"积款",然后"采铁""炼铁""教工",逐步进行。直至铁矿产量日增、锅铁能够煅炼、资金充足、技术人员训练好后,才在交通冲要的地方修筑干路,以奠定中国铁路的基础。④ 很明显,张之洞认为铁路的兴建,须先从事铁矿的开采和煅炼。因此,他致电驻英公使刘瑞芬请代购铁厂机器的时候,即指定所购的机器要能兼造铁轨。⑤ 1890年7月11日《捷报》的"武昌通讯"报道:"张之洞调任湖广以后,已将他原来打算在广州进行的一些庞大建设计划全部移到了武昌。各种计划中首先最重要的一项是建立一座大的完整的炼铁

---

① 李国祁前引书,页31、56、83;凌鸿勋前引书,页5—6。
② 《张集》卷一三三,《电牍》十二,页24下—25,《致海署天津李中堂》(光绪十五年十月十六日)说:"铁路者,富民之一大端也。其利用之处,非沾沾于目前之土产税厘所得而综核也。英国某铁路开办之初,通盘细核,一年约估获利1万镑,及年终综算,获利竟至101 829镑。……美国某省产煤最富,五十年前仅有铁路数百里,年中出煤不过6万余顿(吨)。迨后铁路增长,煤亦增多,五十年中,共出煤73 075 925顿。以每顿值洋4元计之,合银2 923 037 024元。又某省产棉最富,四十年前仅有铁路数百里,迨后铁路递增,出棉亦渐多。其初每年出棉不过百余万包,今铁路共长15 000余里,每年出棉500余万包。四十年中,此省筑路之费,共银786兆元;四十年中,共出棉花149兆余包,每包价50元计之,共值7 473兆有奇,较之筑路之费,多至10倍。使无铁路,则运载艰难,价值昂贵,销流不广,焉得有此厚利?"
③ 前引书,卷一三三,页26,前引文;同书卷二五,页12—13,前引文。
④ 参考《张集》卷二七,页9—13,《遵旨筹办铁路谨陈管见折》(光绪十五年九月初十日)。又同书卷一三三,《电牍》十二,页19下,《致海署》(光绪十五年十月初八日)说:"此举(造铁路)储铁宜急,勘路宜缓,开工宜迟,竣工宜速;前六七年积款、积铁,后三四年兴工修造,两端并举,一气作成。"
⑤ 前引书卷一三三,《电牍》十二,页2,《致轮墩刘钦差》(光绪十五年八月初一日)说:"前议铁机内兼造铁轨,请询明每日能造铁轨若干尺?若两车并行,一来一去之双轨,每里用铁约需若干顿(吨)?"又同书卷一三四,《电牍》十三,页34下—35,《致轮墩薛钦差》(光绪十六年三月二十九日)说:"前定炼铁炉机日出百顿,今欲赶办钢轨,日出二百顿(吨),将已定炉机参合添配,应加炉座卷轨机各若干?"

炼钢厂。显然此举主要目的是铸造中国第一条铁路(芦汉铁路)需用的钢轨。……关于芦汉铁路……大家认为总督张之洞用中国工人和中国材料制成钢轨以后,铁路才有可能动工。"①

因此我们可以看到,张之洞创办汉阳铁厂的目的是多么大而深远。要是这个计划能够实现的话,毫无疑问,中国的工业化必有一番成就。不幸的是张之洞不善经营,以致铁厂走上失败的途径,而这个伟大的抱负也就变成泡影了。

张之洞决定建立铁厂后,即于光绪十五年(1889年)三月开始着手筹办。关于铁厂厂址,他选择了广州城外珠江南岸的凤凰冈,因为他认为那里交通方便、地势平坦,适宜建厂。② 事实上,他这个选择是错误的,除了从便于自己照顾这一点来着眼外,他并没有考虑到广东铁矿在质和量方面是否足够开设一所大规模的炼铁厂的问题。可是,广东虽然有铁货出口,但它的铁矿的质和量实在不适合一所现代化炼铁厂的要求。关于这点,将在下文详细讨论。当张之洞于是年十月调任为湖广总督后,继任两广总督的李瀚章,便以广东铁矿贫乏,储藏量不足以供应铁厂将来的大量需要,并且营建厂屋及购置机器的费用庞大,决不是广东财政所能负担为理由,反对在广州设厂。③ 因此,建厂的计划也就随着张之洞职位上的迁调而改在湖北进行了。

铁厂改设湖北后,张之洞筹办铁厂的计划,主要是购机、设厂、采铁和开煤四大点。④ 兹分述于后。

先让我们谈谈购买机器的情形。张之洞在广州的时候,曾致电驻英公使薛福成和刘瑞芬,请他们在英国梯赛特厂代为订购每座日出生铁100吨的熔铁炉2座及炼熟铁炉、炼钢炉、压板、抽条等机器,共值85 639镑,合银

---

① 《捷报》,卷四五,页42—43(引自孙毓棠前引书,页773)。又参考 P. H. Kent,前引书,p.34。
② 《张集》卷二七,页3,前引文。又参考《海防档》,丙册,页173;胡钧前引书,卷三,页2下。
③ 《海防档》,丙册,页177—178;胡钧前引书,卷二,页25。又《张集》卷一三三,《电牍》十二,页41,《海署来电》(光绪十五年十二月二十七日)说:"粤督李(瀚章)奏,'设厂炼铁……大炉倾销铁砂甚巨,矿务稍延,即难源源供用。营建厂屋,非数十万金不能,厂成后厂用相需甚殷,粤何可能常为垫支? 现在直隶、湖北创办铁路,如将炼铁厂量为移置,事半功倍。……'等语。……炼铁厂可否移置鄂省,俾省开矿重购之费?"
④ 《张集》卷九七,《公牍》十二,页2,《咨呈海署约估筹办煤铁用款报明立案》(光绪十六年十一月初九日)。

约 40 万两。① 当铁厂决定改在湖北设立的时候，机器尚未运到中国，故改运往汉阳并不困难。其余各种机器，他又致电驻德公使洪钧和薛福成，请他们在比利时的郭格里厂（一作郭克力耳厂）订购。② 合计他先后购置的机器，共耗银 116 万余两（见下文表 6 及表 7）。此外，他又致电刘、薛、洪三公使和使俄大臣许景澄，请他们代聘矿师和工匠。③ 计共雇洋匠 41 名，月薪共 1 200 余两。④

设厂方面，为便于管理，张之洞决定在武昌附近的汉阳大别山下建立铁厂。⑤ 事实上，他这一个选择是错误的，因为汉阳既不产煤，又不产铁，缺乏建立现代化炼铁厂的最基本条件。关于这点，留在下文讨论。铁厂兴建的工程，巨大繁复，机器名目既多，筑基、开矿、修路的工程又非常浩大，是张之洞和其他中国官吏所想不到的。⑥ 到了光绪十九年（1893 年）九月，整个兴建工程终于完成，前后一共费时两年零十个月。⑦ 综计它的规模如下：全厂占地东西三里余，南北半里有多；全厂填土高一丈一二尺不等，共填土九万余方；

---

① 前引书卷九七，页 3，前引文。又参考薛福成《出使公牍》（台北市京华书局，1968 年），卷一〇，页 1 下；薛福成《出使英法义比四国日记》（文海出版社，1967 年 10 月），卷二，页 9 下；及卷六，页 9 下。
② 《张集》卷一三三，《电牍》十二，页 12，《洪钦差来电》（光绪十五年九月十八日）。又薛福成《出使日记续刻》，卷四，页 66—67。
③ 《张集》卷一三八，《电牍》十七，页 2 下，《致俄京许钦差》（光绪十九年八月二十日）；卷一三二，《电牍》十一，页 7，《致柏林洪钦差》（光绪十五年三月十八日）；同卷，页 18 下，《致轮墩刘钦差》（光绪十五年五月初十日）。
④ 《张集》卷三九，页 17 下，《铁厂煤矿拟招商承办并截止用款片》（光绪二十一年八月二十八日）。
⑤ 《张集》卷二九，页 23，《勘办炼铁厂基筹办厂工暨开采煤铁事宜折》（光绪十六年十一月初六日）。又参考同书卷一三五，《电牍》十四，页 3，《致上海盛道台》（光绪十六年四月初八日）；许同莘前引书，页 72。
⑥ 《张集》卷四七，页 15 下，《查明炼铁厂用款咨部立案折》（光绪二十四年闰三月十三日）说："湖北创设炼铁厂，厂大工精，事繁费巨，工程之艰苦，机器之笨重，名目之繁多，起运之烦难，筑基之劳费，凿矿、修路、开煤、炼钢之纷歧，随地异宜，随时增补，中国官吏、工匠见所未见，实非可以常例相绳。"又同书卷三三，页 8 下—9，《豫筹铁厂成本折》（光绪十九年二月二十五日）说："至此项工程之艰巨，实为罕有。机器之笨重，名目之繁多，随地异宜，随时增补，洋匠亦不能预计。而起卸之艰难，筑基之劳费，炉座之高大，布置联贯各机之精密，凿矿、修路、开煤、炼钢之纷歧，尤非他项机器局可比。……各厂总图、分图，极为精密，多至数百纸，皆寄自洋厂，到鄂厂又须分画各段细图。大炉、焦炭炉各砖，皆系洋制……式样数十种……皆编有号数，依次修砌，一块不能错乱。……每一批机器物料运到，多至数万件，或十余万件，必须数十日方能点清。每一种机器，必须四五个月方能安配完好。至于其余一切物料……无非来自外洋；其最近者……则取之开平……湖南……上海、香港，无一省便之事。"
⑦ 参考前引书卷三三，页 3 下，前引文；卷三四，页 1，《炼铁全厂告成折》（光绪十九年十月二十二日）。

第二章　汉阳铁厂官办时期　　17

表 6　汉阳铁厂成本预算表

预算年份	用途		款项（两）	资料来源[①]
光绪十六年 (1890) 十一月	炼钢机器		400 000*	十六年十一月初九日，张之洞《咨呈海署约估续筹办煤铁用款明报立案》**
	炼钢铁机器运保费		150 000	同上
	机器到沪到鄂转运起卸费		30 500	同上
		雇用人夫	8 000	
		雇用驳船	7 000	
		铺垫木料	1 000	
		轮船拖运煤火各费	3 000	
		搭盖篷厂四周木棚	500	
		储机器所四周木棚	1 000	
		起重木架	200	
		绳索铁炼零件	4 000	
		油饰机器工料	800	
		起卸大铁墩、火车头，补贴自沪运鄂运费	5 000	
	汉阳大别山下购买地基码头		43 000	同上
	汉阳堤工	购买地基	28 000	同上
		购买堤上堤下民房并补给迁费	15 000	
			38 000	

续表

预算年份	用	途	款 项（两）		资料来源①
	经营厂地	修筑襄河一带堤工	32 000	13 000	同上
		修筑铁厂内堤横堤		25 000	
		开总水渠,造拦水闸		3 000	
		修路		2 000	
		暂设运物料铁路木垫,砂石,人工		5 000	
		试地,压地,测量,绘图各费		500	
		挖地,开线,立表位置各工费		2 000	
		造平水池		3 000	
		造高水池		4 000	
		流水明沟,暗渠		5 000	
		打桩工费		6 000	
		抽水工费		1 000	
	填厂地,设码头,置抽水机,铺铁轨	填厂屋地基土工	97 500	50 000	同上
		通江码头修造高堤土工		5 000	
		厂内及土堤铺轨所用木垫石工料		7 000	
		安设抽水机器筑墩工费		500	

第二章　汉阳铁厂官办时期

续表

预算年份	用途		款项（两）	资料来源①
	添购外洋机器物料	滨江筑洋木码头一座	15 000	同上
		襄河码头及挑水石矶	20 000	
		修理钢炉等件，兼制铁货机器厂一座	175 000 70 000	
		钢铁器具零件	4 000	
		打铁炉风箱机	2 000	
		铁喉管（气管、水管、煤气管）	6 000	
		添购厂内及通江码头钢轨	20 000	
		本厂临江码头起重机器一座	6 000	
		黄石港运矿码头起重机器一座	6 000	
		抽水全副机器	7 000	
		运土钢手车五百五十辆，连运保费	7 000	
		预添炼钢煽风机二副	5 000	
		预添别色烘炉及造轨机零件	8 000	
		预添汽鼓转轴各件	5 000	
		碾碎石机器一具	1 000	
		和灰沙机器一具	1 000	
		配用钢炉机器	2 000	

续表

预算年份	用 途		款 项 （两）		资料来源③
	起造铁厂基墩炉座工料	采煤钻地机器	307 000	5 000	同上
		化矿器具药料		7 000	
		洋匠购用勘矿测绘各器具		5 000	
		打桩火机器		3 000	
		造砖瓦机器		5 000	
		毛红砂石		20 000	
		鉴红砂石		30 000	
		大麻石料		40 000	
		青砖		50 000	
		开平火砖		30 000	
		石灰		6 000	
		外洋水泥		20 000	
		外洋火泥		6 000	
		粗砂		2 000	
		木料		25 000	
		起造应用木架、千斤架零件		5 000	
		起造厂屋机墩炉座工价		54 000	
		安设机器搬运配合人工各费		12 000	
		机器应用油料、铅粉、砂石、零件、树胶、砂石、零件		5 000	

续表

预算年份	用途		款项（两）	资料来源①
	起造局屋工料	绘图纸张、器具	278 000　　2 000	
		炼铁、造轨、炼钢、制料四厂外洋购定铁柱、铁梁瓦、铁间壁、连运保费	200 000	同上
		局屋正间全所	20 000	
		全厂围墙	20 000	
		各项栈房煤厂	15 000	
		委员办公房	8 000	
		洋匠住房	8 000	
		修造大厂门面	5 000	
		修理省城铁政局房屋	2 000	
	委员、矿师、学生往本省及邻近各省查勘煤铁、开采煤样薪水夫马人工物料各费		20 000	同上
	委员、闽厂学生、翻译、司事、书吏、杂项匠役薪伙		40 000	同上
	洋匠薪水杂费		72 000#	同上
	学堂经费		30 000	同上
		矿学学堂两年经费	10 000	
		化学学堂两年经费	10 000	

续表

预算年份	用	途	款 项 (两)		资料来源①
	铁政局公费	购买洋书图画仪器 化学馆常用药料器具		5 000 5 000	
	开矿		8 000 442 000+		同上 同上
		修造黄石港入江铁路 大冶运矿分局房屋杂费 黄石港修筑木码头一座 兴国运锰铁分局房屋杂费 开矿机器 大冶铁矿、兴国锰矿买山,修路买地各费		350 000 5 000 12 000 5 000 10 000 60 000	
	开煤		251 000		同上
		开煤机器大小二副,连运保费 买山,开隆,砌各工费 煤山房屋杂费		185 000 60 000 6 000	
	拖矿轮船		185 000(+)		同上
		运矿大驳船六号 拖带驳船轮船五号 两年内养船杂费 两年内轮船需用煤斤		30 000 75 000 40 000 40 000(+)	

第二章　汉阳铁厂官办时期　　23

续表

预算年份	用　途	款项（两）	资料来源[i]
光绪十八年（1892）二月	煅矿炉四座、铁桥架一道，连起造工料	79 000	十八年二月廿四日,张之洞《咨呈海署估筹办煤铁用款报明立案》****
	添购生铁炉火砖一副	12 000	同上
	添购高白炉（热风炉）火砖一副	9 600	同上
	添设高炉二座铁料、火砖及修造人工	36 000	同上
	添购制造鱼尾片、钩头钉各机器及厂屋铁料	30 000	同上
	派员带华匠四十名走比国郭格里厂习炼钢铁盘费旅费	20 000	同上
	添设焦炭炉四十座	38 000	同上
	添购开煤机器	100 000	同上
	添造铁山至王三石煤窿铁路十六里	100 000	同上
合　计		3 023 600（十）	

注：i 资料来源除见于《张集》卷九七及九两文外，又见于《海防档》，丙册，页250。
  * 400 000 两中，已付定银131 000 两，为广东闸饷代垫。张之洞《公牍》十五，页3下—11。
 ** 见《张集》卷九七包括德国矿师2人、英国矿师首4人、德国工师2人、比国矿师1人，共9人，洋匠薪水包括德国矿师2人、英国矿师首4人、德国工师2人、比国矿师1人，共9人，两年合计72 000 两。
  # 内说开矿项下共约银402 000 两，实应为442 000 两，显然有错误，兹改正如上。
  十 前引书卷九九,《公牍》十四,页6—8。
**** 资料来源见于《张集》卷九九,《公牍》十五，页3下。

表 7　汉阳铁厂各项用费在总预算中的比重

项　　　目	款项（两）	百分比（%）
购买机器，连运保起卸费	1 160 100	38.36
购买厂地、码头及建厂屋等	210 500	6.96（＋）
购买工料	585 000	19.34（＋）
开煤、铁矿连勘察费	713 000	23.58（＋）
员匠薪水	112 000	3.70（＋）
学堂、铁局经费及杂费	243 000（＋）	8.03（＋）
合　　　计	3 023 600（＋）	100.00

资料来源：据上表。

共有炼生铁、炼熟铁、炼贝色麻钢、炼西门士钢、造钢轨、造铁货六大厂，以及机器、铸铁、打铁、造鱼片钩钉四小厂；此外，还有大冶铁山开矿机器、铁路、码头，再加上马鞍山、王三石煤井工程，以及其他设备。① 其规模的宏伟，在当日东亚着实首屈一指。②

采铁方面，可以说是张之洞创办铁厂多项工作中最不费心力的一种，因为上海道台盛宣怀把他在光绪元年（1875年）督率英国矿师勘得的大冶铁山售与汉阳铁厂。③ 张之洞派矿师勘查的结果发现，大冶矿质优良而丰富，含铁质65％～85％、磷0.1％、硫磺0.3％、铜0.3％④，露出山面的铁矿约有2 700万吨⑤，要是每年开采1万吨，可供开采两千年之用。⑥ 至此，铁

---

① 前引书卷三四，页1—2，前引文；《海防档》，丙册，页197、202—203。
② 《张集》卷三三，页7下，前引文说："而地球东半面，凡属亚洲界内，中国之外，自日本以及南洋各国各岛，暨五印度，皆无铁厂。或以铁矿不佳，煤不合用；或以天时太热，不能举办。"因此，汉阳铁厂在当日算得上是东亚第一大厂。又同书卷三一，页26，《炼铁厂添购机炉请拨借经费折》（光绪十八年二月二十七日）说："询据外洋工师，金谓在外国亦称大厂。"
③ 叶景葵《汉冶萍产生之历史》，引自汪敬虞编《中国近代工业史资料》第二辑（科学出版社，1957年4月），页468；顾琅《中国十大矿厂调查记》（商务印书馆，民国五年八月初版），第一篇，页3；丁格兰著、谢家荣译《中国铁矿志》（农商部地质调查所，民国十二年十二月），页122。又《张集》卷一三四，《电牍》十三，页35，《致上海盛道台》（光绪十六年三月二十九日）说："此矿（大冶铁矿）前经阁下远募良师访得，实为首功。拟每年酌提余利若干，以为酬劳。"
④ 顾琅前引书，第二篇，页4。又参考丁格兰前引书，页124。
⑤ 《张集》卷一三四，《电牍》十三，页33，《致海署天津李中堂》（光绪十六年三月二十九日）；胡钧前引书，卷三，页3；许同莘前引书，页71。
⑥ 《中国经济全书》，第十辑，页824—825（引自孙毓棠前引书，页761）。

第二章 汉阳铁厂官办时期

矿的问题宣告解决,于是张之洞致力于大冶铁矿的开采。开采铁矿的机器设备购自德国,矿师也用德国工程师。此外,因为矿区距离长江岸边的石灰窑有五十多里,他又在两地间建筑一条铁路,以便铁砂自矿区运至江边,然后再由长江利用轮船转运往汉阳。① 到了光绪十七年(1891年),大冶开始采矿,每年约产4万吨。②

开煤方面,张之洞曾派员带同矿师和矿学堂学生沿长江流域各省勘察,发现了湖北江夏县(今武昌县)马鞍山煤矿和大冶县王三石煤矿。可是努力经营开采的结果,却是发现前者磺多灰重,后者则出水太多而废弃不能用,铁厂不得不采购开平焦、洋焦和东洋焦来接济。这一问题和燃料问题有关,将在下文详细讨论。

当大冶采出铁砂而铁厂工程又全部竣工以后,汉阳铁厂即开炉炼铁。光绪二十年(1894年)正月初十日开炉,五月化铁炉烘干,同月二十五日升火开炼,二十七日出铁。出铁之日,上海西报馆即日刊发传单,发电通知各国,因为这是亚洲第一个铁厂出铁。③ 但是,这个好消息并不能持续太久,到了是年十月,铁厂因为焦炭缺乏,经费又不充足,连先开的一座化铁炉也不得不停炼了。④ 统计铁厂从二十年开炉出铁,以迄停炼而转归官督商办,共出生铁5 660余吨、熟铁110吨、贝色麻钢料940余吨、马丁钢料450余吨、铁货拉成钢条板1 700余吨;其中卖出生铁1 100余吨、贝色麻钢料18吨、马丁钢料40余吨、钢条板340余吨。⑤ 由以上数字可见,销数并不很大。销数不大的原因,除了因产量小而限

---

① 丁格兰前引书,页122;顾琅前引书,第二篇,页2。又参考张之洞《委员兴修大冶铁山运道由》(光绪十七年三月初五日),见抄本《督楚公牍》(引自孙毓棠前引书,页798—799)。
② 丁格兰前引书,页122。
③ 《张集》卷三四,页22下,《铁厂著有成效请奖出力各员折》(光绪二十年七月二十四日);又页15下,《奏报铁厂开炉煅炼日期折》(光绪二十年二月初四日);又卷三九,页12下,《进呈炼成钢铁并将造成枪炮分别咨送试验折》(光绪二十一年八月二十八日);又页11,《查覆煤铁枪炮各节并通盘筹书折》(光绪二十一年八月二十八日);又卷一三八,《电牍》十七,页6下,《致石灰窑运道局李令增荣铁山朱从九沛》(光绪二十年正月初三日);许同莘前引书,页84。
④ 《张集》卷三九,页18,《铁厂煤矿拟招商承办并截止用款片》(光绪二十一年八月二十八日)。
⑤ 《铁政局致张之洞电》(光绪二十一年八月二十七日),见抄本《张之洞电稿》(引自孙毓棠前引书,页796—797)。又《海防档》,丙册,页263载:"计光绪二十年,过关铁砖一万八千三百六十二担,铁条三十四担,钢条四百六十五担;二十一年,过关铁砖一百六十八担,铁条二百二十一担,钢条一百七十三担;二十二年,过关铁砖一万二千六十担,铁条四千二百七十一担,钢条八千四十六担。"

制售额外，又有炼出来的产品品质不佳。产品的品质之所以不佳，是因为张之洞购置了不合适的机器设备，以致炼出来的钢铁含磷过多，脆弱易断。由此看来，汉阳铁厂官办的成绩并不如理想，故后来因为经营失败，逼得由官办改为官督商办。事实上，钢铁工业是一门办起来很吃力而不易获得好成绩的重工业，张之洞光是凭着一股热情，而缺乏创办现代化重工业的知识，当然会遇到许多意想不到的困难。现在把他遭遇到的困难分为资金、燃料、机器设备、厂址四个问题，在下文详细讨论。

第二节 资金问题

张之洞在广州筹办铁厂的时候，曾打算挪用广东闱姓商人预缴光绪十六年（1890年）的饷银140万元（合银98万两）作为筹办经费。① 在这笔款未能收到之前，他先向香港汇丰银行借银定购机器，计共借了131 670两。② 及他被调任为湖广总督后，因为继任的两广总督李瀚章反对，铁厂建设计划便随张之洞官职的迁调而改在湖北进行。这样一来，他便不能再利用闱饷，故上书清廷，请户部每年在修筑铁路经费项下，拨银200万两，作为汉阳铁厂的经费。③ 另一方面，他请李瀚章用闱饷代他垫还汇丰银行借款。④ 李瀚章既得张之洞同意把铁厂移设湖北，他此后不必因为筹建铁厂而操心，当然乐得卖这个人情，答应认还这13万余两的款项。⑤

张之洞要向广东省借钱来兴办铁厂的计划既然没有成功，便只好寄希望

---

① 《张集》卷一三三，《电牍》十二，页39下，《致海署天津李中堂》（光绪十五年十二月三十日）。按：闱姓是当日广东人利用科举举行的一种赌博，即在乡会试或岁科举行之前，赌博者先出钱预卜入毂者的姓氏，各指定若干姓。到了榜发的时候，看卜中与否来决定输赢。经营这种赌博的人，要向政府缴纳饷银。

② 《张集》卷一三三，《电牍》十二，页39下—40，前引文；页36，《李制台来电》（光绪十五年十二月二十九日）；又卷九七，页2，前引文。关于这笔款项的数目，张之洞只笼统地说13万余两，孙毓棠氏则说确数为131 670两。今从孙氏说。参考孙氏前引书，页885。

③ 《张集》卷一三三，《电牍》十二，页41，《海署来电》（光绪十六年正月初四日）；同书卷一三四，《电牍》十三，页24下，《致天津李中堂》（光绪十六年三月初四日）；抄本《督楚公牍》载光绪十六年十一月初六日张之洞咨文，引自孙毓棠前引书，页853。

④ 《张集》卷一三四，《电牍》十三，页2下，《致广州李制台》（光绪十六年正月初八日）；许同莘前引书，页69。

⑤ 《张集》卷一三三，页36，《李制台来电》（光绪十六年正月初十日）。

第二章　汉阳铁厂官办时期

于清廷所拨给的官款。可是,适巧位于东北的关东铁路(营口至瑷珲)正急需兴建,款项不能挪用,户部只付了一年(200万两)就没有再继续拨付。从此张之洞只能利用拨定的200万两来开厂炼铁。[①] 不够的款,唯有东拼西凑地张罗了。[②]

光绪十六年(1890年)十一月,张之洞致书海军衙门,呈递汉阳铁厂成本的预算案,计共2 468 000(+)两[③],因此兴办费用出乎他的预算之外。[④] 到了光绪十八年(1892年),他不得不再致书海军衙门,再次估计铁厂续增用款,计共324 600两。[⑤] 综计先后用款共3 033 600(+)两(其用途见表6及表7)。事实上,他两次预算成本的费用,仍然不足以应付铁厂的开支。例如铁厂兴建竣工后,开始炼铁,虽然只是先开一炉,每年也要五六十万两银子的经费。[⑥] 此外,又要赶办开煤井的工程,修理演试各种机器,以及赶筑铁路和填筑厂地[⑦],可以说没有一样工程不重要。还有更糟糕的,马鞍山和王三石煤井开采不成功,白白耗费了一大笔钱(参考表6),最后还不得不采购洋焦和开平焦,而购买焦炭的费用也是一笔相当可观的数目。光绪二十四年(1898年)闰三月,张之洞上书清

---

① 抄本《督楚公牍》载光绪十七年正月二十四日海军衙门与户部奏折(引自孙毓棠前引书,页854)说:"东三省造路(关东路)之事繁兴,涓滴不能他移。应请旨饬下该督(张之洞)但就拨定之二百万两数内开厂炼铸,设法匀筹,撙节办理。"又李鸿章《李文忠公全集》(以下简称《李集》,文海出版社,1962年11月),《电稿》十四,页30,《致译署庆邸》(光绪十九年三月二十日)说:"铁路已造至山海关,购地已至锦州府,需费浩繁,事难中止。……岁仅百万可指,实难无分,是以香涛(张之洞字)函商借拨,未敢允行。"又参考《张集》卷一三四,《电牍》十三,页28,《致天津李中堂》(光绪十六年三月初十日);胡钧前引书卷三,页2下。
② 《张集》卷四七,页17,《查明炼铁厂用款咨报立案折》(光绪二十四年闰三月十三日)说:"总计该厂开办以来,所有经费,除部拨二百万两,奏请拨用数十万两外,其余三百余万两,皆是外间多方凑借,焦思罗掘而来,备历艰苦。"
③ 前引书卷九七,页11,前引文。又抄本《督楚公牍》载光绪十六年十一月初六日张之洞咨文,引自孙毓棠前引书,页853;胡钧前引书卷三,页5。
④ 孙毓棠前引书,页853,前引文说:"现在约估购机、设厂、采铁、开煤等事,共需银二百四十六万两,工用纷繁,尚恐难保不溢出初估之数。"又《张集》卷三一,页26下,前引文说:"开办以来,核实动用,间有可以节省者,亦有溢乎原估之外者。截长补短,其在原估条目之内者,通牵核计,尚足相准。惟此等创办大举,并无成式可循,事理既极精微,情形亦多与外洋多异,随时变通补救,续添料件,续增用款,实有意料所不及,思虑所难周,万不能省,必须购办者。"
⑤ 《张集》卷九九,《公牍》十四,页8,《咨呈海署续估筹办煤铁用款报明立案》(光绪十八年二月二十四日);胡钧前引书卷三,页5下。
⑥ 前引书卷三三,页4下—5,前引文。又同书同卷,页一三下,前引文说:"窃惟铁厂先行开炼一炉,前奏岁需经费五六十万两,实与洋匠多方考究,撙节估计,无可再省。"
⑦ 前引书卷三三,页13下,前引文。又同书卷一三四,《电牍》十三,页32,《致海署》(光绪十六年三月二十二日)。

廷,报明汉阳铁厂共用去 5 687 614(+)两。① 据近人研究,张之洞对于汉阳铁厂的收支数目,非常含糊,他除了没有将在广州购买机器的 131 670 两计算在内外,其余各款的零数(或尾数)又不详②,故他报告清廷的铁厂用款总数可能有些偏低。事实上,汉阳铁厂共用去款项约为 6 097 865 两(见表 8)。在这超过 600 万两的用款中,除去上述户部所拨的 200 万两外,其余都是东拼西凑,或借湖北等省款,或截留新海防捐,或挪用汉阳枪炮局及湖北织布局的款项;其中借款占总数的 1/2,居第一位,户部款占 33%,居第二位,其余的款项合并起来共占 16% 左右(见表 9)。由此我们可以看到铁厂经费筹措困难的一斑。

钢铁工业是一种需要巨额投资和长期经营才能有收获的重工业,世界各国对它的投资,动辄数千万,例如日本的八幡制铁所,筹办的资本约是 2 000 万日元,后来还要增加 600 多万日元。③ 因此,汉阳铁厂这 600 多万两(或如张之洞所说,500 多万两)的投资,虽然在当日中国工业界来说,算得上是一个大数目④,但和外国钢铁厂的投资额比较起来,实在是小巫见大巫,起不了什么大的作用。如果汉阳铁厂经费充足的话,换句话说,如果中国有钱的话,虽然张之洞购买了不合用的机器,选择了错误的地方——汉阳——作为厂址,白白耗费了不少冤枉钱,铁厂还是可以继续支持下去,不用由官办改为官督商办的。因此,导致汉阳铁厂停炼而改组的主要原因,不是焦炭缺乏,也不是炼出来的产品品质不佳,而是经费不足;而经费的不足,在铁厂改为官督商办,再由官督商办改为商办后,依然是汉阳铁厂(日后的汉冶萍公司)主持者终日忧心忡忡,始终没有办法解决的棘手问题。它对于该公司的影响,实在是非常之大。

---

① 前引书卷四七,页 16 下,《查明铁厂用款咨部立案折》(光绪二十四年闰三月十三日);《海防档》,丙册,页 246。
② 参考表 8。又 1915 年 1 月 3 日《时报》记载:"闻当时文襄(张之洞)用款不免浮滥,移交盛(宣怀)氏极为含糊,所有文卷册籍,多存局未尽交出。"引自陈真《中国近代工业史资料》第三辑(北京三联书店,1961 年),页 481。
③ 盛宣怀《愚斋存稿》(以下简称《存稿》;文海出版社,1963 年 6 月)卷八,页 21,《铁厂派员出洋片》(光绪二十八年九月)。
④ 在 1895—1913 年,外人在中国设立的 136 家工业企业中,平均每家的创办资本为 758 000 元;而华资开办的 246 家比较大的工业企业,平均每家资本只有 432 000 元。(参考 A. Feuerwerker, "China's Nineteenth-Century Industrialization: The Case of the Hanyehping Coal and Iron Company, Ltd.", in C. D. Cowen ed., *The Economic Development of China and Japan*; Reprint No.5 of Center for Chinese Studies, The University of Michigan, 1964, pp.83 - 84.)和当日大多数工厂比较起来,铁厂在官办时代所花的 600 余万两(或如张氏所说,500 余万两),显然不失为一笔相当庞大的投资。

表 8　汉阳铁厂经费来源表

奏拨年月	款　　项　　来　　源	款项性质	款　额（库平两）	资　料　来　源*
光绪十五年八月	暂借香港汇丰银行，由广州十六、十七年分闱姓预缴商人两销饷银1 400 000元内拨还。	捐款	131 670	十五年十二月三十日，张之洞致海署与李鸿章电。
光绪十六年闰二月	户部拨铁路经费，由湖北认筹铁路经费截抵。	部款	50 000	十六年闰二月廿七日，张之洞致海署电。
光绪十六年四月	户部所筹铁路经费，由湖北之地丁饷银内截抵。	部款	360 000	十六年八月二十七日，张之洞札《饬提截留京饷续提铁路经费银两解局存储拨用》。
	户部所筹铁路经费，由湖北十六年分应解京之厘金饷银内截抵。	部款	80 000	同上。
	户部所筹铁路经费，由湖北十六年分应解京之盐厘金饷银内截抵。	部款	160 000	同上。
	户部所筹铁路经费，由湖北十六年分应解京之西征洋款改为加放棒饷银内截抵。	部款	200 000	同上。
	户部所筹铁路经费，改由金边防银内截抵。	部款	80 000	同上。
	户部所筹铁路经费，由湖北十六年分应解京之厘金旗兵加饷银截抵。	部款	70 000	同上。
光绪十七年正月	户部所筹铁路经费，由湖北十六年应解京饷银内截抵。	部款	450 000	十七年正月廿四日，海署、户部《议覆张之洞奏勘定炼铁厂基请续拨款项折》。
	户部所筹铁路经费，由湖北十六年应解海署海防经费银截抵。	部款	240 000	同上。

续表

奏拨年月	款项来源	款项性质	款额（库平两）	资料来源*
	户部所筹铁路经费,由江西十七年分应解海署海防经费银截抵。	部款	60 000	同上。
	户部所筹铁路经费,由湖北十七年分应解户部京饷银内截抵。	部款	250 000	同上。又六月初八日,户部《议覆张之洞续拨铁厂经费折》。
光绪十七年三月	湖北新海防捐奏准留垫勘矿杂支。	海署款	28 551	十七年三月十八日,张之洞札《新海防准留捐铁厂》。
光绪十八年二月	奏拨湖北厘金盐厘余款。	省款	50 000	十八年二月二十七日,张之洞《铁厂添购机炉请拨借经费折》。
	奏拨湖北盐道库存杂款,自二十年起分十年摊还。	省款	50 000	同上。
	奏拨湖北盐道库存长江水师申平银,自二十二年起分十年摊还。	借省款	100 000	同上。
光绪十九年二月	奏拨湖北粮道库存杂款,自二十二年起分十年摊还。	借省款	100 000	十九年二月十五日,张之洞《豫筹铁厂成本折》。
光绪十九年五月	奏拨湖北粮道库存杂款,自二十二年起分十年摊还。	借省款	50 000	十九年五月十四日,张之洞《铁厂成本不敷另筹借拨折》。
	奏拨湖北盐道库存长江水师申平银,自二十二年起分十年摊还。	借省款	50 000	同上。
光绪二十年七月	奏拨湖北厘金,盐厘,二十年分。	省款	100 000	二十年七月廿四日,张之洞《请拨铁厂开炼用款片》。
	奏拨湖北厘金,盐厘,二十一年分。	省款	100 000	同上。

第二章　汉阳铁厂官办时期

续表

奏拨年月	款　项　来　源	款项性质	款　　额（库平两）	资　料　来　源*
光绪二十一年八月	奏拨江南筹防局经费，由两淮盐商报效拨还。	江南捐款	130 000	二十一年八月廿八日，张之洞《奏拨铁厂开炼经费折》。
	奏拨江南筹防局经费，由湘岸盐商报效拨还。	江南捐款	20 000	同上。
	奏拨江南筹防局经费，由鄂岸盐商票引增价拨还。	江南捐款	270 000	同上。
	奏拨江南筹防局经费，由皖岸盐商票引增价拨还。	江南捐款	80 000	同上。
	十八年二月奏准拨用枪炮厂常年经费后，历年共拨用银	挪借枪炮厂款	1 832 858*	二十四年闰三月十三日，张之洞《查明炼铁厂用款咨报立案折》。
	十九年二月奏准拨用织布局股本、历年共拨用银	挪借织布局款	278 762	同上。
	收铁厂自炼出钢样品出售价。	厂款	24 825	同上。
	借拨江南筹电局。	借江南省款	500 000	同上。
	历年积欠华洋各商票厂号。	借商款	101 199	同上。
合　　计			6 097 865[e]	

资料来源：孙毓棠前引书，页885—887。

* 见《张集》，抄本《张之洞电稿》及抄本《督楚公牍》。参考前引书，页887。

\# 孙毓棠以借枪炮局款为1 564 622两，疑有误。王尔敏则说铁厂于光绪十八年借枪炮厂款555 809两；十九年借491 386两；二十年借340 666两；二十一年借81 912两，二十二年借363 085两，共1 832 858两。今从王氏说。见王尔敏《清季兵工业的兴起》("中央研究院"近代史研究所，1963年7月)，页96。

[e] 孙毓棠前引书，页887说："据张之洞《查明炼铁厂用款咨部立案折》说，铁政局统共收库平银5 586 415两零，实用库平银5 829 629两，略有出入，因为张未有将广州购买机器之131 670两计算在内，又因各款零数不详和扣除汇费所致。"又把孙氏的5 829 629两再加上枪炮厂多借的268 236两，则总数应为6 097 865两。(另外还有一种可能，张氏挪借枪炮厂的款项，可能有一部分已经归还，故说铁厂用款为560余万两。)

表 9　汉阳铁厂各项经费来源在总额中的比重

项　　目	款项(两)	百分比(%)
户部款	2 000 000	33
借湖北、江南、枪炮局、织布局及商款	3 112 819	51
湖北省款及厂款	324 825	5
江南及广东闱姓商人捐款	281 670	5
海署及江南款	378 551	6
合　　计	6 097 865	100

资料来源：据上表。

第三节　燃料问题

　　近代工业化的一个主要特点是机械化的生产，而机械化的生产所需动力的来源，以煤、石油、天然气和水力为主。就消耗动力或燃料特别大的重工业来说，在过去长时间内，以用煤较为经济。① 对于作为各项工业之母的钢铁工业，煤是最重要的燃料。在从铁砂制炼成生铁的过程中，需要的原料除了铁砂、石灰石和锰等外，又须消耗大量的焦炭(或焦煤)作燃料。张之洞知道："大(化铁)炉开炼之始……必须开火一月，大炉方能烧热。开炉以后，即须昼夜镕炼，不能停火，停则与炉有碍，且多耗费。"② 故在开炉以前，铁厂即要储藏大量的焦炭，而在开炉以后，更要经常保持燃料能够源源不断的供给。关于燃料的供给问题，张之洞认为铁厂创办的目的既在开发中国资源，则煤焦也不宜购自外国，而应该在国内采炼，以减轻铁厂的生产成本和增加民间的

---

① 参考拙著《山西煤矿资源与近代中国工业化的关系》，《"中央研究院"院刊》第三辑(1956 年 12 月)，页 164。
② 《张集》卷三三，页 10，前引文。又同书卷一三四，《电牍》十三，页二六下，《致海署天津李中堂》(光绪十六年三月初十日)说："……(铁厂)开办之初，尤须多屯煤斤，方无停火、糜工及居奇涨价之虞。"又卷一三八，《电牍》十七，页 14，《致江宁刘制台》(光绪二十年六月十七日)说："现在铁厂已经开炉，日需矿煤数百顿(吨)，不能稍有间断停待，一间断则炉必坏。"又卷三四，页 27，《请添铁厂开炼用款片》(光绪二十年七月二十四日)说："铁厂……无在不需机器，即无日不需煤斤，为数甚巨。"

第二章 汉阳铁厂官办时期

就业机会。① 可是,很不幸的,他虽然费尽了九牛二虎之力,但这个问题仍没有办法解决。

张之洞筹办铁厂的时候,曾经一方面派员四处勘矿,另一方面奖励民间开采煤矿,然后由铁厂收购。② 但是民间用土法开采,每每开到矿坑深处的时候,即被水阻,以致因不能继续开采而被迫放弃。③ 张之洞奖励民间开采煤矿以供铁厂之用的办法既然不能成功,自然只好由铁厂派人探测煤矿,以便从事大规模的开采。

在光绪十五至十九年(1889—1893年)间,张之洞曾经派员带同矿师和矿学堂学生,沿长江中下游探测煤矿,足迹遍达四川、贵州、湖北、湖南、江西、安徽,并远至山东、陕西,先后在湖南的衡州、宝庆,湖北的荆门、当阳、归州、兴山,四川的奉节、巫山和江西的萍乡等地发现煤矿(参考表10)。其中萍乡煤矿储量丰富而品质优良,但距离汉阳铁厂较远;其余煤矿多半煤质不佳或蕴藏不够丰富,因此都不合用。④ 光绪十六年(1890年)十月,他们在大冶县发现王三石煤矿,虽然煤质欠坚实,但产量丰富。于是购置机器,从事大规模的开采。⑤ 开采了两年,已经得煤不少。可是当煤井开到数十丈

---

① 抄本《督楚公牍》载光绪十六年十月初七日,张之洞《晓谕鄂湘各属并川省民间多开煤斤示》(引自孙毓棠前引书,页765—766)说:"此举(开办铁厂)为中国开辟利源之要政,从此大冶、兴国一带铁利大开,定可日臻蕃盛。至铁厂需用煤斤甚多,一概不用洋煤,尽量购诸内地,以期增广民间生计……实为……贫民无穷之生业。"又《张集》卷三四,页3,前引文说:"至煤为全厂之根,必须自开自炼,方能一律适用,而且多出不竭。目前工费虽多,将来庶可经久,实为节省经费,减轻成本之要策。"又参考《海防档》,丙册,页198。
② 抄本《督楚公牍》载光绪十六年十月初七日、二十日及十九年八月初二日张之洞各文,引自孙毓棠前引书,页765、767、804—805;许同莘前引书,页72。
③ 《张集》卷三九,页5下,《查覆煤铁枪炮各节并通盘筹画折》(光绪二十一年八月二十八日)说:"土法但取浅处之煤,俯掘逆挽,至隆深水多,人力既穷,则弃去此隆,另开他处,故永不能得佳煤,得亦不多。"关于中国土法采煤的缺点,谢家荣《第二次中国矿业纪要》(地质调查所出版,民国十五年),页24记载:"我国煤矿,土法占大半,大都系二三百年相袭而来之陈法,工程极危险,而成本殊轻。……并无适当之设备,故开采不能甚深。……费时甚久,而产额不多。……若煤层厚度,尤无一定限制,虽薄至数寸,亦多开采,故工人工作,至为艰苦。……工程欠整洁,遇危险,且隆道之敷设,矿场之布置,往往只随煤层之位置为转移,但求产煤,而无远大稳固之计划,此则较之西法,诸多不逮也。"中国开采煤矿的土法既然非常简陋,便常常发生水患问题,例如开平、门头沟、临城等煤矿在采用西法开采以前,开矿工程都因遭遇水患而停顿。故清季用土法开采的煤矿,煤的产量不足以满足各种工业的大量需求,从而有自外国输入煤的必要。参考拙著《清季西法输入中国前的煤矿水患问题》,《"中央研究院"院刊》第一辑(1954年6月),页84—87。
④ 《张集》卷三九,页3下,前引文;许同莘前引书,页69。
⑤ 同上。又《张集》卷九六,《公牍》十一,页30下,《札州判王树藩等勘办大冶煤矿》(光绪十六年十月十九日)说:"(王三石煤)炭灰在十分以内,尚堪炼铁。煤层亦厚,惟煤质尚欠坚结。"

的时候,煤层忽然脱节中断,冒出大水来。如果要继续开采,必须增加设备把水抽出才成,但就当时铁厂有限的经费来说,实在没有可能再掷巨资,故只好放弃开采计划。①

表10 湖广总督张之洞派员勘察各地煤矿表(1889—1893年)

派员勘察年月	勘察地区	勘察人	备 考
光绪十五年十二月	湖南省宝庆府所属各地。	高培兰、王天爵	并及铁矿。十六年八月覆勘,并督劝商民自行开采。
	湖南省衡州府、攸县、醴陵及江西萍乡接界等地。	欧阳柄荣、欧阳梦	并及铁矿。
	湖南省辰州府辰溪、浦市等地。	杨湘云、蒋允元	并及铁矿。
	贵州省青溪县。	杨秀观、张福元	并及铁矿。
	湖北省郧阳、兴山、巴东、当阳、京山等地。	?	并及铁矿。
	陕西省汉中、兴安等地。	?	并及铁矿。
	四川省夔州府。	?	并及铁矿。
光绪十六年正月	湖北省武昌、兴国州、广济、荆州、归州等地。	白乃富、毕益希、巴庚生、札勒哈里等	备汉阳铁厂之用。十七年正月覆勘,督饬荆州、当阳等地商民集资采运。
光绪十六年八月	湖南省永州府祁阳县、衡州府各地。	徐建寅、张金生、欧阳柄荣等	
光绪十六年九月	山东省。	凌卿云	勘察煤矿出产情形。
光绪十六年十月	湖北省大冶王三石等地。	张飞鹏、毕益希、柯克斯、王树藩、游学诗、黄建藩等	

① 《张集》卷三九,页3下,前引文。又同书卷三四,页27,前引文说:"王三石煤井三处,开至数十丈,已费尽人工机器之力,煤层忽然脱节中断。……而重辟一井,非巨款不办,现在实无此财力。"又同书同卷,页二,前引文说:"大冶王三石煤井二处,石质极坚,暗水太多,工程过巨,其横隆开通,尚需时日。"又参考《海防档》,丙册,页203。

续表

派员勘察年月	勘察地区	勘察人	备　考
光绪十六年十一月	湖北省黄安、麻城等地。	朱滋树、舒拜发、巴庚生、斯瓦而滋	并及铅矿。
光绪十七年正月	湖南省益阳县。	高培兰	令地方官督劝商民开采。
光绪十九年三月	湖北省兴国州秀家湾等地。	夏崚峰等	
光绪十九年八月	湖北省兴国州富山头。	欧阳柄荣	

资料来源：《张集》《公牍》《电稿》，抄本《督楚公牍》及抄本《张之洞电稿》（引自孙毓棠前引书，页768—769）。

　　光绪十七年（1891年），勘矿人员又在江夏县（今武昌县）马鞍山发现煤矿。这个煤矿不仅产量多、品质好，而且交通便利，距离汉阳铁厂较近，因此张之洞决定大量投资，加以开采。① 马鞍山煤矿开采的工程相当浩大，煤井深至三十余丈，共凿三层横窿，装置了外洋大洗煤机，铺筑了运煤的铁挂线路，并且设置洋式焦炭炉35座，以便就地利用采得的煤来炼成焦炭。② 可是这个煤矿虽然出煤，却产量不多，并且煤质多矿多灰，就是炼成焦炭，也要掺合湘煤或搭用开平焦炭才能够用来炼铁。③ 至此，张之洞对马鞍山煤矿的寄望也可以说归于画饼了。

　　铁厂虽然挽用湘煤或开平焦，但是事实上并没有什么帮助。因为湘煤属于商煤的一种，用土法开采，产量不会太多；并且挽用湘煤（尤其是宝庆煤）后，火力反而不足，使铁液融结不流，炉座受到损坏。④ 至于开平焦，因为路途遥远，每吨价格连杂费、运费在内，要十六七两（在上海只卖十一两），并且

---

① 抄本《督楚公牍》载光绪十七年五月二十九日，张之洞《委高令培兰开办江夏煤矿由》，引自孙毓棠前引书，页802。
② 《张集》卷三四，页23，《铁厂著有成效请奖出力各员折》（光绪二十年七月二十四日）；同书卷三九，页4，前引文。
③ 前引书卷四四，页3，《铁厂招商承办议定章程折》（光绪二十二年五月十六日）；同书卷一〇〇，《公牍》十五，页13下，《附盛道覆禀》（光绪二十二年四月）。
④ 顾琅前引书，第三篇，页7。

不能够随时运到,实在不足倚赖。① 因此,张之洞只好放弃一向坚持不买洋焦的意见,转而购买洋焦和东洋焦来用。可是洋焦因为要远自欧洲运来,每吨售价连运费需要十七八两,比开平焦还要贵,对汉阳铁厂来说,是一个很重的负担,因为当日每吨生铁的售价只是 20 两左右。结果是炼成的生铁要亏本,由生铁炼成的熟铁、钢件更要亏本。② 此外,在日本出产的东洋焦,因为运来中国的数额不多,汉阳铁厂的购买量非常有限。③

燃料的缺乏对于汉阳铁厂真是很大的打击,它除了时时逼使铁厂停炼,烧热的机炉变冷而炉砖缩裂,每每要加以修理外④,更影响铁厂搁本搁息,亏折甚大。因为张之洞创办铁厂的时候,一切设备都是为了同时开两个化铁炉来设计的,换句话说,这些设备是汉阳铁厂的固定成本,故铁厂必须两炉齐开,生产成本才比较经济。不幸焦炭缺乏,只好暂开一炉,生铁的产量便因此很小,而每一吨生铁所负担的固定成本却特别大。张之洞看到这一点,曾经上书清廷,请饬广东省借拨 50 万两,作为汉阳铁厂经费,以便齐开两炉来降低生产成本。⑤ 可是两炉全开,每月要消耗焦炭 3 600 吨。我们在上文说过,焦炭的供应始终不能经常维持,这 3 600 吨的焦炭当然难以筹措。再加上老是亏本,故到了光绪二十年(1894 年)十月,连唯一开工生产的化铁炉也不得不停炼了。⑥

张之洞曾经表示"筹计生铁两炉开炼,成本约需银百万以外"。当只开炼一炉的时候,"已非常年五六十万所能赅括,计每月约需筹垫银六七万两"⑦。

---

① 顾琅前引书,第三篇,页 7;《张集》卷四四,页三,前引文。
② 湘煤运至汉阳铁厂内炼成焦炭,每吨只需 6 两余,故洋焦价格约为湘煤的 3 倍。参考《张集》卷三九,页 6 下,前引文;同书卷一〇〇,页 13 下,前引文;抄本《张之洞电稿》载光绪二十一年六月初四日电,引自孙毓棠前引书,页 796。
③ 《张集》卷一三八,《电牍》十七,页 14,《致江宁刘制台》(光绪二十年六月十七日)说:"东洋煤不来。"大概是因为那时正当中日甲午战争爆发的前夕,东洋焦不能运来。
④ 抄本《张之洞电稿》载光绪二十年十月十九日蔡锡勇致张之洞电说:"开平煤炭未到,不敷用。今日封炉留火,候炭到再开。"(引自孙毓棠前引书,页 797)由此可见,燃料的不充足要引致炼铁的停工。又参考抄本《张之洞电稿》载光绪二十一年正月初六日蔡致张电(引自同书,页 806)。
⑤ 《张集》卷三五,页 7 下—8、11,《铁厂拟开两炉请饬广东借拨经费折》(光绪二十年十月初二日)。又许同莘前引书,页 95,说广东省由于需要协济北洋和海防用款,不能答允张氏的要求。
⑥ 《张集》卷三九,页 17 下—18,前引文。又《海防档》,丙册,页 249 说:"湖北铁厂,不患无铁,而患无煤。设使铁产丰盈,而煤矿仍难寻获,则提炼不净,钢质不纯。"故煤对于该厂的影响至大。
⑦ 《张集》卷三五,页 9 下—10,前引文。

第二章　汉阳铁厂官办时期

铁厂停炼以后，虽然不必花钱购买各种原料及燃料，但一般固定的支出还是相当可观，除了每月的七八万两经常费再也筹不到外，过去欠下的一大笔债款更无法偿还，真是到了山穷水尽的地步。① 张之洞既然愧对朝廷，又感到筹办铁厂的目的——铸造钢轨——并没有达到，于是预备于光绪二十一年（1895 年）七月将化铁炉重复开炼。② 但正如上文所说，煤焦的来源始终缺乏，开平焦和洋焦的价格又太昂贵。与当日外国钢铁厂所用焦煤每吨成本只有 6 两③的情形比较起来，汉厂炼出来的钢铁自然要因为成本昂贵而难与外货竞争了。④

由此可知，汉阳铁厂在官办时期，燃料的问题始终没有办法解决。

第四节　机器设备问题

19 世纪中叶以后的炼钢法，主要有贝色麻法（Bessemer Process）和西门士-马丁法（Siemens-Martin Process）两种。前者是 1856 年亨利·贝色麻（Henry Bessemer）在英国发明的。他这个自生铁中除碳炼钢的方法，使炼出钢来的时间，从 18 世纪的 3 个星期缩减至 20 分钟，因此钢的产量大增，成本跟着锐减。但这个方法有一个缺点，就是不能把铁砂中的磷除去，故只宜利用含磷较少的铁砂来作原料。其后到了 1867 年，西门士（C. W. Siemens）及马丁兄弟（Emile and Pierre Martin）发明碱性法炼钢炉，在炼钢时能把铁砂中的磷除去，从而炼出纯钢来。⑤ 大冶铁矿的铁砂虽然铁质优良，但磷的成分相当高，故要用西门士马丁炼钢炉才能炼出纯钢。张之洞

---

① 前引书卷一四七，页 3 下—4，《致武昌蔡道台》（光绪二十一年六月初四日）。
② 前引书卷三九，页 18，前引文；卷一四七，页 10—11，《致武昌蔡道台》（光绪二十一年六月二十六日）。
③ 前引书卷一〇〇，页 14 下，前引文。
④ 同上。又《张集》卷四四，页 10，前引文。
⑤ 炼钢法除了贝色麻法及西门士法外，尚有电炉法（Electric Furnace Process）。关于炼钢的方法及发展历史，参考 H. Heaton, *Economic History of Europe* (Tokyo, 3rd printing, 1965), pp. 500–501; S. B. Clough and C. W. Cole, *Economic History of Europe* (Boston, 1952), pp. 535–537; Meredith Givens, "Iron and Steel Industry," in Edwin R. A. Seligman, ed., *Encyclopaedia of the Social Sciences* (New York, fifteenth printing, 1963), Vol. 8, pp. 302–303; *Encyclopaedia Americana* (New York, 1964), Vol. 25, pp. 564–566.

不明白其中要核,于订购机器设备时错订了贝色麻炉,以致带给汉阳铁厂相当大的损失。

当张之洞在广州筹办铁厂的时候,他还不知道铁厂将来要使用哪一个铁矿作为原料供给地,即草率地委托驻英公使刘瑞芬和薛福成代购机炉设备。他们二人接到电报后,不禁茫然,再向英国梯赛特厂叩询,才知道炼钢铁必先要检验铁砂和煤焦的性质才可以决定采用何种机器。他们于是据实拍电告诉张之洞,请他寄铁砂和煤焦的样本。张之洞的回电却认为中国地大物博,实在不用在探测煤、铁矿之后才购买机炉,只要照英国所用的购买一份就可以了。结果,梯赛特厂照英国酸性炼钢法制造贝色麻炼钢炉与汉阳铁厂,而又另制一碱性炼钢法所用小马丁炉作为敷衍。①

由于大冶铁矿砂含磷过多,制成的生铁含磷在 0.25% 左右,再把它用酸性贝色麻炉来炼钢,则生铁所含的磷质很难除去,制出的钢含磷也在 0.2% 左右;可是制造铁路路轨的钢,含磷要在 0.08% 以下,才不至于脆裂。因此,汉阳铁厂出产的钢容易脆裂而不宜制成路轨。② 在光绪二十年(1894 年),张之洞曾经把生铁、熟铁、贝色麻钢等 11 种产品装成一匣,发至上海洋行试销。结果,"由义昌成(洋行)销铁,(每吨)价廿七八两,由耶松(洋行)转售与义昌成,价只廿三两",和上海制造局定购洋铁每吨 30 余两的价格比较起来,可说低贱得多。③ 由此看来,汉阳铁厂的生铁在品质上是赶不上外国产品那样优良的。铁厂的产品既然品质不佳,自然不能供给汉阳枪炮厂作制造快枪之用了。④

到了铁厂改组为官督商办以后,经过长期的筹备,盛宣怀终于派遣李维格带同大冶矿砂、萍乡煤焦和铁厂所制的钢轨零件往欧洲考察,在英伦由一

---

① 丁格兰前引书,页 245;《民国经世文编》(以下简称《经世编》,台北,1962 年 6 月),《实业》三,页 65,阙名《述汉冶萍产生之历史》。又吴承洛《今世中国实业通志》(以下简称《实业通志》,上海商务,民国十八年二月),页 109—110,记载驻英公使为罗丰禄,与前者所载不同,疑误。
② 丁格兰前引书,页 264。
③ 《张集》卷三九,页 12 下,《进呈炼成钢铁并将造成枪炮分别咨送试验折》(光绪二十一年八月二十八日);同书同卷,页 18,《铁厂煤矿拟招商承办并截止用款片》(光绪二十一年八月二十八日);抄本《张之洞电稿》载光绪二十年十二月二十日上海某某致张之洞电,引自孙毓棠前引书,页 795。
④ 王彦威、王亮辑《清季外交史料》(文海出版社,1964 年 7 月)卷一一七,页 32,《旨著张之洞通筹湖北铁政局毋蹈前失电》(光绪二十一年八月初八日)。

名钢铁化学专家化验，才把其中的原因寻找出来。可是，汉阳铁厂已耗费十余年的光阴了！

第五节 厂址问题

一个现代化的钢铁厂成功的条件，除了确定原料（包括铁砂、石灰石和锰等）及燃料的供给能够充足外，铁厂的位置适中与否每每具有一个决定性的作用。因为铁厂在生产过程中，需要消耗大量的铁砂和焦炭，而两者都是体积和重量大而价值小的物品，如果都要远道运输，铁厂就要负担很重的运费，从而要影响到生产成本的增加。所以一个最理想的铁厂厂址，是位于煤矿和铁矿都集中在一起的地方。如果找不到两者集中的地方，那么，不得已而求其次，铁厂应该设在煤矿产区以减轻煤的运费，因为自铁砂炼成生铁再炼成钢的生产过程中，要消耗特别大量的煤。世界上重要的钢铁工业中心，除建立在煤、铁集中在一起的地方以外，多设在产煤的地方。[①]但张之洞创办铁厂的时候，既缺乏有关建立一个现代化钢铁工厂的知识，又没有一个完备的计划，当然不会顾虑到煤、铁的运费会影响生产成本的问题了。

正如上文所说，触发张之洞创办铁厂的原因，是要开发中国资源以杜绝洋货的侵入。在他的脑海里，一直只憧憬着将来铁厂成立后把洋货摈斥

---

① 自工业革命后，英国特别发达的棉纺织业，因使用动力而消耗的煤的重量约三四倍于所消耗的棉花的重量。因此，为着节省重量较大的煤的运费，棉纺织厂设在煤产丰富而不产棉的英国较为上算。由于同样的理由，在生产过程中消耗煤远较棉纺织厂为多的钢铁工厂，自然更应该选择煤矿所在地来设立。关于钢铁工业消耗煤的数量，例如英国在 1925 年，要消耗 3.4 吨的煤才能炼成 1 吨的钢轨。这还是多年技术改良的结果；在此以前，因为制炼钢铁技术比较幼稚，炼 1 吨钢所消费的煤当然更多。故从运费的节省上着眼，铁厂以设在煤产区较为经济。事实上，世界上大规模的钢铁工业中心，都就煤而不就铁。例如自 18、19 世纪以来，由于水道运输的便利，瑞典和西班牙的铁砂多运往煤产丰富的英国和德国来制炼；法国因为煤产缺乏，所产铁砂多运往德国去；在德国，萨尔（Saar）的铁砂也运至煤矿所在的鲁尔河（Ruhr River）流域来制炼；美国著名的钢铁工业中心——匹兹堡（Pittsburgh），位于煤矿蕴藏丰富的地区，但所用铁砂远自苏比利亚湖（Lake Superior）滨运来。参考拙著《清末汉阳铁厂》，《社会科学论丛》第一辑（台北，1950 年 4 月），页 15—16；拙著《山西煤矿与近代中国工业化的关系》，《"中央研究院"院刊》第三辑（1956 年），页 162—164。又张之洞对于煤、铁矿和铁厂厂址的关系，也约略有些认识，参考《张集》卷三九，页 2，前引文。

于国门之外的伟大成就,却从没有盘算过铁厂应该怎样创办才合乎经济的原则。因此,为了方便自己管理起见,他并没有理会广东的铁砂和煤的产量是否足够供给一个铁厂的需要,就冒率地决定以广州城外的凤凰冈为厂址。事实上,中国铁矿储量,以东北为最丰富,虽然品质不佳,但储量占全国的 2/3[①];广东在省份的名次上,居全国第 5 位(见表 11),尚不算为一个铁矿贫乏的省份。但是中国煤矿的储量,集中于北方,其中光是山西一省,已占全国储量的一半以上,或甚至 2/3;广东煤矿的储量,只居全国第 26 位(见表 12),实在非常贫乏。[②] 要不是他自己倡议创办芦汉铁路,以致清廷把他调往湖广的话,铁厂就会设在广州附近,这样一来,它的历史,将会是另外一番面目。但我们可以断言,在当日以广州为中心的广大地区内,既没有重要的铁矿,也不出产可以炼焦的煤,如果铁厂真的在那里兴办起来,由于生产成本特别昂贵,更非早日关门不可。

---

① 关于中国铁矿的分布,据第一次世界大战后地质调查所估计,全国总储量 1 206 437 570 吨,其中东北有 883 521 570 吨,占全国 72.7%;余下的 27.3%,华北占 1/2 以上。第二次世界大战结束(1945 年)后,据估计,中国铁矿储量晋升至 2 184 765 000 公吨,其中东北占 2/3——1 417 590 000 吨。因此,广东铁矿的储量,虽然根据 1945 年的估计,在全国各省中居第 5 位,只是比较上的丰富,事实上并不算是特别丰富的省份。参考 George B. Cressey, *Land of the 500 Million*, *A Geography of China* (New York, 1955), p.140;《第五次中国矿业纪要》,页 174—175。

② 谢家荣《中国的煤田》,《科学大众》(1954 年 3 月号),引自陈真前引书第四辑,页 907。文中说:"总的来说,中国北方煤田较多,煤层既多且厚,储量丰富,南方比较贫乏。……西北、西南煤田比较少,新疆煤田虽然大,但大多不能炼焦。……"由此可见中国煤矿分布的一斑。关于山西在全国煤矿中所占的地位,拙著《山西煤矿资源与近代中国工业化的关系》,《"中央研究院"院刊》第三辑,页 166,载有中国煤储量表:

估 计 者	估计时间	中国煤储量 (百万吨)	山西煤储量 (百万吨)	山西煤储量在全国 总额中所占的百分比(%)
谢家荣	1926 年	217 626	127 115	58.41
侯德封	1932 年	248 287	127 127	51.25
侯德封	1935 年	243 669	127 127	52.17
地质调查所	1939 年	240 847	127 127	52.78
地质调查所	1945 年	265 311	127 127	47.92
资源委员会	1947 年	444 511	295 600	66.50

因此,山西煤矿储量占全国的 1/2～2/3 左右。

表 11　中国各省铁砂储量及产量*

省　份	储藏量（千吨）				产量（吨）	
	已估定者	未估定者	总　计	等　第	产　量	等　第
安　徽	19 204	——	19 204	14	1 481 000	2
察哈尔	91 645	2 000	93 645	3	923 376	5
浙　江	2 224	1 000	3 224	25	300	19
福　建	74 562	18 000	92 562	4	6 100	15
黑龙江	——	500	500	28		
河　南	6 536	15 000	21 536	13	25 000	10
河　北	42 179	——	42 179	7		
湖　南	29 753	2 000	31 753	11	16 000	12
湖　北	143 174	——	143 174	2	1 454 828	3
热　河	11 340	——	11 340	19		
甘　肃	2 196	300	2 496	26	2 400	16
江　西	15 466	——	15 466	16	1 300	18
江　苏	5 400	300	5 700	22		
吉　林	10 700	5 000	15 700	15		
广　西	567	1 500	2 067	27	8 000	14
广　东	7 155	45 000	52 155	5	1 013 902	4
贵　州	32 553	8 000	40 553	8	13 000	13
辽　宁	1 385 050	5 000	1 390 050	1	4 413 306	1
宁　夏	5 079	2 500	7 579	21		
山　西	31 230	3 000	34 230	10	82 000	7
山　东	14 340	1 000	15 340	17	32 056	8
陕　西	4 847	6 000	10 847	20	1 800	17
西　康	36 349	3 500	39 849	9	19 000	11
新　疆	47 537	1 200	48 737	6		
绥　远	700	5 000	5 700	23		

续表

省 份	储藏量（千吨）				产量（吨）	
	已估定者	未估定者	总　计	等　第	产　量	等　第
四　川	22 023	——	22 023	12	128 020	6
青　海	——	5 000	5 000	24		
云　南	7 156	5 000	12 156	18	25 129	9
其　他	——	——	——		80 000	
合　计	2 048 965	135 800	2 184 765		9 727 217	

资料来源：George B. Cressey，前引书，p.141。

＊ 储藏量，1934—1945 年估计；产量，1942 年。

表12　中国各省煤储量及产量＊

省 份	储藏量（千吨）					产量（吨）	
	无烟煤	烟　煤	褐　炭	总　额	等　第	总产量	等　第
安　徽	60	300	——	360	24	1 250 000	10
察哈尔	17	487	——	504	20	9 300 000	4
浙　江	22	78	——	100	29	2 000	27
福　建	147	6	——	153	28	30 000	25
黑龙江	——	5 000	3 980	8 980	4	3 047 000	8
河　南	4 455	3 309	——	7 764	5	300 000	14
河　北	975	2 088	2	3 065	9	12 000 000	1
湖　南	741	552	——	1 293	14	550 000	13
湖　北	45	309	——	354	25	40 000	24
热　河	——	4 714	——	4 714	7	5 359 000	7
甘　肃	59	997	——	1 056	16	110 000	22
江　西	271	420	9	700	18	120 000	20
江　苏	25	192	——	217	24	1 100 000	11
吉　林	——	5 581	478	6 059	6	6 117 000	6
广　西	45	1 111	1	1 157	15	200 000	17

第二章　汉阳铁厂官办时期

续表

省　份	储藏量（千吨）					产量（吨）	
	无烟煤	烟　煤	褐　炭	总　额	等　第	总产量	等　第
广　东	59	274	——	333	26	100 000	23
贵　州	822	1 696	——	2 518	11	250 000	16
辽　宁	36	2 606	——	2 642	10	10 940 000	2
宁　夏	173	284	——	457	22	140 000	19
山　西	36 471	87 985	2 671	127 127	1	6 250 000	5
山　东	26	1 613	——	1 639	13	10 300 000	3
陕　西	750	71 200	——	71 950	2	650 000	12
西　康	3	501	27	531	19	5 756	26
新　疆	——	31 980	——	31 980	3	180 000	18
绥　远	58	396	22	476	21	115 000	21
四　川	293	3 540	——	3 833	8	2 700 000	9
台　湾	——	440	——	440	23		
青　海	240	584	——	824	17		
云　南	77	1 539	694	2 310	12	260 000	15
合　计	45 870♯	229 782	7 884	283 536		62 464 756e	

资料来源：George B. Cressey，前引书，p.137。

* 储藏量，1934—1945 年估计；产量，1944 年。
♯ 原表作 25 870，误。兹改正如上。
e 原表作 62 464 956，误。兹改正如上。

就矿产资源来说，湖北省设立铁厂的条件当然要比广东省优越得多，因为它的煤矿储量虽然并不丰富，只居全国第 25 位，但铁砂的储量居全国第 2 位，产量在全国总产额中也非常重要（参考表 11、表 12），如果把铁厂设在大冶，起码可以解决铁砂的供给问题。但不幸得很，张之洞调任湖广总督后，那份凡事要方便自己管理的老脾气还是没有改掉，他把厂址决定设在既不产煤又不产铁的汉阳大别山下，以致铁砂要从大冶运来，当加上运费以后，自然要加重铁厂制炼成本的负担。对于他这个决定，反对的人很多。外国技术人员贺伯生从地基着眼,认为汉阳是一个低洼地,虽然可以填筑加高,终究不如实地为佳。他主张在自武昌至黄石港(大冶附近)中间,另觅一高地来建立铁厂。① 盛宣怀则认为大冶既产铁,又兼产煤、锰和石灰石,真是方便不过,在那里设厂可以节省运费。故他也主张选择位于江边的黄石港为厂址。② 李鸿章在致张之洞电中,也请他考虑厂址问题,认为西方国家多数以铁就煤,而不是运煤就铁。③ 可是,张之洞却力排众议,认为外国的钢铁厂,也有运煤就铁的;大冶虽然产铁,但那里江边没有一个适宜建厂的地方,故应该在汉阳建立铁厂。④ 究竟他这一个主张是否对呢?且让我们先讨论他坚持在汉阳设厂的理由。

张之洞在《勘定炼铁厂基筹办厂工暨开采煤铁事宜折》(光绪十六年十一月初六日)和致盛宣怀的电报中,提出在汉阳建厂的理由有六点。⑤ 这六个理由是:第一,荆、湘等地出产的煤都集中在汉阳出售,故在那里设厂,可以刺激商人争着运煤前往出售,从而因供应增加而减低售价;第二,将来钢铁炼成,也要运往汉口及汉阳(那里有枪炮厂)发售,如在那里设厂,可以节省运费;第三,汉阳铁厂、湖北枪炮厂和织布局都设在汉阳和武昌,汇聚了谙通机器的人才,对于三厂的经营,更有帮助;第四,因为武昌和汉阳的距离很近,张之洞可以时常前往视察,杜止工作人员偷懒舞弊的陋习;第五,可以方便其他高级官员前往视察实况,以免铁厂因耗用巨额公款而被流言中伤,从而易于报销;第六,矿厂每年余下的矿渣、煤渣3万余吨,除用来填筑铁厂地基外,还可运往汉口后湖填筑湖身,免使沿湖民居有淹浸之虞。他这六大理由,仔细地研究起来,实在都说不上是理由。第一项关于压低煤价,对于铁厂并没有多大作用,因为正如前文所说,商煤的产量既不多,品质也不好,反而使炉座

---

① 抄本《张之洞电稿》载光绪十六年五月二十七日蔡锡勇、凌卿云致张之洞电,引自孙毓棠前引书,页772。
② 《李集》,《电稿》十二,页42下,《寄鄂督张香帅》(光绪十六年十月十六日)。其中说:"盛道电,'大冶江边煤、铁、锰矿与白石均在一处,天生美利。如在江边设厂,百世之功。借在大别山下,转运费力。屡谏不从,将来转徙不易'云。"
③ 《李集》,《电稿》十二,页29,《寄鄂督张香帅》(光绪十六年三月十五日)。
④ 《张集》卷一三五,《电牍》十四,页17,《致天津李中堂》(光绪十六年十月二十日)。又抄本《张之洞电稿》载光绪十六年五月三十日张之洞致蔡锡勇等电,引自孙毓棠前引书,页773。
⑤ 《张集》卷二九,页23—24,前引文;同书卷一三五,《电牍》十四,页3—4,《致上海盛道台》(光绪十六年四月初八日)。

受到损坏。第二项产品运费的节省,为数有限,比较日后要花十六七八两才买到一吨开平焦或洋焦,或要老远从江西萍乡运煤来制炼生铁的运费,真是瞠乎其后。第三项便于利用其他企业的专门技术人员,事实上,机器性能复杂,铁厂机器与枪炮厂、织布局的机器性能并不相同,因此这项作用也不大。第四项方便张之洞往来视察,可说是各理由中最成为理由的理由了,因为他坚持在汉阳设厂的目的就在此。第五项方便各高级官员视察和方便报销,作用也不大。第六项拿矿渣、煤渣来填汉口后湖,这个理由事实上并不重要。综括地说一句,张之洞坚持在汉阳建厂,主要是为了方便他自己的往返视察。

张之洞固执己见的结果,是铁厂产品成本的负担便要特别加大。因为汉阳地势非常低湿,要大规模地填高地基,才可以在那里建立铁厂,故全厂从平地起,以至铁柱墩、炉座、机器墩都要填高一丈一二尺不等,共填了 9 万余方[①],耗费多至 30 余万两(参考上文表 6)。要是铁厂建在黄石港的话,这笔款就可以省掉;它在铁厂当日窘迫的经费中,也算是一个不小的数目呢![②]

由于铁砂、石灰石和锰都产在大冶,把它们运往汉阳制炼生铁的运费负担,也要增加铁厂的生产成本。汉阳铁厂的化铁炉(指张氏所设的老化铁炉而言),制炼 1 吨生铁,要消耗铁砂 1.7 吨,锰 0.88 吨,石灰石 0.46 吨。如果汉阳铁厂每日夜 24 小时炼生铁 6 次(即每次费 4 小时),每次出生铁 15 至 20 吨[③],则每日要耗铁砂 153 至 204 吨,锰 79.2 至 105.6 吨,石灰石 41.4 至 55.2 吨。大冶距离汉阳 120 公里,据光绪三十四年(1908 年)李德氏估计,大冶矿石每吨运至汉阳的运费大约是 3 角 4 分[④],故汉阳铁厂每天因炼生铁百吨左右而开支的铁砂运费为 52 元至 69 元 3 角 6 分。若把锰和石灰石的运费合算,汉厂要支付的运费当然更为加多。要是铁厂设在黄石港,这笔用费自然可以省掉。

[①] 见本章第一节,注二七。又薛福成《出使英法义比四国日记》卷二,页 18 说:"向来(长)江水夏涨冬落,其高下相去以三丈六尺为度,惟二十年前夏大水,竟有较水落时高至五丈六尺者。今厂地拟较二十年前大水所到之处再填高一尺。"由此可见,汉阳的位置,实在不宜设立炼铁厂。
[②] 例如当日铁厂截留的湖北盐厘、厘金,或江南筹防局的经费,每次也不过 5 万至 27 万两左右。参考本章表 8。
[③] 参考顾琅前引书,第一篇,页 30—31。
[④] 丁格兰《中国铁矿志》,页 121、129。

除此以外,汉阳的气候也不是理想的炼铁地方。因为汉阳空气冬天干燥、夏天潮湿,潮湿的天气使化铁的力量减小,从而要消耗更多的焦炭。[1] 夏天每炉的出铁量只是冬天的 9/10[2];大概冬天每日夜出铁 120 吨,而夏天只有 90 吨左右。[3] 由此看来,汉阳夏天的潮湿气候也要影响到生铁的产量,由于生铁产量的减少,它的生产成本自然要相对地增高了。

综括说来,铁厂设在汉阳,因为那里既不产煤,又不产铁,再如上天气等因素,自然要使生产成本增加,从而经营的成绩要大受影响。

---

[1] "中央研究院"近代史研究所藏卢洪昶《上徐相国禀》(《汉冶萍公司案及附件》,清字六三一号),页 9。
[2] 丁格兰前引书,页 253。
[3] 顾琅前引书,第一篇,页 31。

第三章　汉阳铁厂官督商办时期

（1896—1908 年）

第一节　铁厂改归官督商办的经过

汉阳铁厂在官办时期，虽然熄炉停炼，命运垂危，但是让它就此停办，在曾经苦心筹划的创办者张之洞的心里，是一件万分不愿意的事。但如果要使铁厂能够继续经营下去，必须再投下一笔巨款，使两座化铁炉齐开，添购机器及另开煤矿，在大冶添设数座化铁炉，以便增大生产的规模从而减低成本，铁厂的前途才有希望。[①] 但是，怎样才能筹措这笔巨款呢？

汉阳铁厂创办的时候，是由政府出资支持的，故当它面临财政困难时，也只好向清廷请求援助。可是，不幸得很，当日清廷财政异常枯竭，不能帮助汉阳铁厂解决财政上的危机。清廷平时的国库收入，只能维持国内行政经费的开支，遇有战事，即支绌万分。例如，中、法战争时期，一切军事费用，主要依靠外债支付，光绪九年至十二年（1883—1886 年）向英商及银行共借外债关平银 18 400 000（＋）两。到战争结束后，清廷的外债数额逐渐减少，并且在甲午战争以前，除三海工程、津沽、津通铁路等项借款外，大部分已经还清。[②] 但当日国内各地时常发生灾荒，每每需要中央拨款赈济，同时政府又要应付筹办海防、练兵等巩固国防的要政，

[①] 《张集》卷四四，页 11 下，《铁厂招商承办议定章程折》（光绪二十二年五月十六日）。又同书卷三九，页 11—12，《查覆煤铁枪炮各节并通盘筹划折》（光绪二十一年八月二十八日）说："大抵西法作事，必须成本厚、机器全、工程经久。其初费用巨，则其后之获利愈丰；其先成功迟，则其后之出货愈速。西人工作商务，无不如此。"

[②] 参考徐义生《中国近代外债史统计资料 1853—1927》（中华书局，1962 年 10 月），页 3—5。

费用日增，有应付不了的趋势。① 到光绪二十年（1894年），中、日战争爆发，军事费用浩大，政府的支出比往年增多2000万两，要借洋款、商款才可以应付过去。不幸战争失败，订立《马关条约》，须向俄、法、英、德四国借债来偿付日本赔款。② 因此，清廷实在没有余力兼顾汉阳铁厂了。

当铁厂因用款缺乏而熄炉停火的时候，英、法商人认为亚洲风气渐开，钢铁的需要日渐增大，汉阳铁厂是当时东亚唯一的铁厂，要是继续经营，必将有利可图，故曾经与张之洞洽商，愿意附股500万两，先缴100万两，另以400万两添购炉座机器和开采煤井，以便把汉阳铁厂改为中外合办。但张之洞认为钢铁工业关系一国的富强，断不能和外国人合办，而加以拒绝。③ 汉阳铁厂既然得不到政府经济上的支持，同时又不便与外人合办，为着免于关门倒闭起见，便只好招商承办了。

光绪二十二年（1896年）四月，由于张之洞的奏请，汉阳铁厂交由盛宣怀主持，改归商办。张之洞推荐盛宣怀接办汉阳铁厂的原因，一方面在铁厂创办初期，盛宣怀把大冶铁山廉价售予张氏，并且曾经对铁厂的有关问题（如选择厂址）贡献意见；另一方面据非正式的记载，盛宣怀涉嫌与一宗贪污案有关，得张之洞的帮助才得以解脱，故答应张氏接办铁厂。④ 关于改归商办的

---

① 参考吴廷燮《论清光绪时之财政》，《文献论丛》（北平故宫博物院文献馆，民国二十五年）；罗玉东《光绪朝补救财政之方策》，《中国近代经济史研究集刊》（北平社会调查所，民国二十二年五月）第一卷第二期；《清史稿》，页462，《食货志》，《会计》。
② 《清史稿》，页461，前引文；吴廷燮前引文；罗玉东前引文。清廷在战争爆发的时候，先后向英国汇丰银行借款2800余万两（即汇丰银款和汇丰镑款）、德国瑞记洋行借100万英镑和伦敦克萨银行及麦加利银行借100万英镑。战争结束后，为了应付日本赔款（230 000 000两），清廷又向英、法、德、俄四国大举借债。统计甲午战争前后（1894—1898年），清廷为着要应付军费和赔款的借款总数共达库平银350 000 000余两，超过甲午战争前所借外债总额的6.6倍。参考徐义生前引书，页22。又 Albert Feuerwerker, *The Chinese Economy, c.a. 1870－1911* (Ann Arbor: Michigan Papers in Chinese Studies, No.5, 1969), p.68,他指出清廷自甲午战争以后，赔款、外债、军费的增加，使政府财政收支不能平衡的情形。
③ 《张集》卷四四，页2下－3，前引文说："洋商……知中国开办铁路，需用钢铁必多，就地取材，获利必厚。自上年秋冬以来，则有英之陶秘深……法之戴马陀等，皆外洋钢铁大厂之经理人，前后来商，自愿以银五百万两附股合办，先缴一百万，另附股四百万，加增炉座机器，添购煤井，大举采炼。盖深知东部洲（亚洲）风气渐开，需用钢铁必多，不仅中国一处而已。而汉阳一厂，经营最先，收效必早，非有真知灼见，孰肯以巨款合办？臣惟……铁之兴废，国之强弱贫富系焉。……矿务为中国自有之利源，断不能与外人共之。洋商合办之议，不得不作罢论。"又参考《海防档》，丙册，页245－246。
④ 《经世文编》，《实业》三，页66，前引文说："盛方以某案事交张查办，张为之洗刷，而以承办铁厂属之。"又《清季外交史料》卷一一九，页6，《旨寄王文韶着查盛宣怀所管招商等局被参一案并保员任使电》（光绪二十一年十一月十八日）说："前有人奏津海关道盛宣怀招权纳贿，任意妄为各节……或事出有因，或查无实据。惟总办电报，害则归公，利则归己，复克军饷，搜罗股票，平日居官，亦多攀援依附。……着王文韶……详细查查……毋稍迁就。"

第三章 汉阳铁厂官督商办时期

办法,铁厂因为要对政府昔日投下的巨资加以承认,约定于铁厂出产钢轨而售与铁路总公司(也由盛宣怀任督办)的时候开始,每出生铁 1 吨,抽银 1 两归还政府;还清之后,更永远抽收,为铁厂对政府报效之用。① 因为要帮助铁厂业务的发展,张之洞奏请清廷,芦汉铁路的路轨一定要向汉阳铁厂购买,并且以后一切官办企业所需钢铁料件也都要向汉阳铁厂定购,不得购买洋货。② 但汉阳铁厂改归商办后,因官款一时未能还清,成为政府的债务人,必须由官方(债权者)加以监督,故在"商办"之前加上"官督"两字,而由政府委派盛宣怀为督办。因此汉阳铁厂自光绪二十二年(1896年)开始,便进入官督商办时期。

铁厂招商承办后,前途并不如张之洞所想象的那么乐观。首先在招股方面,盛宣怀便不断遭受挫折。盛氏接办铁厂的时候,预备先招商股银 100 万两,以 100 两为一股,自入股之日起第一年至第四年按年提息 8 厘,第五年起提息 1 分。③ 但是铁厂在官办时期办理的成绩实在太坏,以致进入官督商办时期后,煤矿的开采既没有成绩,生铁的产量又小,使投资者都免不了怀有戒心而不肯投资。结果,盛宣怀还是不得不倚赖他私人的关系,从他主持的轮船招商局、电报局、通商银行以及华盛纺织公司等企业的华商股东那里,为汉阳铁厂陆续凑集股本 200 万两,作为基本经费。④ 其后到了光绪三十三年(1907年)七月,铁厂"商股仅集二百五十万两"⑤而已。

汉阳铁厂经费窘迫的另一个原因是燃料问题仍然未能解决,铁厂需要用重价购买开平焦、洋焦,此外又要负担洋匠的昂贵薪金,故招商承办不到半

---

① 《张集》卷四四,页 4、9,前引文;同书卷一〇〇,《公牍》十五,页 17—18,《札盛道添定铁厂招商章程》(光绪二十二年五月十四日);《海防档》,丙册,页 247。张之洞对于铁厂归还官款抱相当乐观的态度,认为铁厂日后六座化铁炉齐开,"共日出四百余吨,每年可出生铁约十余万吨,即每年可缴官款约十余万两。岁月虽宽,涓滴有著,从前所费数百万不致虚糜。"(《张集》卷四四,页 5,前引文。)
② 《海防档》,丙册,页 248;《张集》卷四四,页 6,前引文。
③ 《张集》卷四四,页 8,前引文。
④ 《存稿》卷一四,页 13 下,《汉冶萍煤铁厂矿现筹合并扩充办法折》(光绪三十四年二月);《清季外交史料》卷二〇六,页 5,《汉冶萍督办盛宣怀奏商办汉冶萍煤铁厂矿渐著成效亟应扩充股本合并公司折》(光绪三十三年九月十二日)。
⑤ 《存稿》卷七二,《电报》四九,页 29 下,《寄张中堂》(光绪三十三年七月初六日)。

年,已渐形亏折。光绪二十二年十月,铁厂亏折银 20 余万两①;至二十五年十一月,折亏增加至 180 余万两②;至三十一年(1905 年)三月,亏折共达 200 余万两③。虽然后来盛宣怀派员发现萍乡煤矿,投下巨资开采,终于成功,但汉阳铁厂耗费在购买焦炭方面的费用已经不少了。由于经费困难,铁厂不但没有履行每出铁 1 吨,便提银 1 两归还给政府的诺言,并且多次上书清廷,请求免税。早在官办时期,张之洞已经上书清廷,请求铁厂将来出铁,运销各省及外洋各地,可以不用纳税。④ 汉阳铁厂招商承办不久后,因为光绪二十二年五月,户部颁布凡是由机器制造的物品,不论属于华商或洋商,价值 100 两银的抽税 10 两,故张之洞于是年九月再上书清廷,请求体念铁厂一切尚待整顿,没有余力付税,准免税十年。⑤ 结果,清廷准许免税五年。⑥ 此后从光绪二十七年(1901 年)起,至三十四年(1908 年)汉冶萍公司成立止,铁厂又先后向清廷申请免税二次,清廷每次给予免税的期限都是五年。⑦

  盛宣怀办理汉阳铁厂的成绩,较官办时期的张之洞为佳。虽然铁厂经常处于经费拮据而又风雨飘摇、随时有停办可能的狼狈情形下,但他还是努力想法子筹集巨款来开办萍乡煤矿,以解决汉阳铁厂的燃料问题。他又派员出洋考察,把铁厂因张之洞购错炉座机器而炼不出好钢的原因找出来,从而改

---

① 《存稿》卷二五,《电报》二,页 18 下,《寄北京翁叔平尚书张樵野侍郎》(光绪二十二年十月二十五日)说:"湖北铁厂接办半年,华商亏本二十余万,因洋匠太多及开平运煤价昂之故。"又洋匠对于汉厂营业的影响,是由于薪水高昂。例如薛福成《出使英法义比四国日记》卷三,页 15 说:"鄂省所雇镕炼钢铁总匠首一名曰亨利·贺伯生……每年薪水英金一千五百磅(镑)……匠目六名……每年工资正者六百磅,副者四百磅。"

② 《存稿》卷三四,电报一一,页 30 下,《寄香帅》(光绪二十五年十一月十三日)说:"铁厂商办三年,计借芦汉轨价一百万,商股五十万,银行三十六万,银号五十余万。除拨还官本外,须亏耗一百八十余万。"

③ 前引书卷一三,页 3 下,《汉厂免税续请展限折》(光绪三十二年八月)说:"惟是铁厂……自二十二年四月臣之洞奏归臣宣怀招商接办后,迄于三十一年三月,照该厂商董呈送账略,实已折阅银二百余万两。"

④ 《张集》卷三四,页 4,《拟定铁厂开办后行销各省章程片》(光绪十九年十月二十二日);《海防档》,丙册,页 200。

⑤ 前引书卷四四,页 29 下—30,《铁厂征税商情未便折》(光绪二十二年九月二十三日)。

⑥ 《存稿》卷五,页 44,《湖北铁厂免税展限折》(光绪二十七年九月);同书卷一三,页 3,《汉厂免税续请展限折》(光绪三十二年八月)。

⑦ 《存稿》卷五,页 45,前引文;同书卷一三,页 3、6,前引文。

购新的炼钢炉,改良炼铁的机器设备,使铁厂能够炼出品质较高的钢,并制成大量的路轨,以满足清末大规模建设铁路的需求,从而达到张之洞初时创办汉阳铁厂的目的,他的功劳显然非常之大。但从另一方面来说,他因为铁厂经费难筹,而与日本资本家签订条件苛刻的借款合同,使汉阳铁厂及日后的汉冶萍公司为日本债权者所控制而不能自拔,可以说是一个十分大的过失。关于他当日努力经营的情形,让我们在下文加以详细讨论。

第二节　燃料问题的解决
——萍乡煤矿的开采

汉阳铁厂招商承办后,燃料问题根本上还没有解决,仍然要依赖洋焦、东洋焦和开平焦的供给,以致燃料成本太高,铁厂经费更形匮乏。

我们在上文已经指出,洋焦售价每吨十七八两,约为外国冶炼生铁的煤焦成本的3倍。洋焦售价之所以这样昂贵,除了因为路途遥远而运费增加外,还因为19世纪末期,世界各国纷纷采用金本位制,不再以银作货币,银在世界市场的价格因需求减小而锐降,故中国以银为本位的货币在国外的价值日渐低落。例如光绪十六年(1890年),中国每1海关两在伦敦兑换英镑5先令2.25便士;光绪二十年,只兑换3先令2.375便士;二十四年,只兑换2先令10.625便士,恰为8年前的1/2。① 因为中国银两在国外市场越来越跌价,当日洋焦的售价(以银表示)自然要较官办时期为高,每吨贵至银20余两②,并且有越来越贵的趋势。因此,汉阳铁厂难免有"镑贵洋煤难买"③的兴叹。

---

① 见拙著《清末汉阳铁厂》,《社会科学论丛》(台北,1950年4月)第一辑,页22,第一表。又马寅初《中国关税问题》(商务印书馆,民国二十四年五月二版),页16说:"按,1858年……银洋一元,超过美金一元百分之十,盖金银比价甚高也。以后逐步跌落。至1882年,比较美金反少百分之一。此后继续跌落,直至1900,仅值美金一半。"
② 北京大学历史系近代史教研室整理《盛宣怀未刊信稿》(以下简称《未刊信稿》,中华书局,1960年),页32,《致张香帅函》(光绪二十三年九月初一日)说:"洋焦因镑贵、水脚贵,需价廿余两。"
③ 《存稿》卷二八,《电报》五,页六,《寄香帅》(光绪二十三年七月二十五日)。又《未刊信稿》,页五,《上香帅书》(光绪二十三年三月廿一日)说:"西洋焦炭只以运费为重……但(汉阳铁厂)生铁价只值廿一二两……现用开平焦尚多赔耗,恐重洋运焦可偶非可常也。"

东洋焦方面，虽然"磺多灰重"，品质不佳①，但售价每吨也要 20 两②，还要继续加价③，而且要两年以后才有货交易。④ 故并不符合汉阳铁厂的理想和要求。

洋焦和东洋焦既然都不足倚靠，铁厂唯有寄希望于开平焦的供应。汉阳铁厂要依赖开平焦的另一个原因，是盛宣怀虽然曾经派遣矿师在江西、湖北、湖南等省查勘，发现了几个煤矿，但它们要两三年后才能够产煤；而当日中国煤矿利用机器开采而又每天产煤多至一二千吨的，只有开平煤矿，故铁厂唯有依赖该煤矿的供给。⑤ 然而开平焦有三个缺点：第一，品质不纯净而易碎⑥；第二，价格并不便宜，每吨售银约十六七两⑦，后来还要加价⑧；第三，汉阳铁厂开一炼铁炉，每年要消耗焦炭 36 000 吨，开两炉则需 72 000 吨⑨，但开平煤矿并不能满足铁厂这样大量的需求，每月只能供给 1 000 吨⑩，一年也只是 12 000 吨左右而已。⑪ 后来汉阳铁厂要求开平煤矿把

---

① 《存稿》卷三〇，《电报》七，页 11 下，《寄香帅》（光绪二十四年正月十三日）。
② 前引书卷二八，《电报》五，页 26，《寄张香帅》（光绪二十三年十月初八日）。
③ 《未刊信稿》，页 11，《上湘抚陈佑帅书》（光绪二十三年五月初五日）说："近来倭煤加倍增价，欺我中国只一开平煤矿不能敷用。"
④ 《存稿》卷二八，《电报》五，页 6，《寄香帅》（光绪二十三年七月二十五日）。
⑤ 前引书卷一，页 42 下—43，《湖北铁厂炼轨请购用开平焦炭片》（光绪二十三年九月）说："近来虽在江（江西？）、皖（安徽）、湖南等省沿江近水地方察得煤矿数处，正在分遣矿师钻试，即使煤旺质佳，亦须二三年始能办成。此二三年内，干路钢轨须用十分之七。中国矿煤炼焦，合化铁用，而用机器开挖，日可出煤一二千吨者，仅有开平一处。则汉厂欲炼此七分之轨，非赖开平公司之力不可。"又《未刊信稿》，页 32，《致张香帅函》（光绪二十三年九月初一日）说："湘、皖寻矿，缓不济急。事之济否，以开平为断。"又同书，页 33，《致王夔帅函》（光绪二十三年九月初五日）说："造轨需用焦炭，目前止有开平煤合用。"
⑥ 《存稿》卷一，页 42 下，前引文说："……开平……焦炭……犹不能挑选整洁。"又同书卷二六，《电报》三，页 22，《寄（王）夔帅》（光绪二十三年三月十九日）说："开平运焦易碎，苦难接济。"又同书卷三〇，《电报》七，页 11，《寄香帅》（光绪二十四年正月十三日）说："……开平末批焦炭不好。"又《未刊信稿》，页 23，《上王夔帅书》（光绪二十三年六月二十三日）说："春间运到（开平）碎炭，不能入化铁炉，半属废弃。"又同书，页 33，《致王夔帅函》说："（开平焦炭）来数较多，其质更碎，到厂不及一半可用，亦不敢再有挑别，止劝厂中认亏而已。"
⑦ 顾琅《中国十大矿厂调查记》，第三篇，页 7。又《存稿》卷二八，《电报》五，页 26 下，《寄（王）夔帅》（光绪二十三年十月十三日）说："开平五槽煤太贵。"
⑧ 《未刊信稿》，页 23，《上王夔帅书说》："惟张道来电，（开平）仍以挑选借口，又欲加价。"
⑨ 《存稿》卷一，页 42 下，前引文。
⑩ 前引书卷二五，《电报》二，页 19 下，《寄张香帅》（光绪二十二年十月廿九日）。
⑪ 事实上，铁厂在光绪二十三年，只向开平订购了 13 000 吨；次年，只购得 8 000 吨。参考《存稿》卷一，页 42 下，前引文；同书卷三〇，《电报》七，页 11 下，《寄香帅》（光绪二十四年正月十三日）。又同书卷二八，《电报》五，页 25，《夔帅来电》（光绪二十三年九月二十九日）说："开平焦炭，每见必催。今年解万三，明年解万五，在彼已有德色矣。"

矿内煤质最好的五槽煤先由铁厂购买，并由铁厂派人监督炼焦，却都为煤矿当局所拒绝。① 因此，开平焦对于铁厂的帮助并不大；而且，由于开平煤焦售价太贵，铁厂燃料成本便特别高昂，以致到了光绪二十六年（1900 年），亏本已经超过 100 万两。②

事实上，除了依赖洋焦、东洋焦和开平焦的供给外，盛宣怀在大规模开采萍乡煤矿以前，对于解决铁厂的燃料问题，曾经做过一番很大的努力。光绪二十三年（1897 年），他曾经多次派遣矿师沿长江流域勘测煤矿③，发现湖南煤矿储量富甲天下，认为是铁厂炼铁的救星，而寄以无穷的希望。④ 在湖南煤矿中，以宁乡煤矿为最好，那里的煤虽然稍带磺质，但灰、磷俱轻，如用机器开到深处，必可得到磺轻的煤⑤；其次是小花石煤矿，接近湘潭，交通便利⑥；此外衡属漂港和清溪的煤矿也不错。⑦ 铁厂对于以上几个煤矿，预备采用机器，大规模地加以开采。⑧ 但不幸得很，盛宣怀的希望竟成画饼，因为：第一，这几处煤矿开采出来的煤，因为含硫磺太多，并不宜于炼成焦炭来作炼铁之用⑨；第二，小花石位于湘江沿岸，易为水淹⑩；第三，清溪煤矿虽然采用西法开采，但

---

① 《未刊信稿》，页 32，《致张香帅函》；又页 33，《致王夔帅函》。
② 《存稿》卷四，页 24 下，《密陈各公司局厂艰难情形片》（光绪二十六年二月）说："……惟因焦炭远购开平，价值奇昂，商本赔折，已逾百万。"
③ 前引书卷一，页 42 下，前引文。
④ 《未刊信稿》，页 11，《上湘抚陈佑帅书》（光绪二十三年五月初五日）说："湘煤富甲天下，所难者不得好矿师，不能用机器开深井，断不能成大气局。"又同书，页 14，《致湖南陈中丞函稿》（光绪二十三年五月十四日）说："湘煤为铁轨命根。"又同书，页 45，《致陈伯严书》（光绪二十三年十月二十八日）说："铸铁日盼湘煤。"又同书同页《致署湖南臬台盐法长宝道黄》（光绪二十三年十月二十八日）说："铁厂望湘煤，如婴儿之望乳食。"由以上所引的资料，可见盛宣怀对湘煤倚望甚殷。
⑤ 《未刊信稿》，页一四，《致湘南陈中丞函稿》，又同书，页 11，《上湘抚陈佑帅书》说："宁乡之清溪（误，宁乡和清溪实在是两个地方）焦炭，灰磷俱轻，制炼极好，不下于开平……每月可销五百吨。……洋监工又云，此煤质极高，如用机器开至深处，必可磺轻。"
⑥ 前引书，页 45，《致陈伯严书》（光绪二十三年十月廿八日）说："小花石距湘潭咫尺，小轮一水可驶到。"
⑦ 前引书，页 14，《致湖南陈中丞函稿》说："衡属漂港，煤质既得，知其甚佳。"书中对于清溪煤质，并没有正式记载，但从它开采的规模来看，当时可能认为并不太坏。例如同书同引文说："……清溪、小花石安置吸水起重机器。"
⑧ 前引书，页 14，《致湖南陈中丞函稿》。又同书，页 11，《上湘抚陈佑帅书说》："湘煤……不能用机器开深井，断不能成大气局。"
⑨ 前引书，页 8，《上翁宫保书》（光绪二十三年五月初五日）说："因两湖产煤内含硫矿，不能炼铁。"
⑩ 前引书，页 45，《致署湖南臬台盐法长宝道黄》说："小花石逼近湘江，不用大机器吸水，必难久持。"又同书，页四七，《上陈右铭中丞书》（光绪二十三年十月十九日）说："……邝荣光前禀，小花石近江，水力更猛，若不得法，恐误事机（矿淹伤人也）。"

学西法没有学好,亦为水淹。① 至此,盛宣怀对湖南煤矿的厚望也只好放弃了。

由于焦炭缺乏,铁厂只好暂开一炉,每日所产的生铁,只够炼成钢轨一里②;当焦炭特别缺乏的时候,甚至还要被迫停炼。③ 汉阳铁厂创办的主要目的是制造钢轨,以供给芦汉铁路的需求。要是汉厂因缺乏焦炭而就此停炼,芦汉铁路的兴筑势必要购买洋轨;这样一来,既辜负创办者的初心,也影响到铁厂从此将会一蹶不振。④ 为着要挽救这个垂危的局面,盛宣怀决定投放一笔巨款,购买新式机器来另外开采煤矿,以确保汉阳铁厂此后不会有燃料缺乏的危机。这是萍乡煤矿开采的目的。

事实上,萍乡煤矿在铁厂官办时期已经被发现,但因为它距离汉阳太远,不在张之洞考虑之列,只由商民利用土法来加以开采。因此。它采炼出来的煤、焦,"生熟参半,质地泡松",并不合用。⑤ 盛宣怀接办铁厂后,曾经派遣矿师沿长江中、下游探测,发现在众多煤矿中,只有萍乡煤矿的煤品质优良,含磷、灰和磺质都很少,最适合炼铁之用,并且矿藏丰富,要是每年开采100万吨,可供500余年之用。⑥ 光绪二十四年(1898年)三月,盛宣怀决定购买机

---

① 前引书,页45,《致署湖南臬台盐法长宝道黄说》:"清溪闻为水灌,此学西法未尽善也。"又同书,页47,《上陈右铭中丞书》说:"并闻清溪又为水淹。"
② 前引书卷一,页42下,前引文。又《存稿》卷二,页12下,《湖北铁厂改归商办并陈造轨采煤情形折》(光绪二十四年三月)说:"连年因本厂无就近可恃之煤,呼吁于开平,谋济于洋产,价高而用仍不给,故化铁虽有两炉,仅能勉开其一。"又《未刊信稿》,页8,《上翁宫保书》(光绪二十三年五月初五日)说:"鄂厂止开化铁炉一座,每日出生铁,止敷炼成钢轨一里。"又同书,页11,《上湘抚陈佑帅书》(光绪二十三年五月初五日)说:"而焦煤借资开平、萍乡两处,至多只能开办一炉,按日造轨一里,缓不济急。"
③ 《存稿》卷三〇,《电报》七,页11,《寄香帅》(光绪二十四年正月十三日)。
④ 前引书卷一,页42,《湖北铁厂炼轨请购用开平焦炭片》(光绪二十三年九月)。又《未刊信稿》,页23,《上王夔帅书》(光绪二十三年六月二十三日)说:"但化铁以焦炭为命根……湘中若不得矿,鄂厂来年必得开平焦炭三四万吨,方能造轨。倘如本年,则轨不能炼,千万漏卮,无计可杜。"又同书,页32,《致张香帅函》(光绪二十三年九月初一日)说:"……鄂铁足供轨料,来年若无佳煤,不能炼佳钢,比人势必借词全购洋轨(芦汉铁路用),固增二千万漏卮,与原意不符。鄂厂失此机会,亦恐永无翻身之日。"
⑤ 顾琅《十大矿厂调查记》,第三篇,页7—8;《萍乡煤矿调查本末》,张赞宸《奏报萍乡煤矿历年办法及矿内已完成工程》,引自陈真前引书第三辑,页444。
⑥ 《存稿》卷一,页42下,前引文;同书卷二,页13下,《湖北铁厂改归商办并陈造轨采煤情形折》;于宝轩编《皇朝蓄艾文编》(台北市学生书店,1965年)卷二三,《矿政》二,页26;顾琅前引书,第三篇,页8。又张赞宸前引文(引自陈真前引书第三辑,页444)说:"赞宸(光绪)二十三年六月内奉差到萍,周历县治东南一带,凡产煤之山,必逐井考验,均属脉旺质佳,迥非他处所可比。……由局自购土井采炼……驯至焦炭出炉……化验则灰、磷、磺质俱轻,到厂炼铁,果合炼钢之用。"关于萍乡煤矿的储藏量,吴承洛《实业通志》,页三五)说有两个估计:"德国技师赖伦(Gustavus Leinung)言,每年采收百万吨,可继续五百余年(即储藏量为五万万吨),而农商部地质调查所估计储量,则为二万万吨,相差颇远。"

器,用新法开采,于是委任张赞宸为该矿总办。①

萍乡煤矿的中心,在江西省萍乡县东南15里的安源。为着要保护煤矿本身的利益,矿局陆续购买环绕附近用土法开采的井厂约1 300亩。整个矿区,长20里、宽10里。工程十分浩大,计有机矿平巷三条,直井一口,以及安装矿轨、煤车、电车、钢缆、起重、打风、抽水、砧石各机;又有矿山基地、总局及各厂栈房屋、大小机器制造厂、大小洗煤机、洋式炼焦炉、造火砖厂、电灯和电话等设备;此外,又建有栈房、码头、轮驳和一所医院。竖井最深的达800尺,横井内的双轨铁路有3 000公尺长。② 它的规模之大,由此可见一斑。

为着要便利机器和各种物料的运输,张赞宸在开矿初期,即修筑安源至宋家坊的铁路(安萍铁路)14里。③ 但是,萍乡和汉阳的距离有500公里那么远,若要以低廉运费来把采炼的煤焦大量运往汉阳,那就非改良交通不可。因此,光绪二十七年(1901年)四月,矿局把安萍铁路展筑至醴陵(萍醴铁路),至二十九年正月竣工。同年,又把铁路展筑至洙州(醴洙铁路),至光绪三十一年(1905年)竣工,与前者合为萍洙铁路。计全长180华里,先后共用去官款4 218 308元。④ 事实上,这条铁路只能够解决运输方面一部分的问题,因为当日粤汉铁路还没有完成,矿局不能把煤焦从洙州运至长沙而直达

---

① 《存稿》卷二,页17,《萍乡煤矿派员总理片》(光绪二十四年三月);张赞宸前引文,引自陈真前引书第三辑,页444;顾琅前引书,第三篇,页8。
② 见张赞宸前引文,引自陈真前引书第三辑,页443—444、448—451;吴承洛前引书,页36。又《存稿》卷一四,页29,《请赏赖伦宝星片》(光绪三十四年四月)说:"(萍矿)卒能打穿石隔,洞见大槽。臣(盛宣怀)亲履煤井,深远六七里,内用电气车巷如棋盘。……仿用西法,以洗煤机涤尽渣滓,以炼焦炉制成焦块。"
③ 《存稿》卷一四,页25,《请邮张赞宸折》(光绪三十四年四月);顾琅前引书,第三篇,页8;张赞宸前引文,引自陈真前引书第三辑,页444;于宝轩前引书卷二三,《矿政》二,页26。又当时矿局鉴于萍乡和汉阳距离较远,而炼铁需用焦炭甚多,曾预备建造萍乡至长沙的铁路。《未刊信稿》,页49,《致蒋道台熊太史函》(光绪二十三年十月二十九日)说:"萍乡煤炭甚多,惜为路窘。拟自造小轨路,用牲口拖运,自萍至长沙约三百里,只须二三十万两,可否?"事实上,这个建议是不可能成功的,因为萍乡距离洙州虽然只有180华里,而萍洙铁路共耗420余万两,故建筑萍乡至长沙300里铁路的费用,将会是一个相当庞大的数字,而不是像盛宣怀所说的小轨路"只须二三十万两"那么简单,因此这个建议并没有实行。
④ 参考凌鸿勋前引书,页238;《三十年来之中国工程》,杨承训《三十年来中国之铁路事业》,页17;阮湘等编《第一回中国年鉴》(上海商务印书馆,民国十七年十二月四版),页846;《存稿》卷二二,页7,《请饬赣湘两省保护萍醴路工电奏》(光绪二十七年四月二十六日)。又邮传部编《邮传部奏议类编·续编》(文海出版社,1967年11月),《路政》,页284,《会奏核覆醴洙铁路动支官款接续前案核销折》说:"臣等查醴洙铁路系接萍醴路线兴筑,计全路自江西萍乡县属安源起至湖南湘潭县属洙州止,故总称萍潭铁路。……萍潭铁路于光绪二十四年三月奏奉谕旨准办。"

汉阳,故洙州以下,只好利用轮驳和雇用民船,取道湘江运往汉阳。① 可是湘江在洙州至昭山(易家湾)一段,虽然只长12英里,但曲折而多险滩,轮驳航行非常困难,以致煤焦不能大量运销,到了光绪三十年(1904年)八月,矿局因此积欠各商号款项几达50万两。② 这对于汉阳铁厂和萍乡煤矿来说,不能不算是一项损失。

萍乡煤矿的规模既然这样庞大,所用款项自然不少。计自光绪二十四年(1898年)开办起,至光绪三十三年(1907年)止,一共用去500余万两③,和官办时期的汉阳铁厂用款差不了多少。这笔巨额的款子,小部分是汉阳铁厂等企业的投资,大部分则为债项。股本方面,除了汉阳铁厂因为急需焦炭外,轮船招商局、铁路总公司也因需要大量的煤来作燃料,故在盛宣怀的号召之下,都乐意参加对萍矿的投资。④ 萍乡煤矿有限公司原拟招募股本银350万两(见本书附录二),但事实上,到了光绪三十年(1904年)十一月,共只招到股本银100万两⑤;到了光绪三十三(1907年)年,股本银增加至150万两。⑥ 债项方面,萍矿于光绪二十五年(1899年)二月,以招商局在上海洋泾浜一带的产业作为担保,向德商礼和洋行借德银400万马克(约合银156万两)。付款方法如下:300万马克存于洋行,作为洋行代

---

① 顾琅前引书,第三篇,页49—50说:"凡安源煤矿所出之煤焦等物,悉由萍洙铁路(长64英里)运至洙州……再以矿局特备之轮船30余艘……分期运送至岳州……或分销他处,或直送汉阳。综计该矿每年驳船运送者,约占1/4,其余3/4,则专赖大、小轮船分送。"
② 《矿务档》("中央研究院"近代史研究所出版,1960年8月1日)(四),页2289,载光绪三十年八月二十三日盛宣怀文说:"且铁路总公司垫款铺设铁道,仅至醴陵,轮驳亦未畅行于湘、汉,存山煤焦,致多搁本,商号欠款,积数几及五十万两。"
③ 《存稿》卷七二,《电报》四九,页25,《寄武昌张中堂》(光绪三十三年六月二十二日);同书卷七三,《电报》五〇,页2,《寄农工商部》(光绪三十三年九月十三日)。
④ 《张集》卷五〇,页4,《查明招商局保借洋款扩充萍矿有益无碍折》(光绪二十五年六月十七日)说:"盖开矿不用机器,不能深入得佳煤;炼焦不用洋炉,不能去磷成佳钢;运道不用铁路、轮驳,不能济急用而轻成本。目前造轨,将来行车,需用煤焦,皆属极巨。……至轮船招商局每年用煤,为出款大宗。上年因开平煤不及接济,多购洋煤,虚糜二十万金,以故竭力筹办萍煤。"又参考张寿庸等编《皇朝掌故汇编》(文海出版社,1964年6月),《外编》卷二四,《矿务》二,页57—58。
⑤ 截至光绪三十年十一月底,萍乡煤矿的招股情形如下:第一次入股的是创始老股,计汉阳铁厂20万两,招商局15万两,铁路总公司15万两,香记等商户10万两,共60万两;第二次入股的是续招老股,计电报局22万两,招商局8万两,香记等商户10万两,共40万。两次共招股本100万两。参考张赞宸前引文,引自陈真前引书第三辑,页440—441。
⑥ 《存稿》卷七二,《电报》四九,页19下,《寄张宫保》(光绪三十三年四月初三日)说:"萍矿资本系五百数十万,只有股分一百五十万,余皆借贷,以礼和、大仓两款为最巨。"

第三章　汉阳铁厂官督商办时期

萍矿购买机器的费用，其余 100 万则付现款。① 光绪三十一年（1905 年）六月，萍矿又以所产煤炭和煤焦为担保，利息七厘半，向日本大仓组借 30 万日元（合银 207 530.61 两），作为扩充煤矿设备、购买机器和汽船之用。② 到了光绪三十三年五月，萍矿又因为需要再行扩充，以矿局所有生利财产及物料作保，利息七厘半，再向大仓组借 200 万日元（合银 1 287 215.19 两），用来支付扩充煤矿设备的费用。③ 统计先后共借大仓组 230 万日元（见下文表 13）。此外，矿局又向各庄号举借短期归还的债款。④ 要是把 500 多万两的用款减去股本 150 万两、礼和借款 150 万～160 万两、大仓组 140 余万两，则余下的 60 万两左右都是向各庄号举借得来的。

萍矿在耗费这许多金钱以后，办理出来的成绩尚属可观。光绪二十五年（1899 年），萍矿每日能够出煤 200～300 吨。⑤ 次年，它的煤产量已足够汉阳铁厂的需要，从此铁厂再也不用向其他地方购买煤焦了。⑥ 平均来说，它每天能够出煤 2 400～2 500 吨，每月可出焦炭 21 000 吨（其中，12 000 吨为西法炼焦炉所出，9 000 吨为土炉所出）。⑦ 其后到了光绪三十三年，它的年产量激增至 45 万吨，充其量可以增产至 90 万吨。⑧ 计自光绪二十四年（1898 年）起，至三十二年（1906 年）闰四月底止，萍矿共供给汉阳铁厂焦炭 388 000 吨、生煤204 000（+）吨。单是焦炭一项，每年已为铁厂节省银 200 余万两，因为它的售价每吨只 11 两，较之开平焦或洋焦的每吨 16～17 两或 20 多两真是低

---

① 《矿务档》（四），页 2289；《皇朝掌故汇编》，《外编》卷二七，《矿务》二，页 59；《存稿》卷八，页 21，《铁厂派员出洋片》（光绪二十八年九月）；同书卷三四，页 18，《寄傅相》（光绪二十五年四月二十二日）；于宝轩前引书，卷二三，《矿政》二，页 26。除这次借款以外，萍乡煤矿因为在借款中"现款只四成之一，此外均以购机，款绌工巨，实在不敷运掉"，故于光绪二十八年七月初四日再与礼和"议定新借德银四百万马克"，其中 300 万借给现机，100 万垫办机器。但是因为礼和要指定轮船招商局产业作保，这次借款并没有成功。见《矿务档》（四），页 2289—2296，《存稿》卷五九，《电报》三六，页 27，《寄张宫保》（光绪二十八年十二月二十七日）。
② 徐义生前引书，页 38—39。
③ 前引书，页 40—41。
④ 张赞宸前引文，引自陈真前引书第三辑，页 442—443。
⑤ 《张集》卷五〇，页 4 下，前引文。
⑥ 《矿务档》（四），页 2289。
⑦ 顾琅前引书，第三篇，页 30、33、57。
⑧ 《存稿》卷七二，《电报》四九，页 25，《寄武昌张中堂》（光绪三十三年六月二十二日）说："……萍煤……今年可出煤四十五万吨，充其量可出九十万吨。"

廉得多了。① 因此,盛宣怀开采萍乡煤矿,以燃料供应汉阳铁厂来炼铁制钢的目的可说已经达到。此后,他再也不用因为燃料问题而绞尽脑汁,以致"心力交瘁"②了。

第三节 与日本签订预备矿石价值合同的经过和影响

光绪二十五年(1899年),汉阳铁厂与日本八幡制铁所订立的通易煤铁合同,是日后一连串预借生铁、矿石价值合同的张本。逼使它举借大量外债的原因,是资金问题没有办法解决。

上文说过,汉阳铁厂在改为官督商办后招股的成绩并不理想,直至光绪三十三年(1907年)七月止,一共只陆续招到股本银250万两。这区区的200余万两实在派不了什么大的用场,因为它需要用钱的地方实在太多了。铁厂在招商承办初期,浪掷在购买焦炭上的款项相当可观,以致连年亏本,增加了不少财政上的负担。③ 另外,铁路总公司于光绪二十二年(1896年)成立后,即预备大规模地兴筑芦汉铁路。④ 路轨是铁厂的一项主要产品,其售卖所得将要占收入的一大部分。要是它的产量不能供应芦汉铁路的需求,铁路只好订购洋轨,而汉厂如果损失这一宗大买卖,势必将会面临停工关门的命运。⑤ 因此,它一定要筹集巨款,加紧开工,多炼钢铁,以便应付芦汉铁路的大量需求。此外,它又要筹款开办萍乡煤矿、添设新式机器炉座以

---

① 顾琅前引书,第三篇,页50。
② 《存稿》卷五〇,《电报》二七,页24,《寄张香帅》(光绪二十六年十二月二十一日)。
③ 至光绪三十一年(1905年)三月止,汉阳铁厂主要由于要耗巨款来购买煤焦,共亏折200余万两。
④ 清廷采纳张之洞的建议,筑造芦汉铁路以后,禀请承办这条铁路的有许应锵、刘鹗、方培垚、吕应麟等人,但奉旨会同办理该路的直督王文韶和鄂督张之洞,却属意于盛宣怀。盛氏建议筑路用官办、商办、洋股、洋债各办法(最后因侨资、商股都筹不到,只好借用洋债),为王、张二人所赞同。光绪二十二年七月廿五日(1896年9月2日),王、张二氏会奏,推荐盛宣怀组织公司,督办芦汉铁路。是年十二月初四日,铁路总公司在上海成立。参考李国祁前引书,页134—139、141、146;凌鸿勋前引书,页177;吴廷燮《铁路大事记》,《国史馆馆刊》二卷一期(龙门书店,1967年2月景版),页33。
⑤ 《存稿》卷一,页四三,前引文说:"如……轨不外购,实吾华兴工艺,塞漏卮、收利权,不易得之机会。否则轨料桥件,莫不取资洋厂,芦汉干路多掷二千万以贻外人,而汉厂将一蹶不振,工艺均废,漏卮日大,利权坐失。"

第三章　汉阳铁厂官督商办时期

及兴筑码头、栈驳等工程。① 可是,当日铁厂的经费来源远较官办时期为狭窄,因为在官办时期,铁厂还有政府在背后支持,遇有急需款项的时候,每每可以截留其他省份的税款或厘捐,但现在既已改为官督商办,铁厂就要自己想办法了。它筹集款项的唯一方法,是以极高的利息向钱庄、外国银行或洋行借债。然而债借得越多,利息的负担也越重,以致呈现尾大不掉的现象。② 到了后来,即使付出很重的利息也不容易借到。③ 但是,如果资金缺乏,铁厂便要面临煤焦停运、机炉不添的局面,这无疑是停工关门的现象,都是张之洞和盛宣怀所最不希望的。④ 当一个人处在这种危急的情形下,要是有人愿意贷以巨款,条件只是在将来分期购置你将要生产出来的货品,那哪有不答应的道理? 就在这种情况之下,盛宣怀答应了日本先借款项、后买铁砂的条件。

此外,我们得要明白日本向汉阳铁厂订购铁砂的原因。日本自中日甲午战争后,由于战争胜利的影响,积极从事国内工业的建设,因此于1896年在九州福冈县创办八幡制铁所。虽然在时间上成立得比较晚,但制铁所的业务远较汉阳铁厂为蓬勃,因为它的创办人和田维四郎侯爵(1835—1915年),是日本著名的推进现代工业的先驱者,并且与首相伊藤博文是至交,故制铁所从开始即得到日本政府的大力支持,处处给予维护和优待。⑤ 它的创办资本

---

① 前引书卷一四,页13下—14,《汉冶萍煤铁厂矿现筹合并扩充办法折》(光绪三十四年二月)说:"臣不自量力,一身肩任……实不知需本之巨,有如今日之深入重地者。……于是重息借贷,百计腾挪,开辟萍乡煤矿以济冶铁之需,添造新式机炉以模炼钢之法,铁路、轮船、码头、栈驳,处处钩连,无一可缺。"又同书卷三四,《电报》十一,页31,《寄张帅》(光绪二十五年十一月十三日)说:"现须设趸船、起重机器,约需本银十余万。"
② 前引书卷一四,页14,前引文说:"查自光绪二十二年五月奉饬招商接办起,截至三十三年八月为止……外债、商欠将及一千万两。抵押居多,息重促促,转辗换票,时有尾大不掉之虞。"
③ 前引书卷六二,《电报》三九,页6,《寄京外务部张宫保鄂端午帅》(光绪二十九年十一月初六日)说:"历年与洋商磋议借款,不止一次,厂矿担保外,并须侵我办事之权,因是屡议无成。"又同书卷五九,《电报》三六,页27,《寄张宫保》(光绪廿八年十二月二十七日)说:"然不借款,则煤不能运,炉机不能添,日炼钢铁数十吨,售价不敷炼矿,接济已断,人情势利,挪借俱穷。"
④ 前引书卷五九,《电报》三六,页27,《寄张宫保》(光绪廿八年十二月二十七日)。又同书卷六二,《电报》三九,页7下,《寄京外务部张宫保鄂端午帅》(光绪廿九年十一月初六日)说:"铁政关系制造,各国视为强弱关键。中土似此一矿一厂,若为大局计,似未便听其磋跌也。"
⑤ Marius B. Jansen, "Yawata, Hanyehping, and the Twenty-one Demands;" in *Pacific Historical Review*, Vol. XXIII, no.1, February, 1954, pp.33 - 34. 关于日本政府对该厂的保护,盛宣怀在《存稿》《东游日记》,页17,光绪三十四年八月二十九日项下说:"(日本)国家保护(制铁所)之法……加重进口税,免去(制铁所产品)出口税,凡用材料,均买本国,其余国家权力所能到者,尽力保护之。"

是2000万日元,到1908年,投资共达6000万日元。所址前临海湾,交通便利,有储量丰富的筑丰煤矿,但唯一的缺点是铁矿储量不够丰富。1908年,它有马丁炼钢炉6座,日夜出钢400余吨,所出钢铁,专供军部之用。[1] 自创办后至1930年,它每年的生铁产量占日本全国总额的70%~80%,钢则占40%~50%。[2] 日本在日俄战争(1905年)以后,工业发展迅速,各种工业的产量激增[3],从而对于钢铁的需求也特别增大。但是,日本铁矿储量非常贫乏[4],每年铁砂的产量还不及国内消耗量的10%[5],因此要设法向国外输入铁砂,而最近和最方便的国家当然要算中国了。[6]

光绪二十四年(1898年),伊藤博文来北京,是日本和汉阳铁厂发生关系的先兆。[7] 次年二月十五日,日本制铁所所长和田维四郎持伊藤的信到上海见盛宣怀,提出两种合作的办法:一种办法是制铁所租大冶的铁山来自行开采;另一种办法是按吨定价来购买铁砂,或者是用日本焦煤来交换大冶铁砂。[8] 那时候,汉阳铁厂正日渐亏本。同时,盛宣怀认为大冶铁矿储量丰富,

---

[1] 《存稿》,《东游日记》,页16下,光绪三十四年八月二十九日项下;《未刊信稿》,页141,《致伦贝子再启》(光绪三十四年十二月初四日);《实业之日本》十卷十四号,《大冶铁矿》(1907年10月27日《时报》转载),引自陈真前引书第三辑,页431;Marius B. Jansen,前引文,前引刊物,p.34.关于制铁所的规模,《未刊信稿》,页138,《与湖广陈制军》(光绪三十四年十月十九日)说:"该厂糜款六千万圆,冶铁与我相埒,而地广十倍于我,工师不用外人。大阪制造林,讲求工艺,故能养水陆军如此之多。"第一次世界大战以后,它的规模更加扩大,年产生铁能力,高达120万吨,钢块及钢材生产能力达190万吨(见《第四次中国矿业纪要》,页135).

[2] Albert Feuerwerker, "China's Nineteenth-Century Industrialization: The Case of the Hanyehping Coal and Iron Company, Ltd.," p.79. 又 George M. Beckmann, 前引书, p.339 载制铁所于1905年的钢产量为69 000吨,至1913年跃增到255 000吨,供给日本国内钢铁消费量1/3的需要。

[3] 1905年后,日本工业发展迅速,其中尤以造船、钢铁、化学、机械等工业为最发达。钢铁产量自1905年至1914年增加4倍;煤产量增加2倍;此外消费品工业如纺织业的产量也增加2倍,并且可以大量倾销到中国和朝鲜。见 George M. Beckmann, 前引书, p.339.

[4] 1910年,日本铁矿的储量估计是5 600万吨,1950年则为6 200万吨,是亚洲铁矿储量最贫乏的国家之一。参考 Yuan-li Wu, 前引书, pp.256, 259.又丁格兰《中国铁矿志》,页282 说:"日本铁矿可称极少……重要铁矿实只有一区……名釜石铁矿……与中国大冶、金岭镇等矿近似。……全国铁矿储量总计约为6 000万吨。"

[5] H. G. Woodhead, ed., The China Year Book 1932 (Shanghai), p.132.

[6] 日本铁砂除取给于中国外,有一部分来自朝鲜。参考丁格兰前引书,页282。此外,日本每年从欧洲进口钢铁的数量也很大。《未刊信稿》,页143,《致吴仲恺中丞再启》(光绪三十四年十二月十五日)说:"日本……每年购买欧洲钢铁,岁数千万。"又参考本书第一章。

[7] 陈真前引书第三辑,页431,前引文。

[8] 《存稿》卷九三,《补遗》七〇,页24,《寄鄂督张香帅》(光绪二十五年二月十五日)。

第三章　汉阳铁厂官督商办时期

而中国煤焦缺乏,要是售卖铁砂的建议成功,铁厂便可以利用这笔款项来添购机炉,扩充设备。和田提出的第二种办法对于铁厂既然有利而无害,盛宣怀也就欣然接受。① 经过多次的往返磋商,卒于同年二月二十七日,由盛宣怀与和田在上海签订通易煤铁合同。② 合同的要点如下:

> 一、日本制铁所预购大冶矿石,第一年5万吨;第二年以后所需数量,由日本国会决定后再行通知,但保持不少于5万吨之数。大冶矿石除汉阳铁厂自用外,应先售与制铁所每年所需5万吨或增加之数。(第一、五款)
>
> 二、汉阳铁厂及招商局等委托日本制铁所代购日煤,每年至少3万～4万吨,价格按照时价而定。(第一、三款)
>
> 三、日本制铁所得派委员3名常驻大冶石灰窑及铁山,住宿由汉阳铁厂供给。(第六款)
>
> 四、本合同以十五年为期,期满后如双方不作废弃合同之通知,则无条件再展限十五年。(第七款)③

此外,合同附件中又载明上等矿砂每吨鹰洋(墨西哥银)3元,次等每吨2

---

① 前引书卷三四,《电报》一一,页21下,《香帅来电》(光绪二十五年六月十二日)说:"查大冶铁产富饶,而中国焦煤短缺。以有余之铁,随时酌易急需之炭,未始非计。"又同书同卷,页22下,《寄香帅》(光绪二十五年六月十五日)说:"我正苦乏焦炭,先售以未炼之铁石,并易其可炼铁石之焦,计亦良得。至冶铁数百年无尽之藏,岁售五万吨,十五年计之,不过七十五万吨,为数甚少。近又勘买九江铁矿,防人觊觎,似不患其缺铁也。"又同书卷六二,《电报》三九,页5下,《寄北京杨道文骏》(光绪二十九年十月二十九日)说:"日本买大冶矿石,并允预借矿价,鄂厂借可添炉镕炼,实于中国有益无损。"
② 这个合同之所以签订得这样快,一方面由于盛宣怀怕日本中途变卦。例如《存稿》卷九七,补遗七四,页22下,《寄外务部顾侍郎肇新》(光绪二十九年十月初一日)说:"彼买我矿石,如得预支矿价,此系商矿自己筹款,为国家兴利便益,无过于此。……失机可惜。……应请大部主持……以免日本变卦。"另一方面,又由于盛宣怀顾虑到,如果谈判不成功,日本会仿效英、俄等国,强向中国索取矿权。例如《存稿》卷三四,《电报》一一,页22,《寄香帅》(光绪二十五年六月十五日)说:"此时日本若援俄、德、英、意成案,索办一矿,自开自运,何难之有?"又同书卷六二,《电报》三九,页5下—6,《寄北京杨道文骏》(光绪二十九年十月二十九日)说:"此次大冶买矿合同如果中止,闻日本亦必援(英国)福公司向中国索一矿,为自开计耳。"由此可见,日本在谈判期间,可能曾施展一些外交手段,使盛宣怀于短时间内即同意签订合同。
③ 《矿务档》(四),页2322—2324;日本外务省编《日本外交文书》(以下简称《外交文书》)卷三二(东京,昭和三十年十二月二十五日),页524—525。

元2角。① 在这合同签订之后,从1900年7月(光绪二十六年六月)起,大冶铁砂便源源不断输入日本。②

这一个通易煤铁合同,可以说是日后汉阳铁厂或汉冶萍公司和日本间一切借款的蓝本。以后汉阳铁厂或汉冶萍公司因为股本不足,资金筹措不灵,再加上机器、工程的需要扩充,从光绪二十八年(1902年)起至宣统三年(1911年)止,先后共向日本资本家借款1700余万日元(关于每次合同所订的要目,参考表13)。③ 综观汉冶萍公司与日本所订的一切借款合同,有以下几点值得我们注意:第一,铁砂的售价由公司与制铁所议定,不受国际市场上钢铁价格的影响。这样一来,当国与国之间因有战事发生而钢铁价格飞涨的时候,汉冶萍公司便要因为受到合同的束缚,不能随便更改售价,不免要大吃其亏。后来欧战时期的事实就是一个最好的例子,我们将在下文讨论。第二,每次借款的条件或担保,都以大冶铁矿为主。换句话说,日本对于大冶铁矿抱着紧咬不放的态度,合同订的越后,对公司控制的程度越深,务期把它置于掌握中而后已。第三,日本派遣委员驻在矿山,或公司聘用日本技师和会计顾问,这些都可以说是日本对公司做进一步的监视,加强对公司的控制,对汉冶萍公司来说,显然利少弊多。这点将详见下文。第四,从1904年(光绪三十年)1月15日的借款合同起,即订明公司如有第二次借款,必须先向日本举借,形成日本资本家单独控制汉冶萍的局面。

---

① 《矿务档》(四),页2324—2326;《外交文书》卷三三,《附属书》二,页303、306—307。内中除注明矿石价格外,并规定其成色如下。
　　头等矿石成色(年购5万吨):
　　铁　62%及以上。
　　磷　4‰及以下者2万吨,5‰及以下者3万吨。
　　硫　1‰及以下。
　　铜　2.6‰及以下者2万吨,3‰及以下者3万吨。
　　二等矿石成色(购量于三个月前由制铁所与铁厂商定):
　　铁　59%～62%。
　　磷　8‰及以下。
　　硫　1‰及以下。
　　铜　3‰及以下。
② 李毓澍《中日二十一条交涉》(中研院近史所,1969年8月),页114。
③ 徐义生前引书,页25。又据 A. Feuerwerker, *The Chinese Economy, ca. 1870-1911*, p.69,自1894至1911年,中国工业企业举借的外债共25 517 349库平两,其中绝大部分都属于汉厂或汉冶萍公司向日本借来的债款。

第三章　汉阳铁厂官督商办时期

表 13　清末汉阳铁厂、萍乡煤矿、汉冶萍公司日本借款一览表*

年 月	借款名称	借款者	贷款者	款项(日元) 借款额	款项(日元) 实收额	利息(年息)	年期	利息归还期	偿还方法	担 保	用 途	条 件	备 考**
1899 年 4 月 7 日	通昌煤铁矿预借矿款	汉阳铁厂盛宣怀	日本制铁所	3 000 000			15 年		以制铁所按年所购铁矿石抵还本息,不还现款。		建置马丁炼钢炉及扩充铁厂。	每年至少购买矿砂 5 万吨。	日本派三委员常驻大冶灰塘及铁山,由铁厂招待住宿。
1902 年	汉阳铁厂借款	汉阳铁厂	大仓组	250 000	250 000	8%	1 年				扩充铁厂设备资金。		1903 年还清。
1903 年 12 月 24 日	汉阳铁厂借款	汉阳铁厂张赞宸	大仓组	246 153.84	246 153.84	月息 6%	1 年		1904 年 6 月 24 日还 126 153.84 元,1904 年 12 月 24 日还 120 000 元。	汉阳铁厂钢轨 6 000 吨,倘钢轨出售,另有生铁作保。			由汉口汇丰银行交款并仍由它电汇归还。
1904 年 1 月 15 日	汉阳铁厂借款	汉阳铁厂盛宣怀	兴业银行	3 000 000	3 000 000	6%	30 年#	每年一次	以制铁所按年所购矿石价值抵还本息,不还现款。	大冶得道湾矿山,大冶矿现有与将来接展之运矿铁路,矿山吊车、车辆房屋、修理机器。	100 万元萍矿需要、200 万元备铁厂购买机器、机炉之用。	每年收买大冶矿砂最少 70 000 吨,最多 100 000 吨,并雇聘日本技师。	借款在 30 年期限内,不得提前清偿。再改借款,先尽日本按砂价合同展期订 30 年,1934 年结存额 101 432 日元。
1905 年			大仓组	2 500 000									
1905 年 6 月	萍乡煤矿借款	萍乡煤矿督办盛宣怀、总办张赞宸	大仓组	300 000	300 000	7½%	2 年			萍乡煤矿所产煤炭及发焦。	扩充萍乡煤矿设备机件及小汽船。		1905 年 1 月 15 日止。萍矿欠大仓铁厂及大冶铁山、马鞍山煤矿等欠大仓组洋账例银 99 531.33 两。

续表

年 月	借款名称	借款者	贷款者	款项(日元) 借款额	款项(日元) 实收额	利息(年息)	年期	利息归还期	偿还方法	担 保	用 途	条 件	备 考
1906年2月28日	汉阳铁厂借款	铁厂督办盛宣怀,总办李维格	三井物产会社	1 000 000	1 000 000	7½%	3年11个月	每年6月30日及12月31日	前二年(1907—1908年)每期还150 000元,后一年十一月(1908—1909年)每期还200 000元。	铁厂所产钢铁及栈存煤焦材料。	扩充汉阳铁厂产品归三井代售及专销。	汉阳铁厂产品归三井代售及专销。	本借款由兴业银行贷予大仓组2 000 000元,大仓组年息6½%,交时扣除前贷99 531.33两。
1907年5月1日	萍乡煤矿借款	铁矿督办盛宣怀,总办林志熙	大仓组	2 000 000	1 700 000	7½%	7年	每年5月及11月底	前三年付息,后四年还本利,每期还200 000元。	矿局所有生利财产及物件。	扩充煤矿设备。		售与制铁所矿石定数,自本合同订定后,每年递添2万吨,以五年为期。
1907年12月23日	汉阳铁厂借款	铁厂总办李维格	正金银行	300 000		7%	5年	每年12月31日	以制铁所购铁砂抵还。	1904年3 000 000元借款合同。			
1908年6月13日	汉冶萍借款	公司总理盛宣怀,协理李维格	正金银行	1 500 000	1 500 000	7½%	10年	每年1月及7月13日	头三年墾着不动,后三年还利息。	汉冶萍所属九江、大冶等铁矿。	汉阳铁厂及大冶设备费用。	每年收买大冶矿砂。	日本政府出资,1934年结存额2 298 262日元。
1908年11月14日	汉冶萍借款	公司总理盛宣怀,协理李维格	正金银行	500 000	500 000	7½%	10年	每年5月及12月30日		1908年6月13日1 500 000元借款合同。			日本政府出资,1934年结存额766 087日元。
1909年	汉冶萍借款	公司总理盛宣怀,协理李维格	正金银行	(洋例银)500 000(两)		8%	2年6个月	每年3月1期	第一年还息,以后本息并还。	汉冶萍公司在汉口华界及租界地契。			分二次交款,是年3月21日交250 000两,4月19日交250 000两。

第三章　汉阳铁厂官督商办时期

续表

年月	借款名称	借款者	贷款者	款项额(日元) 借款额	款项额(日元) 实收额	利息(年息)	年期	利息归还期	偿还方法	担保	用途	条件	备考**
1910年9月10日	汉冶萍借款	公司总理盛宣怀、协理李维格	正金银行	1 000 000	808 800(两)	7%	7年	每年6月30日及12月31日	到1911年以公司装运出口至美国西雅图生铁矿石抵票偿还,但可延至1919年。	大冶矿山及1908年6月13日2 000 000日元借款合同	汉阳铁厂用款。	收购大冶铁矿砂。	1934年结存额385 088日元。
1910年11月17日	汉冶萍借款	公司总理盛宣怀、协理李维格	正金银行(六合公司)	1 227 135.16	(规元)1 000 000(两)	7%	15年	每年6月及12月15日	直至1914年放着不动,从1915年至1917年认还。	汉冶萍股1 500 000元,及所出生铁,并该公司全部财产。	扩充费及买山官费用。		1913年1月28日认可,1934年结存额1 861 738日元。
1910年12月28日	汉冶萍借款	公司总理盛宣怀、协理李维格	三井洋行(六合公司)	1 000 000	(洋例银)735 000(两)	9%				大冶矿砂。	萍乡煤矿用款。		
1911年3月31日	汉冶萍借款	公司总理盛宣怀	正金银行	6 000 000	6 000 000	6%	15年	每年6月及12月15日	前三年放着不动,第4年起还120 000元,第5年还275 000元,可以铁砂供给所制铁所还息。	大冶矿砂。	汉冶萍用款。		日本政府借与正金4 000 000日元,年息5%,1934年结存额9 193 048日元。

资料来源:《外文书》卷三,页524—525;卷三六(昭和三十二年十二月十五日),第二册,页288—289;卷三八(昭和三十四年三月五日),第二册,页226—228;卷四○(昭和三十六年三月一日),第二册,页642—643,661;卷四(昭和三十七年三月十日),第二册,页21;同书(大正二年九月九日),页936—937。徐义生前引书,页36—51,徐又生前引文,《矿务档(四)》1957年4—6期,页118—119,124—141。《经济研究》年4—6期,页2322—2326,2333—2337。汪敬虞前引书,页120;《汉冶萍公司所借目俄借款计》(1902—1930年)。
* 本表所列举借款年、月、日,借款数目及利息,均以《外文书》记载各合同所订之年、月、日,借款数目及利息为准。
** 以下所举借款,多由日本政府出资,再转由日本银行贷与汉冶萍公司。大约在整个贷款额中,日本政府关系贷款占95.46%,非政府关系贷款占4.54%。
# 页233,但原书并没有借明借款计算至哪一年为止,故上举百分比只可目为日本政府在借款中一般所占的约数。见李毓麒前引书,页120。《汉冶萍前引引书,页233,但原书并作40年,疑有误。

我们可以说,日本对于汉冶萍公司的渗透是处心积虑的,日本唯一的目的,就是要"尽力经营,务使此矿(大冶铁矿)归于日本权力之下"①。要达到这个目的,就要"舍投充分之资本不为功"②。这是日本资本家要大量贷款给汉阳铁厂或日后的汉冶萍公司的第一个和最主要的原因。事实上,当日对大冶铁矿产生觊觎之心的,除了日本外,还有德国和比利时。③ 德国和大冶铁矿的关系深远,因为光绪初年,盛宣怀带同德籍矿师郭师敦探测长江沿岸矿产,发现了大冶铁矿。直至张之洞创办汉阳铁厂以后,所用的工程师和技师,除了比利时人外,大部分是德国籍的,因此引起德国对大冶铁矿的注意,时时想把铁矿放在德国的控制下,从而有贷给萍乡煤矿400万马克之举。如果当日盛宣怀能够明了德、日、比三国的野心,从而利用她们相互间的矛盾,使三国互相牵制,汉阳铁厂可能不会完全为日本的债权者所控制,至少也可影响举借日本款项的条件,不至于订得那么苛刻。不幸盛宣怀昧于大势,错过这个大好机会,还自诩这一个预借铁砂价值的办法为"无中生有"的妙法,得此借款,即可安装新机炉,从事生产,是汉阳铁厂"转败为胜"的一线生机。④ 他哪里晓得,从此汉阳铁厂及日后的汉冶萍公司即将堕入日本制铁所的控制之下,要翻身也翻不起来了。

---

① 《东方杂志》七卷九期(宣统二年九月),页83,转译《字林西报·大冶铁矿历史谈》。又陈真前引书第三辑,页431亦有这项记载。这是一篇日本驻在大冶铁矿的管理员西泽氏的谈话,内中充分暴露日本对大冶铁矿的野心。

② 同上。

③ 《东方杂志》七卷九期,页82,前引文;陈真前引书第三辑,页430—431,《大冶铁矿历史谈》(译自《字林西报》)。其中记载:"大冶铁矿,中国向不知之。距今二十年前,始知有是矿之存在。……湖广总督张之洞,引据书典,谓大冶邻近,当有产铁之所……遂聘一德工程师为勘测员。德工程师查得大冶县境,有一产铁极富之矿脉。(案:以上的记载均属错误,事实上聘德籍矿师探勘铁矿的是盛宣怀,而不是张氏,参考本章第一节。)乃匿不以闻,而潜告诸德政府。德政府即行文总理衙门,要求该矿采掘权。总理衙门……拒绝其请。德政府又提议,中国于该矿及扬子江之间,造一铁道,约长二十英里,而由德国供给一切应用之机件及工师,并铁轨车辆,德国卒如愿以偿(案:大冶运矿砂的轻便铁路)。同时德国借与中国银300万两,为开矿资本(案:这项借款并没有实现)。遂俨然握统治该矿之权。斯时始惹起列强之注目,比国财团极力运动,欲借中国以款,而返还德国资本,并辞退德工程师,而代以比人;旋以德反抗甚力,比人卒归失败。"又参考 Marius B. Jansen,前引文,前引刊物,pp.34-35.但据《未刊信稿》,页295,《致内务部农商部密启》(民国四年十二月二十六日),盛宣怀聘请勘测大冶铁矿的矿师郭师敦,是英国人,而不是德国人,待考。

④ 《存稿》卷六二,《电报》三九,页7下,《寄京外务部张宫保鄂端午帅》(光绪二十九年十一月初六日)。

第三章　汉阳铁厂官督商办时期

第四节　机器设备的改良和扩充

张之洞对于近代炼铁制钢工业，事实上并没有多大的认识。他创办汉阳铁厂的时候，只凭一股热情与勇气，办起事来，免不了有点草率。他在还不知道哪个铁矿可供开采之前，就要订购机器设备。结果，购回来的贝色麻炼钢炉并不能除去大冶铁砂中的磷，以致炼出来的生铁和钢都品质不佳，卖不出好价钱。铁厂招商承办以后，主持者也不明白其中枢要。直至光绪三十年（1904年），盛宣怀派遣铁厂总办李维格出洋考察后，才把其中原因找出来。

铁厂改为官督商办后，那里的轨轴全坏，炉座时常出险，需要停工修理，既耽误了工作的进度，又影响到铁厂因为产品太少或甚至没有出产而亏本。① 在这个"外欠累累，险象立见"②的情形下，盛宣怀礼聘谙于洋务的李维格为汉阳铁厂总办，筹划补救的方法。③ 李维格认为只有派员出国，参观其他国家著名的钢铁厂，于回国后再找出铁厂本身错误的地方而加以改善，铁厂的经营才有希望。④ 因此，盛宣怀于光绪二十八年（1902年）奏派他出洋考察，并在由户部领到的100万两中，拨出50万两作为李维格出洋购办机轴等项的费用。⑤

---

① 关于轨轴易坏、炉座出险的记载很多，例如《存稿》卷二六，《电报》三，页6，《寄张香帅》（光绪二十三年正月二十二日）说："炼钢厂一暴(曝)十寒，七十二磅、六十磅轨轴全坏，八十五磅新轴未到，诸匠束手。铁路应用之物，俱不能造……隐忍数月，赔累数十万。"又同书卷三五，《电报》一二，页7下，《鄂督张香帅来电》（光绪二十六年二月二十日）说："……炉座时常出险，停日加修，致出铁未能畅旺。"又同书卷九四，《补遗》七一，页一〇，《寄鄂督张香帅》（光绪二十五年十二月二十九日）说："一号化铁炉忽出险，须拆造；二号歪斜，亦须全行拆改。停工，一不了；修费，二不了；要买外洋钢轨，三不了。"由此可见情形严重的一斑。
② 前引书卷六三，《电报》四〇，页25下—26，《寄张宫保》（光绪三十三年三月初七日）。
③ 前引书卷一三，页37下，《请奖刘宇泰李维格刘燕翼片》（光绪三十三年六月），记李维格说："……三品衔候选郎中李维格体精用宏，志趣淡泊，曾经陈璧奏保，现在总办铁厂。素谙英、法文字。"关于盛宣怀的礼聘李维格任铁厂总办，徐珂编《清稗类钞》（商务印书馆，民国六年），《农商工艺稗》四五，页11，《汉冶萍制钢》说："其时盛(宣怀)……焦急无策，乃礼聘李一琴郎中维格到厂，筹划补救之法。"又参考《东方杂志》七卷七期（宣统二年七月廿五日），页63，附录《汉阳铁厂总办李维格君戊申年十月朔日在汉口商会演说汉冶萍厂矿公司招股事归而引申其说》。
④ 《清稗类钞》，《稗》四五，页11，前引文；《东方杂志》七卷七期，页62，前引文。又《存稿》卷八，页22，《铁厂派员出洋片》（光绪二十八年九月）说："派令该员(李维格)……赴泰西各国，游历各厂，究其工作精奥之大端。彼何以良，我何以梏？彼何以精，我何以粗？他山之石，借以攻错。"
⑤ 《存稿》卷八，页22，前引文。又同书卷五九，《电报》三六，页29下，《寄张宫保》（光绪二十九年正月初四日）。

李维格带同矿师赖伦（Gustavus Leinung）和彭脱（Thomas Bunt），于光绪三十年（1904年）二月二十三日启程，于同年十月二十一日回国，先后历时8个月。① 他们的行程，是先往日本新创立的八幡制铁所考察，然后游历泰西各国。② 他们到英国后，得英伦钢铁会的介绍，由化学专家史戴德（J. E. Soad，一作梭德）代为化验带去的矿石、煤、焦、生铁及钢等样品。这位专家根据化验的结果，认为大冶矿石和萍乡煤、焦都是炼钢的无上佳品，由小马丁炉炼出的零件如鱼尾板等，也可称为品质优良的钢，但由贝色麻炉炼出来的钢轨则含磷太多，品质低劣。他仔细研究其中的原因，发现大冶铁砂虽然铁质丰富，但含磷0.1％左右，制成生铁含磷0.25％左右。如果用贝色麻炉来炼钢，因为生铁中所含的磷难以除去，炼出的钢含磷0.2％左右。可是用来制造铁路路轨的钢，所含磷须在0.08％以下，才不至于脆裂。贝色麻炉既然不能把磷除去，照大冶矿石的成分看来，汉阳铁厂应该采用碱性马丁炼钢炉，才能炼出品质优良的钢。③ 至此，隐藏了多年的谜样的原因才被发现。

李维格接受史氏的忠告，于旅游欧陆途中，即决定放弃原有的酸性贝色麻炉，而订购碱性马丁炼钢炉。此外，他又聘请了4名外籍工程师。④ 李维格回国后，即利用日本预付矿价的300万日元来从事铁厂机炉设备的改良和扩充。⑤ 整个工程相当浩大，包括：拆去原有的贝色麻炉和10吨小马丁炉，安装30吨马丁炉4座、150吨大调和炉1座；建设轧钢厂、钢轨厂、钢板厂、车辘厂、竣货厂；扩充机器修理厂、电机厂。光绪三十三年（1907年），工程全部竣工。⑥ 此外，又拆造旧有容量小而已经废坏的2座化铁炉，添建250吨化铁炉1座和马丁炼钢炉2座，于光绪三十四年（1908年）完工。⑦ 综计整个工程的建设，共

---

① 《汉阳铁厂调查本末》，李维格《出洋采办机器禀》（光绪三十年十二月十二日），引自陈真前引书第三辑，页407。又参考《东方杂志》六年八期（宣统元年七月二十五日），页22，载《盛宣怀汉冶萍煤铁厂矿有限公司注册商办第一届说略》。按：拙著《清末汉阳铁厂》，页26，说李维格等出洋考察的时间为光绪二十六年（1900年），显然有误，兹改正。
② 《存稿》卷八，页22上，前引文。
③ 《东方杂志》七卷七期，页63，前引文；《清稗类钞》《稗》四五，页11—12，前引文；吴承洛《实业通志》，页111；丁格兰《中国铁矿志》，页246—247；顾琅前引书，第一篇，页5。
④ 李维格前引文，引自陈真前引书第三辑，页408、411。
⑤ 吴承洛前引书，页111；《东方杂志》六年八期，页22，前引文。
⑥ 丁格兰前引书，页247；吴承洛前引书，页111。
⑦ 《东方杂志》六卷八期，页15，《汉冶萍煤铁碳厂概略》。

第三章　汉阳铁厂官督商办时期

耗去 300 余万两①，为数也实在不少了。

第五节　产品及销路

　　汉阳铁厂在官督商办初期，由于燃料缺乏，生铁的产量，每日只够供炼成钢轨 3 里，或少至 1 里②；甚至当燃料供应来源断绝的时候，还要尝到熄炉停炼的滋味。③ 但自从燃料问题宣告解决和旧有化铁炉重新修好后，铁厂的生产规模，每年都有增大的趋势。光绪三十四年（1908 年）的铁砂产量，是官督商办初期（光绪二十二年，即 1896 年）的 9.8 倍；生铁产量是二十六年（1900 年）的 2.6 倍；钢产量是三十三年（1907 年）的 2.7 倍。④（关于铁厂各年铁砂、生铁和钢的产量，参考表 14。）产品在质的方面，也远比从前优良，所炼出的马丁新钢，含磷只有 1‰ 至 2‰，经英国和德国工程师试验，认为是头等钢质。⑤ 从此以后，汉厂的生产，便踏上了坦途。

　　销路方面，由于受到借款合同的束缚，大冶出产的铁砂，除了供给汉厂冶炼外，其余大部分运往日本，供给八幡制铁所铸炼钢铁之用。此外，生铁的销售，亦以日本为大宗，例如光绪二十九年（1903 年），汉厂与日商三井洋行订立合同，在汉口、上海交生铁与洋行，再转运往长崎、大阪；而在国内的销路，只限于少数的翻砂小厂，数量并不很大。⑥（关于铁砂、生铁及钢的销售量，参考表 15。）

---

① 《存稿》卷一三，页 3 下，《汉厂免税续请展限折》（光绪三十二年八月）。
② 光绪二十二年五月，汉阳铁厂"每日可造顶上钢轨三里"（《存稿》卷二五，《电报》二，页 1，《寄江督刘岘仲》，光绪二十二年五月初一日）。次年，"……止开化铁炉一座，每日出生铁，只敷炼成钢轨一里"（《未刊信稿》，页 8，《上翁宫保书》，光绪二十三年五月初五日）。
③ 《存稿》卷三〇，《电报》七，页 11，《寄香帅》（光绪二十四年正月十三日）。
④ 光绪三十三年九月，铁厂添造新炉 3 座，每月能出精钢 6 000 吨。参考前引书卷七三，《电报》五〇，页 1，《寄署川督赵制军尔丰》（光绪三十三年九月十二日）。
⑤ 同上。文中说："此次莅鄂，亲验所炼马丁新钢，较前更为纯净，含磷止有万分之一二，经英、德工师验为头等钢质，各国惊为意外。"
⑥ 《存稿》卷六三，《电报》四〇，页 25 下，《寄张宫保》（光绪三十年三月初七日）。又页 25，《寄外务部》（光绪三十年三月初七日）说："上年三月，汉阳铁厂商董与三井日商订立合同，购运生铁一万六千吨，在汉、沪交货，分批运往长崎、大阪通商口岸。除陆续已运外，然已购未运之数尚多。"由此可见，汉厂并未能如约完全把货交清。参考表 15 注释中关于 1903 年及 1904 年汉厂运往日本生铁的数量。

表 14　汉阳铁厂铁砂、生铁、钢产量(1896—1911 年)　　　　（单位：吨）

年　份	铁　砂	生　铁	钢
1896	17 600		
1897	39 000		
1898	37 500		
1899	40 000		
1900	59 710	25 890	
1901	118 877	28 805	
1902	75 496	15 800	
1903	118 503	38 875	
1904	105 109	38 771	
1905	149 840	32 314	
1906	197 188	50 622	
1907	174 612	62 148	8 538
1908	171 934	66 410	22 626
1909	306 599	74 405	39 000
1910	343 076	119 396	50 113
1911	359 467	83 337	38 640

资料来源：丁格兰前引书，页 209；F. R. Tegengren，前引书，p.399。又李维格在 1909 年汉冶萍公司的第一期股东大会中，报告汉阳铁厂有些年份的生铁及钢产量与上载数字有异（见 1909 年 5 月 28 日《时报》，引自陈真前引书第三辑，页 419－420）。兹列表于下，以供参考：

年　份	生　铁		钢	
1902	15 800 吨	500 记罗		
1903	38 873 吨	180 记罗		
1904	38 770 吨	570 记罗		
1905	32 314 吨	350 记罗		
1906	50 622 吨	175 记罗		
1907	62 148 吨	250 记罗	8 538 吨	500 记罗
1908	66 409 吨	775 记罗	22 625 吨	960 记罗

又顾琅前引书，第一篇，页 44－45，内载汉阳铁厂生铁与钢产量，除生铁于 1905 年为 32 324 吨 350 记罗，及 1907 年为 62 248 吨 250 记罗外，余均与李维格的报告相同。按："记罗"即公斤。

第三章 汉阳铁厂官督商办时期

表15 汉阳铁厂铁砂、生铁、钢销售量(1900—1911年)　　（单位：吨）

年 份	铁 砂*	生 铁**	钢
1900	15 305		
1901	70 072		
1902	48 921		
1903	52 068		
1904	38 703		
1905	95 357	17 879	
1906	111 414	45 007	
1907	105 444	32 617	2 224
1908	133 401	43 829	14 942
1909	89 069	38 713	
1910	132 503	65 362	
1911	112 246	70 875	

资料来源：1909年5月28日《时报》，引自陈真前引书第三辑，页421；丁格兰前引书，页209；F. R. Tegengren，前引书，p.399。

* 运往日本。

** 其中以运往日本为大宗。据F. R. Tegengren，前引书，p.399，1903年运往日本138吨，1904年为12 334吨，1905年为25 130吨，1906年为34 326吨，1907年为33 326吨，1908年为30 890吨。

至于钢的销路，因为张之洞在上书清廷请将汉阳铁厂改归商办的时候，曾奏请芦汉铁路所用路轨必须向汉厂定购，并且以后官办企业所需的钢铁料件也都要向汉厂购买，不得购用洋货①，故已经为铁厂产品打开一条出路。

---

① 《张集》卷四四，页5—6，前引文说："鄂厂采炼，本专为杜中国铁路极大漏卮而设。……此次华商承办铁厂，臣与盛宣怀坚明要约，以芦汉路轨必归鄂厂定造为断，并恳天恩饬下南北洋大臣、直省各督抚，嗣后凡有官办钢铁料件，一律向鄂厂定购，不得再购外洋之物。"又参考《海防档》，丙册，页248；《户部覆奏湖北铁厂招商承办折》（光绪二十二年六月十二日），《中华实业丛报》六期，页17，引自陈真前引书第三辑，页407。

自甲午战争以后，战争失败的教训已经使国人认识到铁路的功能及其对于国防的重要贡献，一改从前激烈反对修建铁路的主张，转而开始从事大规模兴筑①，因此汉厂炼出的钢，主要用来制造铁路路轨。

关于各铁路公司先后向汉厂订购路轨的情况，现在约略叙述一下。光绪二十一年五月廿八日（1895年6月20日），中、法签订商务专约，允许法属越南铁路接展至中国境内。法国于专约签订后，拟把铁路由广西龙州接展至镇南关，再接至越南同登。在中国方面，则预定把该路接展至南宁、百色。当时汉厂曾致信张之洞，请与承筑该铁路的费务林公司协商，使铁路所用钢轨，均由汉厂供给，结果得到该公司的应允。但后因庚子事变，该段铁路停止兴筑，故事实上汉厂并没有供给钢轨。② 及光绪二十二年（1896年），盛宣怀主持建筑芦汉铁路，于二十四年（1898年）与比国银行工厂合股公司签订《芦汉铁路详细合同》和《行车合同》，借款112 500 000法郎（即英金4 500 000镑，合库平银37 500 000两）来从事修筑，全程所用路轨都由汉厂供给，并预付轨价400万两。③ 到了光绪三十一年（1905年），粤汉铁路由驻美使臣梁诚与美国合兴公司订立赎路合同，收回中国自办，并决定全路所有需用钢轨、一切钢铁料，统向汉阳铁厂定购，价格与外洋产品相同。④ 由粤汉铁路向南展筑的广九铁路，也购用汉厂出品。⑤ 又在光绪三十二年（1906年），正太铁路兴筑，向汉厂定轨3 000吨，预付轨价百余万两；所有轨、板、零件，在天津交货，俱照外洋时价，运费在内价。⑥ 除此以外，津浦铁路、沪杭铁路和南浔铁路中九江至

---

① 凌鸿勋前引书，页六；李国祁前引书，页118。
② 《存稿》卷九九，《总补遗》，页25下—26，《张香帅来电》（光绪二十二年六月二十一日）；同书卷二五，《电报》二，页4，《寄张香帅》（光绪二十二年五月二十六日）；凌鸿勋前引书，页148；李国祁前引书，页123；Chang Kia-Ngau，前引书，p.28。
③ 《存稿》卷七三，《电报》五〇，页1下，《寄署川督赵制军尔丰》（光绪三十三年九月二十二日）；Chang Kia-Ngau，前引书，p.38；凌鸿勋前引书，页177—179；李国祁前引书，页148、167、173；刘秉麟《近代中国外债史稿》（三联书店，1962年4月），页62—65。
④ 《存稿》卷六九，《电报》四六，页2下—3，《张宫保来电》（光绪三十一年十一月初九日）。
⑤ 据光绪三十四年（1908年）二月十二日，汉厂与广九铁路局订立的合同，汉厂将在此后的16个月内，卖给铁路局钢轨13 500吨，售价每吨银52两；钢鱼尾片675吨，每吨67两；钢狗头钉400吨，每吨97两。参考邮传部编《轨政纪要初次编》（华文书局，1969年）第三册，页114。
⑥ 《存稿》卷六九，《电报》四六，页8，《寄唐少川侍郎》（光绪三十二年闰四月二十三日）；页9，《唐少川侍郎来电》（光绪三十二年闰四月二十八日）；页19下，《寄张宫保》（光绪三十二年八月二十日）。

第三章　汉阳铁厂官督商办时期

涂家埠一段，以及其他许多铁路，都用汉阳铁厂的钢轨来修筑。①

自甲午战争以后，列强对中国铁路的建设，纷纷采取具有侵略性的投资政策。她们争着在中国掠夺港口和划分势力范围，并在势力范围内获得铁路建筑权益，进而控制铁路沿线的矿产资源，以及取得其他权益。②例如法国以西南各省为势力范围，取得滇越铁路和广州湾至安铺铁路的建筑权和经营权；俄国在日、俄战争以前，以东北为根据地，获得东清铁路（西伯利亚铁路经瑷珲、齐齐哈尔、扶余而至吉林省城），山海关经奉天达吉林省城，以及经牛庄达大连的铁路建筑权；德国以曹州教案为借口，租借胶州湾，获得在山东境内修筑胶济铁路的权益；英国以长江流域为势力范围，取得天津至镇江、河南山西两省至长江、广州至九龙、浦口至信阳、苏州至杭州的铁路建筑权。此外，日本自日、俄战争后，取代了俄国在东北的权利，获得南满铁路和安奉铁路的建筑权。③（关于列强在华铁路的建筑权益，参考表16。）光是光绪二十一年（1895年）至二十四年（1898年）的3年间，列强在中国一共获得6 420哩的铁路建筑权益。④ 路权的大量丧失，引起国人强烈的反感，因此自光绪三十年（1904年）至宣统二年（1910年），全国各省都普遍发生拒绝外债，废弃成约，把铁路收回自办的运动。⑤ 但

---

① 凌鸿勋前引书，页190、218、240。又《存稿》卷七三，《电报》五〇，页1，《寄署川督赵制军尔丰》（光绪三十三年九月十二日）说："江、浙、皖、闽、粤、京张各路，均来定版。"又《未刊信稿》，页163，《致吕尚希函》（宣统元年三月初七日）说："承示……已设法留（津浦）北路（钢轨）两万吨，甚为感慰。……南路先定钢轨七千吨，价五十二两；鱼尾片五百十五吨，价六十六两；钩钉一百五十三吨，价九十六两；订定西五月内先交一部分。又续定钢轨一万吨，价六镑二先令五本（便）士；鱼尾片七百三十六吨，价八镑；共价英金六万七千九十六镑六先令八本士，订定西历一千九百十年三月以前交齐。以上两批，汉厂承接后即已预备开造，决不延误。"按：津浦铁路北段，由德国贷款来建筑，所用钢轨多购自德国，故没有购用多少汉阳铁厂钢轨。参考同书，页186，致《袁珏生函》（宣统元年十月廿四日）；页207，《寄孙中丞函》（宣统元年十二月十八日）。
② 胡滨《十九世纪末帝国主义瓜分中国铁路利权的阴谋活动》，《历史研究》1956年5期（科学出版社）；拙著《清季英国在华势力范围与铁路建设的关系》，《社会科学论丛》第五辑（台北，1954年10月10日），页7—8；李恩涵《晚清的收回矿权运动》（"中研院"近史所出版），1963年5月），页45。
③ 参考拙著前引文，《社会科学论丛》第五辑，页3、5—6、10—11；Chang Kia-Ngau，前引书，pp.26—38；李恩涵前引书，页23—44；胡滨前引文，《历史研究》1956年5期。
④ 胡滨前引文，《历史研究》1956年5期；拙著前引文，《社会科学论丛》第五辑，页1。
⑤ 自光绪二十一年至二十九年（1895—1903年），盛宣怀以铁路总公司督办的资格，先后与外人签订芦汉、正太、沪宁、汴洛、粤汉、津浦、道清等铁路借款合同。这些路权的过分丧失，与及粤汉铁路广东段的办有成绩，激发起国人自办铁路的运动。参考拙著《铁路国有问题与辛亥革命》，见《中国现代史丛刊》第一册（台北市正中书局，1960年3月），页210；Chang Kia-Ngau，前引书，p.40。

表16 清末列强在华铁路建筑权益

(单位：哩)

国别	铁道名称	起 迄 地 点	说　明	哩数	哩数合计
英国	关内外铁道	北京,天津,营口间		613	
	津镇铁道(南段)	山东交界,镇江间	后更名津浦,北段归德国经营	300	
	矿山铁道	浦口,泽州间,道口,襄阳间	后改	919	
	沪宁铁道	吴淞,上海,南京间		204	
	苏杭甬铁道	苏州,杭州,宁波间	淞沪计11哩	250	4 092
	浦信铁道	浦口,信阳间	后改沪杭甬	333	
	南京汉口线			380	
	滇缅铁道	中,缅界云南至四川泸州		1 000	
	广九铁道			93	
俄国	东清铁道	中,俄界至哈尔滨,大连间	日,俄战争前之全部	1 682	
	京汉铁道		表面上由比国承修	725	
	开洛铁道	开封,洛阳间	表面上由比国承修	136	3 830
	正定西安线	正定,太原,西安间		475	
	吉长铁道		后改	32	
	蒙古线	张家口,恰克图间		780	
法国	滇越铁道	老开,云南间		255	571
	广西铁道	琼山,龙州,北海,南宁,广州湾间		316	
美国	粤汉铁道	武昌,广州间	其中干线710哩	838	838

续表

国别	铁 道 名 称	起 迄 地 点	说　明	哩数	哩数合计
德国	山东铁道	济南、青岛、沂州间	其中青岛、沂州间160哩	435	955
	津镇铁道(北段)	天津、山东、江苏交界间,即北段	后更名津浦,南段归英国经营	300	
	济汴铁道	济南、开封间		220	
日本	杭州广东沿海线	浙江、福建、广东沿海区域		1 115	4 638
	杭州九江线	杭州、南昌、九江间	以杭州为起点,广州为终点	470	
	杭州福州线*			2 603	
	南满铁道e			450	
	宽城子至旅顺				
总　计					14 924

资料来源:刘秉麟前引书,页57—59。按:刘书"哩数合计"的数字有误,兹改正。

* 本线分:海岸线;自福州至衢州线;自杭州经衢州至福州出福建入江西转入福建利自杭州出南昌,经抚州、建昌、光泽、邵武、延平等处,迂回曲折而至福州等四线。

e 本线分:大连、长春间;南关岭、旅顺间;大房身、柳树屯间;大石桥、营口间;烟台、炭坑间;苏家屯、抚顺间;奉天、安东县间等七线。

不幸得很,这个运动并没有多大的成绩。[1] 到了宣统三年(1911年),中国共有铁路5 796哩,其中华资(包括官办和民办)铁路只占1/2强,其余都是外资铁路(见表17及表18),而官办的铁路大部分还是借外债筑成的。

表17 清末官办、民办、外资铁路里程表　　　　　　　　　　（单位:哩）

年　份	官　办	民　办	外　资	合　计
1894	195			195
1895—1903	814		1 699	2 513
1904—1911	2 009	401	678	3 088
总　计	3 018	401	2 377	5 796

资料来源:Chang Kia-Ngau,前引书,页23、28、38、39、45。

表18 清末各种资本在铁路总哩数中所占的百分比

	哩　数	百分比(%)
官　办	3 018	52.07
民　办	401	6.92
外　资	2 377	41.01
合　计	5 796	100.00

资料来源:据上表。

在清季中国铁路权益大量外溢的时候,汉阳铁厂在官督商办时期及以后能够及时铸造钢轨,供给本国的需求,着实为本国争回若干利权。不特如此,据《东方杂志》六卷八期(宣统元年七月,即1909年8月),页15,《汉冶萍煤铁厂矿概略》记载:"自汉(阳)铁畅行后,查阅海关造册处进口表,1906年,进口铁106 613担,1907年骤缩至51 614担(1908年表尚未出),可为汉厂抵制洋铁之明效大验。"由此看来,汉阳铁厂在抵制洋铁进口,挽回本国利权方面,是

---

[1] 铁路自办运动在若干省份虽然进行得相当激烈,但真正办得的有成绩的寥寥可数。其中四川的商办川汉铁路有限公司,计划自成都建筑铁路至湖北广水,与芦汉铁路连接,可是在宣统三年(1911年)铁路国有政策实施以前,只筑成10哩;安徽省也拟建筑一条通贯南北全省的铁路,但事实上只完成20哩;江西省计划以南昌为起点,修筑西连粤汉铁路和东至上海的铁路两条,但事实上只完成32哩;陕西省也曾计划修筑陇海铁路,而实际上只完成4哩;其余福建省只兴建了19哩,山东省20哩,云南省则完全没有动工。参考 Chang Kia-Ngau,前引书,pp.40—41。

第三章　汉阳铁厂官督商办时期

功不可没的。此外,根据光绪三十三年(1907年)盛宣怀的报告,汉阳铁厂的钢铁产品,又"销至日本、旧金山"①。

第六节　新厂址的建议

　　导致汉阳铁厂官办时成绩不良的原因之一,是产品的成本太贵,而产品成本之所以太贵,则由于汉阳既不产煤又不产铁,煤和铁——尤其是煤——都要从老远的地方运来,昂贵的运费负担使生产成本大大增加。光绪二十二年(1896年),张之洞上书清廷,奏请把铁厂改归商办的时候,建议除了把原来的两座化铁炉齐开外,还要在大冶添设新式化铁炉4座来增加生产,以便铁厂将来有获利的希望。② 由此可见,他在经过一番挫折后,憬悟自己昔日对于厂址选择的错误,故在重要煤矿还没有发现的时候,唯有在产铁的大冶添设炉座,作为补救的办法。

　　盛宣怀接办铁厂后,虽然因努力从事萍乡煤矿的开采而终于使燃料来源问题得到解决,但炼铁的基本问题——成本太高——仍然非常严重。因为萍乡距离汉阳约500公里,在株昭铁路未能完成以前,遥远的路程和不方便的交通运输都足以使煤焦运费增大,从而增加生产成本的负担。因此,怎样才能降低生产成本,在当日是一个急待解决的问题,而解决这个问题最直接的方法,莫如把铁厂迁往另外一个既近煤又近铁的适当地方。可是,铁厂耗在汉阳的地基和厂房方面的费用十分可观,要是废弃不用,实在太过可惜,何况笨重的机器设备也不易搬运呢! 在这种情形下,铁厂只好决定于扩充设备的时候,尽量避免将地址设在汉阳。③ 这是新厂址建议的由来。

　　到了光绪三十年(1904年),李维格在江西萍乡县西近湖南处,发现一个适宜建立制造钢铁、枪炮厂的地方。这个地方名叫湘东,它的优点有四:第

---

① 《存稿》卷七三,《电报》五〇,页1,《寄署川督赵制军尔丰》(光绪三十三年九月十二日)。
② 《张集》卷四四,页5、11下,《铁厂招商承办议定章程折》。
③ 拙著《清末汉阳铁厂》,页28。此外,铁厂若要另建新厂,经济上也有困难。例如《存稿》卷六〇,《电报》三七,页3,《寄江宁张宫保》(光绪二十九年二月初一日)说:"至添炉,若就大冶另设新厂,非借洋债数百万,猝难就绪。"但在当日借款非常困难的情形下,这数百万两的洋债当然不易借到。

一,面积宽广,足供建厂之用;第二,位于萍乡城外 30 华里左右,煤焦的供给很方便,可以节省燃料运费的负担;第三,濒临湘河,既可利用水道运输,又可利用快要完成的株萍铁路和将要兴筑的粤汉铁路,水陆交通都非常便利;第四,深处内陆,西有洞庭湖,东有鄱阳湖作为屏障,万一战争发生,也不容易被敌人攻占。① 因此,盛宣怀接受李维格的建议,决定把新厂建在这里。为着要减轻铁厂的负担,他号召江苏、安徽、江西、湖北、湖南、四川六省合力举办。但是,新厂由六省兴办,管理上和行政上必然会发生许多不易解决的问题,因此这个计划并不能够实现。另一方面,铁厂本身的资金又非常短绌,当然没有魄力再建一个新厂。② 因此,这个新厂址的建议并没有实行。

其后到了宣统元年(1909 年),山东巡抚孙宝琦致书盛宣怀,认为安徽产铁,而山东博山产煤,是建立炼铁厂的好地方,汉冶萍公司可以在那里设立分局。但是盛宣怀认为世界上最难办的实业,莫过于钢铁工业,况且公司已拥有储量丰富的大冶铁矿和萍乡煤矿,辛苦经营了十多年,耗资二千多万两,实在再没有余力在山东创办分厂,因此推却了孙宝琦的建议。③

到了民国二年(1913 年),汉冶萍公司向日本正金银行借巨款 1 500 万日元,利用其中 900 万元在大冶添设炉座。④ 至此,张之洞建议在大冶添设炉座的计划才告实现,但已经是汉阳铁厂改为完全商办以后的事情了。

---

① 《存稿》卷六四,《电报》四一,页 3,《寄香帅》(光绪三十年三月十五日);又页 4,《寄魏午帅》(光绪三十年三月十七日);同书卷九七,《补遗》七四,页 33,《芜湖张香涛宫保来电》(光绪三十年三月十五日);及《寄江宁黄方伯建筑》(光绪三十年三月十九日)。又参考王彦威前引书卷一八三,页 12—13,《铁路督办盛宣怀咨外部拟借日本银行款扩充汉阳铁厂文》(光绪三十年六月二十二日)。
② 前引书卷九七,《补遗》七四,页 34,《寄江宁董方伯转呈魏午帅张香帅》(光绪三十年三月二十二日);同书卷六四,《电报》四一,页 3 下,《江督魏午帅来电》(光绪三十年三月十七日)。
③ 《未刊信稿》,页 207,《寄孙中丞函》(宣统元年十二月十八日)说:"承示淮(安徽)铁、博(博山,在山东)煤堪以设厂,并可作为汉冶萍分局,甚感垂关。惟煤铁矿厂之难办,无以复加。冶铁,萍煤,外人皆艳羡之,然已十年苦功,糜款二千余万(两)之巨,尚在方兴未艾。……实无余力再办分厂。"
④ 《外交文书》,《大正二年》,第二册,页 952;黄月波前引书,页 189,《中日汉冶萍矿石价金预付契约十四款》。关于此约签订的详细情形,参考下文"汉冶萍公司商办时期"一章。

第四章 汉冶萍公司商办时期

(1908—1925年)

第一节 清朝末年

一、汉冶萍煤铁厂矿的合并

导致汉阳铁厂、大冶铁矿和萍乡煤矿合并的原因,可以分为两个:一个是技术方面的,另一个是资本方面的。首先让我们谈谈技术方面的原因。

当光绪十六年(1890年),张之洞创办汉阳铁厂的时候,盛宣怀曾经把大冶铁矿廉售给张氏。因此大冶铁矿由汉阳铁厂投资经营,从而成为铁厂的一部分。铁厂改归官督商办后,盛宣怀为着要彻底解决铁厂的燃料问题,决定对江西萍乡煤矿利用大规模的机器设备来从事开采。因为要开采这个煤矿,他号召汉阳铁厂、轮船招商局、铁路总公司分别认股投资。光绪三十年(1904年)十一月,萍乡煤矿共招股本银100万两;到了光绪三十三年(1907年),股本银增加至150万两。因为光绪三十二年(1906年)后,有关萍矿招股的详细资料缺乏记载,故我们只能够拿三十年的招股情形,来说明汉阳铁厂对萍矿的投资在整个投资额中所占的比重。统计在100万两的股本中,汉阳铁厂不过投资20万两,约只占总数的1/5,并不是最大的一个股东(见表19)。因此,在官督商办时期,汉阳铁厂和萍乡煤矿是两个分立的单位,而不是一个。

到了光绪三十四年(1908年),汉阳铁厂机器设备的改良和工程的扩充宣告完成,此后消耗煤焦的数量便因此而越来越多。近代工业企业在把原料造成制品的过程中,获得原料的方法有二:一个是向别家出产此种原料的厂商购买,另一个是由自己的企业来生产。这两个方法,仔细比较起来,前者因为货物在对方手里,价格由对方决定,未必便宜;后者则没有这种束缚,所用

表 19　光绪三十年萍乡煤矿招股情形

入股者	款项（库平银两）	百分比（%）
轮船招商局	230 000	23
电报局	220 000	22
汉阳铁厂	200 000	20
香记等商户	200 000	20
铁路总公司	150 000	15
合　计	1 000 000	100

资料来源：张赞宸《奏报萍乡煤矿历年办法及矿内已成工程》（《萍乡煤矿调查本末》），引自陈真前引书第三辑，页441。

原料的代价约只等于它的生产成本，并且对原料的来源比较有把握，而又节省运费。同样的道理，在官督商办时期，汉阳铁厂虽然是萍乡煤矿的股东之一，在购买煤焦方面，它们却是两个独立的企业单位，因此必会产生上述第一个购买原料方法的种种限制。要是两个单位合并起来，那么，在燃料的供应上，或者成本的计算上，便都会比较方便和经济。这是汉阳铁厂、大冶铁矿、萍乡煤矿合并的第一个原因。

谈到资本方面的原因，汉阳铁厂和萍乡煤矿在开办以后，亏欠日多，更有合并的必要。上文说过，汉阳铁厂于招商承办后，招股的成绩并不如理想，只能陆续招到股本银250万两。因为雇用洋匠花钱太多，开平及其他煤焦售价又太贵，不到半年，铁厂日渐亏折。到了光绪三十三年（1907年），已亏折240余万两。因此，所招募的250万两股本，除了用来补救亏折的款项外，并没有多余作为铁厂营运资金之用。至于萍乡煤矿，据总办张赞宸的报告，在开办初期，并没有资本，一切用款都是向各庄号借贷而来，招收股本，不过是光绪二十五年（1899年）以后的事。① 至光绪三十年（1904年）十一月止，萍矿共欠各庄号库平银1 064 999.942两、招商局203 218.92两、德商礼和洋行779 281.484

---

① 张赞宸前引文，引自陈真前引书第三辑，页443。文中说："查萍矿开办之初，并未领有资本，起首用款，即皆贷之庄号。……至所收股本，乃（光绪）二十五年以后事，且系陆续零交，指作还款，不能应时济用，势不得不展转挪移，以为扯东补西之计。"

第四章　汉冶萍公司商办时期

两，合计 2 047 500.346 两，计 7 年间共付各庄号及礼和洋行息银和老商股息，多至 150 余万两。① 因此，萍矿的财务状况也是很不健全的。

因为萍乡煤矿和汉阳铁厂的经营都不如理想，盛宣怀负责官督商办以后，不得不靠借债来过日子。他举借的债，分为内债和外债两种。内债主要为各钱庄的短期借款，缺点是借额不大而期限短促，过不了若干时候，就要归还本利，甚至后来虽然付出较重的利息也借不到。外债的举借，更不如理想，原因是向外商借款，一定要有抵押，于是厂矿的权利难免落入外人之手。②

在这种艰困的情形下，由光绪二十二年（1896 年）五月铁厂奉旨招商承办时起，至三十三年（1907 年）八月止，据盛宣怀报告："铁厂已用商本银 1 020 余万两，煤矿、轮驳已用商本银 740 余万两。其中老商股票由 200 万两加股，共成 500 万元，合银 350 余万两；商息填给股票银 795 000 两；公债票银 50 万两；预支矿价、铁价、轨价，合银 300 余万两；其余外债、商欠，将及 1 000 万两。"③在当日"抵押居多，息重期促，转辗换票"的情形下，汉厂和萍矿便时有尾大不掉之虞。④ 但除了要应付一般日常开支外，厂、矿亟须添置机炉，扩充设备，这笔费用又需要数百万两。⑤ 因此，盛宣怀认为唯一补救的方法只有把汉阳铁厂、大冶铁矿和萍乡煤矿合并，改为商办公司（原为官督商办），赴农工商部注册，以博取投资者的信心，厂矿的业务才有发展的希望。⑥

---

① 前引文，引自前引书，页 441—443。
② 参考上文第三章第三节。
③ 《存稿》卷一四，页 14，《汉冶萍煤铁厂矿现筹扩充办法折》（光绪三十四年二月）。又参考同书卷七二，页 29 下，《寄张中堂》（光绪三十三年七月初六日）；卷七三，页 1，《寄署川督赵制军尔丰》（光绪三十三年九月十二日）；王彦威前引书卷二〇六，页 5，《汉冶萍督办盛宣怀奏商办汉冶萍煤矿渐臻成效亟应扩充股本合并公司折》；《海防档》，丙册，页 477。
④ 《存稿》卷一四，页 14，前引文。又同书卷六三，页 25 下—26，《寄张宫保》（光绪三十年三月初七日）说："……汉厂化铁炉不能停，贝轨厂不能开，除销生铁外，别无进款。外欠累累，险象立见。"又同书卷七二，页 6 下，《寄张宫保》（光绪三十三年三月初五日）说："萍矿负债累累，自顾不遑。"
⑤ 前引书卷一四，页 14 下，前引文；王彦威前引书卷二〇六，页五，前引文。
⑥ 《存稿》卷一四，页一五，《汉冶萍煤铁厂矿现筹合并扩充办法折》说："先是臣已函商前督臣张之洞，力筹保守之策。拟将汉、冶、萍煤铁合成一大公司，新旧股分招足银圆二千万元，一面拨还华、洋债款，一面扩充炼铁。复与督臣赵尔巽面商办法。均以商办已见实效，自应循照成案，以期保全中国厂矿，挽回中国权利。然揆度商情，非将厂矿合并，不能放手扩充，尤非悉照张之洞原奏招商承办各章程，钦遵商律合股公司各办法，赴部注册，不足以坚通国商民之信。"又参考王彦威前引书卷二〇六，页 6，前引文。

盛宣怀建议把汉、冶、萍三厂矿合并所持的理由，一方面是因为汉厂自从添购机器和改炼马丁钢以后，所出产的钢在质的方面很纯净，足可与英国或德国第一等纯钢媲美；而且当时正值各省大肆兴筑铁路，汉厂出产的钢不愁没有销路[1]，前途可说是很乐观的。另一方面，萍乡煤矿出产的煤，除了运销汉阳铁厂外，更销售给招商局、电报局，以及其他民间商号，它在营业方面的利润相当大，要是汉、冶厂矿和萍矿合并起来，民间商号的入股，当可较前踊跃。[2] 还有一点更重要的，因为萍矿营业所得的利润较多，不像汉厂那样老是亏本，它在借债方面的信用自然要较后者为大。例如它借德商礼和洋行400万马克，年息7厘，从1900年1月1日起，至1911年1月1日止，分23批归还。[3] 这样长期的借款，和汉厂的"息重期促，转辗换票"的债务比较起来，真不啻霄壤。而礼和洋行之所以允肯长期大量贷款，当然是因为萍矿获得的利润较大。要是汉、冶厂矿和萍矿合并成功，那么，厂矿的对外信用增加的结果，自然可以筹措或举借巨额款项，并且可以使借款期限加长，再不用像从前那样要为短期借款的归还而操心了。

由此可知，预期股本的比较容易筹集，是汉、冶、萍三厂矿合并的第二个原因。

光绪三十四年(1908年)二月，汉阳铁厂、大冶铁矿和萍乡煤矿合并组成汉冶萍煤铁厂矿有限公司，向农工商部注册。到了宣统元年(1909年)三月二十七日，在上海开第一次股东大会，选举董事9人，查账2人，同时撤销督办的名称，盛宣怀被众股东推举为总理，李维格被推任为协理。[4] 从此汉冶萍公司的历史展开了新的一页。

---

[1] 前引书卷一四，页14下，前引文；王彦威前引书卷二〇六，页5，前引文。
[2] 《存稿》卷七二，页29下—30，《寄张中堂》(光绪三十三年七月初六日)说："铁厂……积亏过巨，华商狃于开平煤利，非将萍矿归入铁厂，竟难招股。数月来谆劝萍矿股东附入汉厂一起招股，笔舌并瘁，始允合群。"
[3] 张赞宸前引文，引自陈真前引书第三辑，页441。
[4] 《东方杂志》六卷八期，页22—23，盛宣怀《汉冶萍煤铁厂矿有限公司注册商办第一届说略》；《存稿》卷一四，页18—19，《请另铸汉冶萍公司总理关防片》(光绪三十四年二月)；又页20，《请派李维格充汉冶萍公司协理片》(光绪三十四年二月)；同书卷一〇〇，页9—10，《寄武昌赵制军尔巽》(光绪三十四年二月十一日)；王彦威前引书卷二〇六，页8—9，《汉冶萍督办盛宣怀奏众股商请改督办为总理片》；又页9，《汉冶萍督办盛宣怀奏拟派李维格充汉冶萍公司协理片》。

第四章　汉冶萍公司商办时期

二、股本的筹集

在汉冶萍公司招股的计划中，盛宣怀希望能够招足股本银2 000万元，好用来归还所欠的华、洋债款和扩充炼铁炉座。① 原来在官督商办时期即已投资的汉阳铁厂旧股东，因为铁厂继续从事扩充工程，还没有大规模生产，故他们事实上没有赚到多少钱。现在汉、冶、萍三厂矿既要合并，而且铁厂的改建工程又已完工，自然可以大量生产。在这利益可睹的时候，盛宣怀预备把老股每份库平银100两各加40两，合银元200元，总共换给新票500万元，以示优待和作为他们过去共同负担风险的报酬。② 换句话说，在2 000万元的股本中，老股有500万元，占总额的1/4，也即是说，公司只要再招1 500万元就够了。

为着要达到招足股本2 000万元的目的，盛宣怀曾经把公司的资产加以估计，并且整理公司的账目，在第一届股东大会中报告。③ 根据他的报告，截至光绪三十四年（1908年）止，公司资产总值共计40 870 000两，共用款项22 460 500（＋）两（见表20及表21），而其中所存活本尚未计算在内。总计公司的产业所值要比所用的款项高出差不多一倍。因此，在盛氏的心目中，这2 000万元的股本是不难招募到的。到了宣统元年（1909年），因为汉冶萍产品将可在国外扩展销路，同时洙昭铁路不久即可筑成通车（见本节下文），萍乡的煤将可大量运往汉阳来炼铁制钢，大家认为获利的希望很大，前途更是一片乐观。④

---

① 《存稿》卷一四，页21，《请酌拨的款充汉冶萍公司公股折》（光绪三十四年三月）；王彦威前引书卷二〇六，页7，《汉冶萍督办盛宣怀奏商办汉冶萍煤矿渐著成效亟应扩充股本合并公司折》；《海防档》，丙册，页477。
② 同上。
③ 《东方杂志》六卷八期，页23，盛宣怀前引文。
④ 《未刊信稿》，页166，《致吏部尚书陆再启》（宣统元年四月初四日）说："汉冶萍现有日本、美国太平洋两处派人来议买生铁，每年各廿万吨之多。如可成议，须在大冶添造四炉，获利奚啻十倍，似必在银行、自来水公司之上也。"又页175，《致陆凤石尚书函》（宣统元年六月初三日）说："汉冶萍……只待洙昭四十里铁路接成，便可广运萍煤，拓造钢料，发达即在指顾间也。"又页177，《致北京杨侍郎函》（宣统元年六月初十日）说："汉冶萍……但望……煤焦多运，则钢铁可多出，来年发达必在轮（船招商局）、电（报局）之上多多矣（原注：股价加三倍不甚远）。"

表 20　汉、冶、萍煤铁厂矿产业估值(1908 年)

名　　称	款项(两)
汉阳铁厂	12 270 000
大冶铁矿	11 300 000
萍乡煤矿	15 500 000
码头、轮驳	1 750 000
扬子江公司(扬子机器制造公司)股份银	50 000
合　　计	40 870 000

资料来源：《东方杂志》六卷八期,页 23,盛宣怀前引文；又七卷七期(宣统二年七月),页 60,《汉冶萍煤铁厂矿记略》。

表 21　汉、冶、萍煤铁厂矿用款(1890—1908 年)

名　　称	款项(两)
产业正本	16 614 000
煤、铁、货物、材料往来未及转账活本	5 846 000(＋)
合　　计	22 460 000(＋)*

资料来源：《东方杂志》六卷八期,页 23,前引文。

* 原文作 22 460 500 余两。这多出的 500 余两可能是第二项用款的尾数。

可是,事实每每与愿望相违,他的招股目的并不能够达到。当汉冶萍公司完全改为商办,并开始招股的时候,许多人认为"汉、冶、萍煤铁现已发达,其利之溥,必更胜于轮、电",购买股份,甚为踊跃。甚至许多持有电报局股票的商人,在公司还没有开始招股时,即卖去电报局股票,以便购买公司的股票。故光绪三十四年(1908 年)四月,公司已招足股本 800 万元。[①]但是此后股票销售得非常之慢。是年八月,盛宣怀东赴日本医治肺病的时

---

① 前引书,页 105,《致温佐才再启》(光绪三十四年四月)。电报局股票持有人热心改买汉冶萍公司股票的原因,除当日政府要把电报局收回官办,引起不满之外,又由于公司股票息优厚:"如得电价一百七十五元,便可买汉冶萍三股半,官利八厘,已可收十四元,只要余利四厘,便可收二十一元。若照预算表将来二三分利操券可得,即以一百七十元官余利二分计之,便可得三十四元。比较死守电票,安险厚薄,不待智者可决矣。"(同上)

第四章　汉冶萍公司商办时期

候,已招股本才达 800 余万元;同年十二月,已招股约 1 000 万元。① 宣统元年(1909 年)三月,集股达 1 014 万元,其中外埠商股 5.7 万元②;同年六月,共招股本 1 100 余万元,其中 1 000 万为优先股;到了十月,实收股份 1 200 万元。③ 直至宣统三年(1911 年),也不过一共收到股份银 13 177 000 元,合银 1 000 万两左右。④ 若以宣统元年三月所招的 10 140 000 元做一个估计,则头等老股库平银 200 万两,合银元 300 万元;二等新股 2 586 000(＋)元;三等新股 2 413 000(＋)元;续收二等新股 2 100 000(＋)元⑤;实际招收的只有 7 099 000(＋)元。即使是宣统三年的 1 300 多万元,也和 2 000 万元的目标距离很远。汉冶萍公司招股之所以不能达到目的,原因固然有种种的不同,但清末国民所得水准的低下、公司信用的薄弱和政府的与民争利,当是其中三个较重要的因素。兹分述如下:

第一,国民所得水准的低下。经过清中叶前后长期的休养生息,到了 19 世纪中叶,中国人口已经多至 4.3 亿。⑥ 可是,当人口激增的时候,由于生产技术的落后,国民生产毛额并没有显著的增加,因此国民所得水准非常低下。根据张仲礼的估计,在 19 世纪的 80 年代,中国每人每年平均所得不过银 7 两 4 钱,合银元 10 元多点。⑦ 另据 1883 年《北华捷报》(*North China Herald*)的

---

① 前引书,页 147,《致陆凤石尚书再启》(光绪三十四年十二月二十日)说:"侄(盛宣怀)东游时,(汉冶萍公司)仅集八百余万。……归来不多日,又集一百余万。"800 余万与 100 余万合起来,在 1 000 万元左右。关于盛宣怀东赴日本就医的行期,《存稿》附《东游日记》页 1 下说:"(光绪三十四年)八月初一日,奉军机处三十日电开,'本日奉旨:盛宣怀电奏,悉。著赏假两个月,并准其赴日本就医。钦此!'遂买定美公司高丽轮船横滨船票,准(八月)初七日东渡。"又页 78 说:"惊闻大行皇帝(清德宗)、大行太皇太后(慈禧太后)先后升遐,悲痛曷极! 谨即在神户率同领事官等举哀成服,附轮起程回国。兹于十一月初二日行抵上海。"因此,盛氏回国在十一月初二日,而上文的"归来不多日",当是十一月尾至十二月初之间。
② 《未刊信稿》,页 164,《致宗子戴函》(宣统元年三月初十日)。
③ 前引书,页 175,《致陆凤石尚书函》(宣统元年六月初三日);页 176,《致吴蔚若阁学函》(宣统元年六月初四日);页 186,《致袁珏生函》(宣统元年十月十四日)。
④ 吴承洛前引书,页 112;《经世文编》,《实业》三,页 67,汉冶萍公司《呈黎副总统文》;丁格兰前引书,页 247。
⑤ 《东方杂志》六卷八期,页 22,盛宣怀前引文。
⑥ Ping-ti Ho, *Studies on the Population of China*, 1368–1953 (Cambridge, 1959), p.64;拙著(与王业键合著)《清代的人口变动》,《"中央研究院"历史语言研究所集刊》第三二本(台北,1961 年 7 月),页 156、172。
⑦ Chung-Li Chang, *The Income of the Chinese Gentry* (Seattle, 1962), pp.296–297.根据 100 两等于 146.86 元来折算,7 两 4 钱等于 10.867 64 元。

报道,当日大多数农民每户一年平均的净收入,只有 75 元;如以每户平均 5 口来计算,每人每年平均所得不过 15 元。① 约比这时早 40 年,林则徐说:"臣窃思人生日用饮食所需,在富侈者固不能定其准数,若以食贫之人,当中熟之岁,大约一人有银四五分即可过一日。"②假定在这四五十年间白银购买力没有多大的变动,假定光绪中叶每人一日的生活费用约需银 4 分,那么,每人一年的生活费用约需银 14 两 6 钱。当日大多数人民每人每年平均的所得既然不及此数,我们可以想见,他们只能维持很低的生活水准,每年所得几乎全部用于消费,并没有多少储蓄。在全国人口中,除农民以外,又有不少人靠手工业为生,由于生产力的低下,他们的所得也很微薄。自鸦片战争后,随着《南京条约》和其他不平等条约的签订,工业先进国家的货物,只要缴纳 5% 左右的入口税及 2.5% 的子口税,即可大量输入中国,运销于各地市场上。③ 由于价廉物美的外国工业品的竞争,中国手工业品的销路自然大受威胁。例如许多人赖以为生的棉纺织手工业,就是其中一个显著的例子。当时土纱的生产成本太贵,无力与价格低廉而品质精良的洋纱对抗,于是为后者所代替,土纱业几乎完全停工。不久售价低廉的洋布也给土布销路以严重的打击,使土布业者的收入减少④,

---

① 1883 年 8 月 3 日《北华捷报》(North China Herald),页 136—137 说:"大多数的农民每户耕种的土地不超过 30 亩。以每户平均 5 口人,每亩平均收入 3 元计算,那么普通农民的总收入,甚至在年成好的年头,每人也只有 18 元。但这绝不是净收入,还必须缴纳政府的田赋。不同的省份,田赋大不相同;就是同一省份,按土地的好坏,田赋也有差别。山东省上等田每亩纳田赋 2 角,而直隶省普通土地的田赋每亩只要 5 分钱。此外有地方摊派,例如修理朝宇之类……除上项负担外,还要饲养一头牛或一头驴,修理房舍,购买农具、肥料。以上诸项支出,每亩至少需银洋 5 角。按此估计,种 30 亩地的农户,在收成相当好的年头,田场收入大约 75 元。按 5 口之家计算,每人平均为 15 元。一家拥有 30 亩土地,已被认为上等农户;占极大数目的农户只有 10 亩至 20 亩土地,靠这一点土地生活,是相当艰苦的,总免不了饥饿的威胁。"(见李文治编《中国近代农业史资料》,北京,1957 年,第一辑,页 667。)
② 林则徐《林文忠公政书》(文海出版社重印)乙集,《湖广奏稿》卷五,页 11 下,《钱票无甚关碍宜重禁吃烟以杜弊源片》(道光十八年,1838 年)。
③ 严中平前引书,页 50、52—54;Yu-Kwei Cheng,前引书,p.37。
④ 洋纱、洋布售价之所以便宜,是因为利用机器来大量生产。由于机器的利用,一个机纺工人的出纱能力约相当于一个手纺工人的 80 倍,而一个机织工人的出布能力,也相当于手织工人的 4 倍。因此,在中国的广大市场上,外国商人利用洋纱的低廉价格来战胜土纱,而土布织工也不免感受到威胁,虽然情况没有手纺工人那么严重。例如 1887 年牛庄每包 300 斤土纱的售价是 87 两的银子,但同量的洋纱只售 57 两。由于价格悬殊,土纱滞销,1887 年山东纺工每天工资只有 20 个制钱,为打草帽辫工人的一半,故纺工纷纷转业。1872—1890 年,进口洋纱增加 2 064%,洋布增加 52%。到了 19 世纪末叶,中国虽然有一部分人仍旧不爱穿洋布,但事实上许多人用洋布缝制衣服来穿。参考严中平前引书,页 60—69。

感到"生计路绌"。① 当然,除了这些不幸的贫苦大众外,当日社会上也有若干富有的人士。例如上海开辟为通商口岸后,在那里充当洋行买办及做其他买卖的徐润,到了光绪九年(1883年)资产累积至320余万两。② 甲午战争后在上海兴办工商业的祝大椿,到了光绪三十三年(1907年)投资多至201万元。③ 不过,在全国人口中,这一类的暴发户到底只占很小的比例,事实上当日绝大多数人民的所得非常微薄,除消费以外,并没有什么储蓄,或储蓄非常之小。在这种情况下,汉冶萍公司要向社会大众募集股本,自然不容易达到目标。

第二,公司信用薄弱。上文说过,汉阳铁厂在官督商办时期亏损得非常大。计光绪二十五年(1889年),商本已经亏折100余万两;三十一年(1905年)三月,折阅银已超过200万两;其后到了三十三年(1907年)四月,亏银多至250余万两。据民国元年(1912年)工商部调查公司的报告,从光绪二十二年起至三十四年(1886—1908年)止,除官本数百万两不计外,汉阳铁厂共用银2 200余万两,其中股本只占1/3,债务则占2/3。④ 公司的债务既然这样巨大,虽然合并了萍乡煤矿,自然要使投资者引起戒心,却步不前了。

第三,政府的与民争利。清朝末年,政府虽然鼓励工商企业,但后者每当商办获利之后,政府往往看到眼红,要收归国有。例如电报局是清末办得较有成绩的实业之一,但当它因为办理成绩好而股息增加的时候,清廷便要收回官办,结果惹起很大的风波。⑤ 这样一来,私人投资者对于政府政策便往

---

① 这是道光二十六年(1846)包世臣说的话。参考拙著《鸦片战争前江苏的棉纺织业》,《清华学报》新一卷第三期(台北,1958年9月),页44。
② 拙著《从徐润的房地产经营看光绪九年的经济恐慌》,《"中央研究院"历史语言研究所集刊》第三五本(台北,1964年),页286—287。
③ 拙著《上海在近代中国工业化中的地位》,同上刊物第二九本(1958年),页482。
④ 《经世文编》,《实业》三,页63,工商部《呈大总统缕陈汉冶萍公司实情文》。
⑤ 光绪五年(1879年),李鸿章奏请清廷,派郑藻如、盛宣怀、刘含芳等筹办电报局。刘等与丹麦北大公司订立购料勘线合同,于光绪七年(1781年)五月兴工,同年十月竣工。次年三月,电报局改为官督商办。光绪二十八年(1902年),袁世凯任北洋大臣,建议电报局收归国有。当日政府只愿以每股170元的代价向股东收购股票,但电报局的股票在二十七年每股已值200元,故股东认为吃亏,极表不满,多数都不愿出售,甚至"有拟托洋人出名者,有拟另集巨款收买零股者,有拟赴都察院递呈者,纷纷不绝。"直至光绪三十四年(1908年),电报局收归国有的政策才能够完成。参考 Albert Feuerwerker, *China's Early Industrialization*, pp. 191-194, 198-199;萧一山《清代通史》(台湾商务印书馆,1963年2月)卷下,页1738—1739;《未刊信稿》,页110—111,《致邮传部公函》(光绪三十四年五月十二日);又页120—121,《致京都宝兴隆金店袁》(光绪三十四年七月十一日)。

往存有戒心,当然不会放胆投资了。关于这点,盛宣怀十分焦虑。例如他在光绪三十四年(1908年)六月初一日给张之洞的电报中说:"收赎电股,商界甚哗,实因华商股分(份),惟此为最。中、小户执为恒产,比大户尤著急。……以后招股事,如汉冶萍等,恐受影响。"①果然他这一焦虑并不是多余的,后来当汉冶萍公司招股的时候,真有"难若登天"②之叹。

由于以上三个原因,公司虽然努力招股,但要招足2 000万元的目的并不能够达到,一共只招到股本1 300余万元或1 000万两左右。可是公司当日需款非常迫切,因此不得不向外国银行或洋行举借来加以补救。除日本横滨正金银行因收买大冶铁砂而预付的款项以外,光是从1908年至1910年,三年间约借外债11次,最小数目为1908年捷成洋行的洋例银82 000两,最大数目为1910年4月华俄道胜银行、东方汇理银行的洋例银100万两(见表22)。至宣统三年(1911年),公司共用款3 200余万两,其中除股本1 000万两外,其余2 200余万两都是债款。这些债款的分配如下:预收日本生铁价600余万元;矿石价200余万元;预收邮传部轨价200万两;四川省轨价100余万两;正金、道胜、汇丰各银行借款,三井纱厂押款,以及沪、汉各庄号借款约1 000万元。③ 它所借的款项既然这样巨大,付出的利息自然非常可观。综计由官督商办时起,至民国初年止,公司付给各银行、庄号的利息,以及股东股息,前后共达1 000余万元④,约占总支出的1/3。由此看来,实际用于公司本身的款项不过占用款总数的2/3左右而已。

三、经营概况

尽管汉冶萍公司的经费并不充裕,但经过多年的努力,它的机器设备,已较前改善不少。炼铁方面,除把旧有的两座化铁炉改良外,又新建日出250

---

① 《存稿》卷七四,页1,《寄张中堂》(光绪三十四年六月初一日)。又页3,《寄陈尚书》(光绪三十四年六月十四日)说:"李一琴(李维格)来函,商情大哗。汉冶萍招股,人皆言得利后,亦必如此(收归官办),相戒裹足。"
② 前引书卷七二,页32,《寄张中堂》(光绪三十三年七月十八日)说:"近来招股,难若登天。论者以已成之公司,商本官夺,将成之公司,商股绅哄,名为开辟,实则阻塞。恐商智愈开,商财愈吝,从此视公司为畏途。"
③ 《中国矿业纪要》,下册,页247;吴承洛前引书,页111—112。参考下文表25。
④ 《经世文编》,《实业》三,页66,阙名《述汉冶萍产生之历史》。

表22 1908—1910年汉冶萍公司外债一览表

日期	借款名称	借款者	贷款者	借款额	实收额	年息	期限	担保	用途
1908年	汉冶萍借款	公司总理盛宣怀,协理李维格	麦加利银行	英金19 313镑12先令2便士	规元142 898.37两			汉阳铁厂栈存钢轨2 682吨及夹片280吨	汉阳、大冶购机用款
	汉冶萍借款	公司总理盛宣怀,协理李维格	东方汇理银行	洋例银250 000两	洋例银250 000两			汉冶萍公司地契79件及栈存钢轨4 000吨	汉冶萍公司购机用款
			德华银行	洋例银130 000两	洋例银130 000两			岳州存煤及焦煤	
			礼和洋行	洋例银240 000两	洋例银240 000两			岳州存煤及焦煤	
			捷成洋行	洋例银82 000两	洋例银82 000两			生铁2 500吨及铁条2 500吨	
1910年4月23日	汉冶萍借款	公司总理盛宣怀,协理李维格	华俄道胜银行、东方汇理银行	洋例银1 000 000两	洋例银1 000 000两	9%		汉冶萍公司所置运输用汽船	汉冶萍公司、萍乡煤矿用款
7月29日	汉冶萍借款	汉冶萍公司	又品洋行(六合公司)	法金449 000法郎	洋例银126 555.13两	8%			汉冶萍用款
10月	汉冶萍借款	汉冶萍公司	汇丰银行(六合公司)	规银357 000两	规银357 000两	9%	3年		汉冶萍用款
10月25日		汉冶萍公司	汇丰银行	规银66 000两	规银66 000两	7%			
10月26日		汉冶萍公司	汇丰银行(六合公司)	公砝银200 000两	公砝银200 000两	9%			
10月31日	汉冶萍借款	汉冶萍公司	又品洋行(六合公司)	规元222 000两	规元222 000两	9%			汉冶萍用款

资料来源:徐义生前引书,页42—50,《从甲午中日战争至辛亥革命时期清政府所借外债》;徐义生前引文,《经济研究》1957年4—6期,页124—141。

吨生铁的大化铁炉 2 座；盛宣怀曾经计划把铁厂设备扩充至日出生铁 1 000 吨，不过事实上没有实现。炼钢方面，有碱性炼钢炉 6 座，每日可出钢二百五六十吨；每年以 11 个月计，除星期日休息外，约可出钢 7 万吨。① 因为新添的碱性炼钢炉，在由生铁炼成钢的生产过程中，能够把较多的磷除去，故能炼出好钢。盛宣怀曾经请英、德、美、日名家试验，也都一致认为品质优美，无懈可击。② 此外，铁厂又自备试验机器及派遣化学专家试验炼制出来的钢轨。③ 参观过汉厂的美国钢铁工业家马而根曾撰文报告说："余游厂之时，在 1908 年秋冬之间，时该厂正为粤汉铁路拉轨，而该厂之副总工（程）师美人哥特而君，适在厂验收。哥君云：验所拉之轨，百分中有瑕疵者，惟五分而已。且其致病之因，在工作而不在钢质。试验之法甚严。先将八十磅之轨二端，置于三英寸相离之二架上。若轨能支持四十吨之重，历有五分钟之久，而不弯至一英寸之十六分之三，则可作为良美之轨矣。然后再将二千二百磅之锤，由二十五英尺之高处，任其自行掷于轨上。倘受掷之轨，弯曲不外二英寸半，则可作为可纳收之轨矣。哥君云：如此严试，而断者竟无。"④

---

① 关于汉阳铁厂的设备，有两个不同的记载。《东方杂志》六卷八期，页 17，前引文载："本厂（汉厂）于宣统元年（1909 年）冬季起，有新大化铁炉一座，改良旧化铁炉二座，每日约出铁四百五六十吨，每年以十一个月计，约出铁十四五万吨。新大钢炉四座，旧小钢炉一座，每日出钢约二百五六十万吨，每年以十一个月计，并除礼拜休息，约出钢坯七万吨。"又同上刊物六卷九期（宣统元年八月），页 29，马而根《中国汉阳钢铁厂煤焦铁矿制钢记略》说："今（光绪三十四年）除每日每座可出一百二十吨生铁之化铁炉二座，又新建每日每座可出二百五十吨生铁之化铁炉二座，每日每座可出三十吨钢之碱法钢炉六座，同化废铁炉一座，每日可化废铁十吨。"又同一刊物七卷七期（宣统二年七月），页 60，《汉冶萍煤铁厂矿记略》的记载，与六卷八期相同。事实上，关于炼铁设备的记载，以六卷九期较为准确，炼钢方面的设备，则以其余二者为准。此外，盛宣怀于光绪三十四年，曾计划把铁厂的设备扩充至有 4 座化铁炉，日出生铁 1 000 吨，炼钢炉添至 10 座，日出钢货 800 吨，以期增广销路。可惜这个计划并没有实现。参考《未刊信稿》，页 102，《上张香帅书》（光绪三十四年四月十二日）；又页 102，《上伦贝勒书》（光绪三十四年四月十二日）。
② 《存稿》卷七四，页 21，《寄张中丞》（宣统元年四月初八日）说："钢质系纯用施猛斯·马丁（即西门士·马丁，Siemens-Martin）之法，曾经英、德各名家试验，无不赞美称扬，均有凭证。……九广（广九铁路）系英工程司，亦称此轨精美。"又《未刊信稿》，页 91，《致吕钦差》（光绪三十四年二月二十八日）说："英、德、美、日洋人皆称此钢料实为上等，其中一万分内只有含磷一二分，胜于京汉多多矣。"又《东方杂志》六卷八期，页 15 说："据美国商务议员大来面告，初运汉铁至美试销时，美人目笑谓中国安得有机炉炼之好铁。经大来君（告？）以化验分数，按户给用，不禁骇异宝贵。盖洋铁加锰太少，翻砂上床后，常有剥落之虑（虞？），汉铁则含有天然之锰，并加锰矿，刚中兼柔，锉削如意。"
③ 《存稿》卷七四，页 21，前引文说："本厂（汉厂）自备试验机器，及化学派有专家经理，所出钢货，必经机、化两项试验，方能无懈可击。"
④ 《东方杂志》六卷九期，页 30，马而根前引文。又参考《轨政纪要初次编》第三册，页 108 下—109。

第四章 汉冶萍公司商办时期

因为汉厂生产的钢货在品质上没有瑕疵,它在国内外市场上都大受欢迎。国内市场方面,当时适值各地大规模兴建铁路,需要大量的钢轨和铁路器材。满清末年,因为《南京条约》及其他条约的签订,丧失了关税自主权,外国钢铁可以源源输入和汉冶萍公司竞争。但钢轨是一种体积重量很大的商品,每每因为路途遥远,要负担一笔相当可观的运费,故入口货的成本相当的贵。在这种情形下,虽然有外国钢货的竞争,汉冶萍公司仍然可以因为减省巨额运费的负担而成为铁路钢轨的主要供应者。① 因此,公司最大宗的买卖,以出售钢轨为主。② 为着要满足铁路的大量需要,公司的生产设备曾经加以扩充,但是钢轨的订单太多,仍然有应接不暇的趋势。③ 它先后供给的铁路计有浙江、江苏、福建、广九、南浔、津浦、湖南粤汉及京汉等路。若以每吨售价50两计,在宣统元年(1909年)二月,它揽定之货约可得银300万两。④

说到国外的销路,李维格于光绪三十四年(1908年)七月在汉口商会演说,曾经发表该公司开辟国外市场的计划,他仔细观察上海、香港和南洋一带的船场、机器厂,发现它们所用的钢铁器材,因为要远购自欧美各国,不只购运费时,并且因此每每要储存数十万金的器材以备不时之需,以致搁本搁息,吃亏甚大。要是汉阳铁厂能够制造这些器材,则在时间上既可节省,材料的大小尺寸也可以临时拉造,价格也一定比西方国家的产品便宜,自然会大受上海和香港等地的船坞和机器厂的欢迎,实在是公司一宗最好的买卖。此外,他又发现美国钢铁厂集中在东部,因为东西岸距离太远,铁路运费每吨要

---

① 《存稿》卷七四,页19,《寄张中堂》(宣统元年四月初一日)说:"津浦南路开标,皆汉厂所得,因吾运费可省也。"又页21下,《寄张中丞》(宣统元年四月初八日)说:"惟本厂出货,不及洋厂之多,成本未免稍贵,而运费较省,可以补苴。"
② 前引书卷七四,页13下,《寄北京张中堂梁尚书》(宣统元年正月十四日)说:"铁厂……仅赖铁路一项为大宗生意。"
③ 《未刊信稿》,页九三,《致赵制军》(光绪三十四年三月二十九日)说:"在汉厂非加炉不足应各省取求。"又同书,页131,《致吴太史函》(光绪三十四年八月初六日)说:"(汉厂)年内定出钢货五万数千吨,竟至交货不及,尚须加添炉座。"又《东方杂志》七卷七期,页60,前引文说:"各省铁路推广,纷纷定轨。"
④ 《关册》(1909年,中文本,汉口),页47—48,引自汪敬虞前引书,页482。又《东方杂志》六卷八期,页16—17说:"照商务长王阁臣君(宣统元年)二月底报告,是月止,除造成货件已交已运不计外,本年尚应赶造浙路、苏路、闽路、九广、南浔、京汉六大路钢轨,零件三万二千一百零五吨。二月以后,又揽定粤汉铁路钢轨八千吨,津浦铁路钢轨,零件一万八千四百零四吨。综计揽定之货,五万八千五百零九吨,每吨通扯五十两,可得货价银三百万两(售铁价在外)。虽不尽限年内交货,然本年钢厂钢炉,实无片刻休息。"

十余美元，西岸的机器厂宁愿购买由英国经海道运来，每吨运费只 3 美元的铁货（因为英国要倚赖美国西岸粮食的供应，船只每每运粮往英，载铁而回）。现在美国有船只运松木销售至中东各国，却没有货物可以载回，中国铁货要是运销至美国，每吨运费也不过美金 3 元而已。这样一来，汉冶萍公司便可以乘机为它的产品多开辟一个市场了。① 同时，他又提及，日本本国铁矿贫乏，但对于钢铁的需求甚迫切，故又有汉口三井洋行购买汉阳铁厂的生铁。② 据公司在宣统元年的估计，照当时的情形，公司每年在美国最少可销生铁 1 万吨，日本 2 万吨，国内 2 万吨，合计 5 万吨左右；如以每吨售价 22 两计算，则可售银 110 万两。③

果然，李维格的计划并没有落空。宣统元年（1909 年），公司的钢铁已远销至澳大利亚、日本和南洋各岛，上海翻砂厂更完全倚靠公司的供应。④ 随着公司产品运往美国试销，美国华盛顿州的西方钢铁公司（Western Steel Corporation，Irondale，Washington）曾于是年派代表来华，和公司立约，规定于 15 年内，每年向公司购买生铁 3.6 万吨到 7.2 万吨；如果产额有盈余的话，还可以增加至 10 万吨。⑤ 次年，公司曾输往美国矿石 2.4 万吨，生铁 2 万吨。⑥ 汉冶萍公司的产品之所以能够运销美国，除了上述理由外，又由于中国工人工资的低廉。那时汉厂一个普通工人每月工资只有 3 元，为芝加哥南部钢厂一个斯拉夫粗工所得的 1/10。⑦

---

① 《东方杂志》七卷七期，页 63—64，《汉阳铁厂总办李维格君戊申年十月朔日在汉口商会演说汉冶萍厂矿公司招股事归而引申其说》。
② 《东方杂志》六卷八期，页 15—16。
③ 同上，页 16。
④ 1909 年 5 月 28 日《时报》，引自陈真前引书第三辑，页 420。又《未刊信稿》，页 168，《致吏部尚书陆再启》（宣统元年四月初四日）说："汉冶萍现有日本、美国太平洋两处派人来议买生铁，每年各廿万吨之多。"又同书，页 167，《致两江端制台》（宣统元年四月初五日）说："尤幸美、日来购生铁，岁需多数。近日澳大利（原误作奥大利）亦来议购，因澳素用英铁，不及中、澳回空水脚之贱矣。"又同书，页 181，《致翰林院学士吴絅齐函》（宣统元年九月）说："妙在日、美、澳大利均愿买我货。以吾黑铁易彼黄金，亦计之得。"
⑤ 拙著《汉冶萍公司之史的研究》，《中国现代史丛刊》第二册（台北正中书局，1960 年），页 293；吴承洛前引书，页 112；丁格兰前引书，页 122。并参考前注《未刊信稿》各引文。
⑥ 丁格兰前引书，页 122。又《东方杂志》七卷七期，页 69，附录《己酉九月上海时报译泰晤士报》说："美国新与中国订定进口生铁五万吨。查此项交易，已非一次，各种炼钢铁，由汉阳铁厂制造，运至纽约交货者已无数。其价尚较贱于毕的（兹）堡（Pittsburgh）镕铁厂在大西洋岸交货者。"由此可见，汉厂产品，不只运销于美国西岸，更兼销至东岸。
⑦ 见拙著《汉冶萍公司之史的研究》，《中国现代史丛刊》第二册，页 293。

第四章　汉冶萍公司商办时期

汉冶萍公司生铁运销于美国,在西方曾经引起轰动。西方报纸认为:"中国地大物博,无一缺乏……中华户籍之富,冠于全球,矿产殷饶,何地蔑有?眼前各国工业界,无甚轩轾,其能获利与否,惟以工值贵贱为标准,工力勤惰为评量。华人粗粝自甘,糟糠亦餍,费用之廉,万非欧洲所能比拟。华工之耐劳忍苦,又非欧工所能与之颉颃。地利既如彼,工值又如此,是殆天授,非人力所可及也。镕炼钢、铁,以工、煤为费用之本位。工、煤之价值既低,矿质又出类拔萃,成本轻而市价自廉。持此与欧美争雄,能不令人辟易乎?呜呼!中国醒矣。……较之强兵劲旅,蹂躏老羸之军队,尤可虑也。"因而奉劝欧美各国,"幸勿以么么视之"[1]。可是事实上,他们的顾虑是多余的。清朝亡后,民国建立,汉冶萍公司陷入极大的纠纷中,所谓"顾虑",实在起不了什么大的作用。关于这点,将在下文讨论。

以上是改组后的汉阳铁厂的情形。至于大冶铁矿,因为光绪二十九年(1903年)铁厂向日本借债日金300万元,订明在三十年内以矿砂抵还本息,故该矿每年所产的铁砂,除一部分供给汉厂冶炼外,其余绝大部分须运往日本,供给八幡制铁所制炼钢铁之用。例如宣统元年(1909年),它卖给制铁所铁砂7万吨,正金银行25 600吨。[2] 计自光绪二十六年(1900年)起,至宣统二年(1910年)止,大冶铁矿平均每年输出铁砂占产量的46.29%,几占总额的一半。关于这时期钢、生铁及铁砂产量和输出量,参考上文表14、表15。

至于萍乡煤矿,在光绪三十四年(1908年)左右,全部开发工程已经完成,并且开始大量产煤。大概每日出煤1 000吨,最多可达3 000吨;平常每月出煤5.9万吨,最多月份则达6.16万吨。[3] 及宣统二年(1910年),每日出煤1 500吨至2 000吨左右。[4] 自组成公司后,至宣统三年清朝覆亡止,前后4

---

[1] 《东方杂志》七卷七期,页66,前引文附录。
[2] 《东方杂志》六卷八期,页18,前引文。
[3] 1912年3月6日《时报》,引自陈真前引书,页464。又傅春官编《江西农工商矿纪略》(序于光绪三十四年),《萍乡县》,页13,《矿务》说:"现在安源煤矿,每日可出煤一千六七百吨。以限于外面运道,暂勿尽量采挖,每日以出煤一千一二百吨为限。"
[4] 《东方杂志》七卷七期,页64,李维格前引文说:"目前(萍矿)每日出煤一千五百吨,明年可增至三千吨。"又同上刊物,页70,《附录》说:"萍煤去冬(宣统元年冬)已日出煤二千吨,以六成炼焦,余售生煤,较上年销数,亦增七八十万。"

年,每年平均出煤542 532.75吨,出煤最多的一年为宣统二年(1910年),共产610 447吨(参考表23)。

表23　清末萍乡煤矿产量　　　　　　　　（单位：吨）

年　　份	煤产量	焦煤产量
光绪二十四年(1898)	10 000	29 000
光绪二十五年(1899)	18 000	32 000
光绪二十六年(1900)	25 000	43 000
光绪二十七年(1901)	31 000	63 000
光绪二十八年(1902)	56 000	82 000
光绪二十九年(1903)	122 000	93 000
光绪三十年(1904)	154 000	107 000
光绪三十一年(1905)	194 000	114 000
光绪三十二年(1906)	347 000	82 700
光绪三十三年(1907)	402 000	119 000
光绪三十四年(1908)	392 000	108 000
宣统元年(1909)	557 670	117 000
宣统二年(1910)	610 447	172 500
宣统三年(1911)	610 014	170 000

资料来源:《第五次中国矿业纪要》,页483—485。

萍矿的煤产量虽然很多,但由于"洙洲(即湖南株洲)下游,浅滩甚多,天寒水涸,轮驳不能畅行。且因款绌,亦无力多造轮驳。故大半仍用民船驳载。而民船极其纡缓,风利帆张,尚可克日而到;或遇风逆,往往中途耽延。船户粮竭,则私窃煤炭,售于沿途居民,而拌以浊水污泥,搪塞吨数。所以萍煤到鄂,优劣不齐,其劣者皆泥水所揉杂者也。为今之计,必须改筑洙洲之轨道,斜折以抵昭山,计程四十里。昭山以下,虽尚有浅滩,而已避其九十里曲折最难之水道,轮驳即可设法通行。运道一畅,尽用自有之轮驳装载，则无揉杂之弊。"①除了防止船户将煤掺杂的弊端外，盛宣怀还认为建筑洙昭路可以使运煤的数量增加，从而满足汉阳铁厂对于煤的大量需要。例如他在《致邮传部左侍郎吴》（光绪三十四年五月二十七日）的信中说："其实洙昭四十里，煤利无多。惟洙昭接通，则萍洙二百五十里，煤利四倍今日。因今只运五六百吨，通后可运二三千吨……"②洙（株）昭铁路的修筑，本来应该是汉冶萍公司的责任，但公司资本缺乏，本身自顾不暇，乃转商于粤汉铁路的湘公司，请它代为筑造属于粤汉铁路长沙至洙洲的一段。湘公司也因为"粤路（粤汉铁路广东段）商股之易集，皆因佛山、三水先成短路（按：指广三铁路），获有厚利，树之先声。湘路若得洙长一段速成，于招股亦较容易"。故答允代为兴筑。③ 当时的计划，是以株洲至易家湾（昭山）的一段为干线，易家湾至湘潭则属支线。④ 光绪三十四年（1908年），湘公司已筹股本200余万两，预备于8个月内完成株昭线。⑤ 但湘公司派员勘察，结果认为铁路筑至易家湾的下水处已够，不必到汉冶萍公司认为"关系萍矿利害"的暮云寺（因为把煤运到暮云寺，才可以由轮船接运往汉阳）。⑥此外，它又恐怕将来株昭路完成后，"客商趋便，舍湘潭弧线而走洙昭直线，有碍商利"。故改变初衷，呈请邮传部"将干路由洙洲径达易家湾直线，改为绕道湘潭对河以达易家湾弧线"⑦。盛宣怀认为这样一来，旅程"须多行五十里，计算运费过多，于矿、厂均有损害。且矿局每日运煤以3 000吨计，

---

① 前引刊物，页64—65，李维格前引文。又参考《未刊信稿》，页112，《致湖广陈筱帅再启》（光绪三十四年五月十三日）；《存稿》卷一〇〇，页8—9，《寄南昌瑞鼎臣中丞良》（光绪三十三年十二月初一日）。
② 《未刊信稿》，页116—117。又陈璧《望嵓堂奏稿》（文海出版社，1967年8月）卷七，页50，《拟接筑洙昭铁路片》（光绪三十四年三月初八日）；《政治官报》第一六三号（光绪三十四年三月十二日）《拟展筑洙昭铁路片》；以及《邮传部奏议类编·续编》，路政，页188，《拟接筑洙昭铁路片》（三月初八日）也说："惟洙萍（铁路）一段，虽已告成，洙昭一段，尚未展筑，船载之煤，由洙洲而下，须迂绕湘潭，曲湾浅水，阻搁行舟。从前每日出煤数百吨，已不能源源载运。现煤矿大槽已通，每日约可出煤二三千吨，若不速筹通运，将有货弃于地之虞。且汉阳铁厂现正竭力扩充，需用煤焦，数倍往昔，尤应力图接济，以振要工。"
③ 《存稿》卷七四，页10，《寄张中堂陈尚书》（光绪三十四年八月初二日）。
④ 《未刊信稿》，页96，《致邮传部陈尚书》（光绪三十四年四月初七日）；又页98，《致陈尚书再启》（四月初七日）。
⑤ 《存稿》卷七四，页10，《寄张中堂陈尚书》（光绪三十四年八月初二日）。
⑥ 同上。又《存稿》卷七四，页11，《邮传部来电》（光绪三十四年十月初一日）。
⑦ 《未刊信稿》，页97—98，前引文。

每车装煤二三十吨,当有重车、空车共 200 辆,日往来于此四五十里干路之上,转输辐辏,行车时刻,难以腾挪。若与他项客货车相遇,趋避不及,益多危险"①。故提出反对。最后,这段铁路由邮传部筹款 50 余万两筑造,预期于 8 个月内完工。② 为着避免损害湘路(干路)利益,遭受湘公司反对起见,邮传部特地声明株昭路"系专为济益运煤起见",决不争夺客商生意。③ 计全程 40 里,于宣统元年七月十一日兴筑,次年八月竣工开车。④ 从此,萍乡的煤可以经由铁路和水道大量北运,不只满足汉阳铁厂的需要,更可以大量卖给商民。当日它除了远销湘、汉、皖、沪各局厂和京汉铁路外,并卖给在长江停泊的英、德兵舰及外销至美国西岸和日本,可说不愁没有销路。计外销额占产量的十分之三至四,得价百余万(单位是元或是两,待考)。⑤

第二节　民 国 初 期

宣统三年(1911 年),清廷实行铁路国有政策,引致各省铁路风潮,从而触起辛亥革命的爆发。当距离起义中心——武昌——不远的汉阳被卷入战争旋涡的时候,汉冶萍公司在清末所呈现的一片美好景象也就因此而烟消云

---

① 陈璧前引书,卷七,页 50,前引文;《政治官报》第一六三号,页 7,前引文;《邮传部奏议类编·续编》,《路政》,页 188,前引文。
② 陈璧前引书,卷七,页 50 下,前引文;《政治官报》第一六三号,页 7,前引文;《邮传部奏议类编·续编》,《路政》,页 188 下,前引文。又《未刊信稿》,页 128,《致湖广总督部堂陈函稿》(光绪三十四年七月二十八日)说:"前因湘路改弧为干,部中始有接修洙昭枝路之疏。"又张心征《中国现代交通史》(上海,1931 年),页 121 说:"(光绪)三十四年正月,邮传部尚书陈璧,以萍潭系官款修筑,萍矿已合并于汉冶萍公司,归商办,展筑洙昭亦需款,乃奏准改归部辖,并展筑洙昭,改称萍昭铁路。嗣因湘路公司之反对,宣统二年九月,邮传部奏准以株州为终点,改称萍株铁路。"
③ 《未刊信稿》,页 98,前引文。
④ 《存稿》卷七六,页 8 下—9,《长沙湘路公司余尧衢京卿等来电》(宣统二年七月二十六日);又页 9 下,《寄湘路公司余尧翁》(宣统二年八月初六日)。
⑤ 《东方杂志》七卷七期,页 60,《汉冶萍煤铁厂矿记略》;又页 64,李维格前引文;又页 70,附录庚戌(1910 年)二月《新闻报》。其中运往日本的萍煤,大半是供给八幡制铁所冶炼生铁之用,但数量并不很多。《存稿》附《东游日记》,页 16—17 载:"陆军中将兼制铁所长官中村男爵……云,'厂(制铁所)中自有小煤矿两处。……生铁炉用萍乡焦炭一吨一,可炼一吨。工匠极愿用萍焦,其所以不能全用之故,一则焦炉有一种炼出之油,为本国海军所必需,势难停炼;一则萍焦运脚太重,且易屑碎亏短,恐工匠惯用萍焦,将来难改,故不敢全用。'"

散了。它的房屋和机器设备遭受破坏。汉阳铁厂的 3 座化铁炉在战争期间仓卒弃置,火熄炉冷,以致其中所存的铁水凝结成块,要用炸药才能够炸开。又因为要更换的火砖须老远从欧洲运来,可是由于战争的影响,延迟很久才能运到。到了民国元年(1912 年)十一月,第一个化铁炉才修好来开工生产,第二个和第三个则分别于同年十二月和次年四月修好后才恢复制炼。此外,萍乡煤矿也因受战争的影响而不能从事生产。统计公司因革命战争而受到的损失,大约为 372 万两。①

因为房屋及机器设备蒙受战火的破坏,汉冶萍公司一部分生产工作被逼停工,以致出产激剧减少。例如民国元年的生铁产量,只有 7 989 吨,不及宣统三年(1911 年)产量的 1/10,只为宣统二年(1910 年)的 1/15(参考上文表 14)。因为生产锐减,它的营业收入,自宣统三年十月十日革命爆发后,便开始减少。根据 1912 年 4 月 13 日该公司的营业报告,汉阳铁厂和萍乡煤矿,至 1911 年 10 月 21 日止,售出生铁 77 756 吨,售银 1 909 851.63 两;铁轨 23 491.933 吨,售银 1 246 183.69 两;钢板等 1 374.938 5 吨,售银 89 688.22 两;煤斤和焦炭共售银 2 575 216 两。合计 5 820 939.54 两。大冶铁矿方面,截至 1912 年 2 月 17 日,铁砂售银 213 679.41 两。三厂矿合计为 6 034 618.95 两,和 1910 年的 7 810 000 两比较,减少了 170 多万两的收入。② 在清末民初的一个年度内,汉冶萍公司之所以仍然有 600 万两以上的营业收入,主要由于绝大部分产品在革命爆发前已经出售。如果自革命爆发后计算,其收入当然更要减少得多。

由于收入减少,公司便要亏本(见下文表 29)。因为亏本,它偿还债务的能力便大为削弱,并且濒临破产的地步。③ 因为汉冶萍公司本身经营的不得法、组织的不健全和财政的困难,日本便乘机而起,显露出她要吞并汉冶萍的

---

① 《关册》(1912 年,中文本,汉口),页 64,引自汪敬虞前引书,页 483;1912 年 4 月 20 日《捷报》,页 174,引自前引书,页 498;北京大学图书馆藏《汉冶萍公司档案》抄本,引自陈真前引书第三辑,页 486;Tegengren,前引书,pp.369、371;Marius B. Jansen,前引文,p.38. 又《未刊信稿》,页 213,《复李伯行函稿》(宣统三年八月二十六日)说:"汉厂新炉受炮揭(击?),华、洋人均星散;萍矿尚无消息;冶矿幸无恙。事后修复必大费。"
② 1912 年 4 月 20 日《捷报》,页 174,引自汪敬虞前引书,页 498。
③ 关于革命战争给公司的影响,《经世文编》,《实业》三,页 63,工商部《呈大总统缕陈汉冶萍公司实情文》说:"去年(宣统三年)民军起义,厂停炉坏,有形无形之损失,不知凡几。"又同书,《实业》三,页 68,汉冶萍公司《呈黎副总统文》说:"自民军起义以后,骤然停工,炮火四逼,材料荡尽,机炉朽坏,已定之货,不能照交,逾期之债,无可展宕,困难情形,未遑缕述。"

野心，提出中、日合办的建议；同时由于民国初年的情况特殊，又发生国有、官商合办和省有等问题。这几个问题所引起的风波，不仅在国内有很大的影响，并且牵连到国与国之间政治上的交涉。兹分述这几个问题于后。

一、中日合办问题

在宣统三年（1911年），清廷鉴于商办铁路浪费了许多时间也办不出什么成绩来，并且弊端丛生，于是采纳邮传部尚书（相当于今日的交通部长）盛宣怀的建议，决定把铁路干线收归国有，由国家经营。没想到这个决策却成为清朝覆亡的导火线，盛宣怀也因此被清廷革职。[①] 清亡后，民国成立，他因为铁路国有问题不受国人欢迎，避居青岛。因为日本对汉冶萍公司早有觊觎之心，日本正金银行董事小田切万寿之助即趁盛氏被国人遗弃的时机，邀请他东渡日本，予以热烈的欢迎和殷勤的招待，同时提出汉冶萍公司中、日合办的要求。合办的合同由盛氏代表高木陆郎、汉冶萍代表李维格、三井洋行代表山本条太郎和正金银行代表小田切秘密磋商。[②] 民国元年（1912年）正月二十九日，公司遂与日商代表签订合办合同的草约。其要点如下：

(1) 改汉冶萍煤铁厂矿有限公司为华、日合办有限公司，赴中国农工商部注册，遵守中国商律、矿律，并设总公司于中国上海。（第一、二条）

(2) 股本3000万元，华、日股各半；华股只能售与中国人，日股只能售与日本人。以后公司盈亏共认，不定官利。（第三条）

(3) 以三十年为期，期满后由股东会议决，可再展限二十年。（第四条）

(4) 董事11名，华6日5。其中总经理由华人担任，副经理由日人担任，办事董事华、日各1名。又另举查账员4名，华、日各2名。总会计1名，由日人担任。（第五、六条）

[①] 参考拙著《铁路国有问题与辛亥革命》，《中国现代史丛刊》第一册，页210—254；黄鸿寿《清史纪事本末》（三民书局，1959年7月），卷七九，页1—5，《铁路国有政策》。

[②] 1915年4月17日《时报》载："小田与万寿遂以甘言诱盛氏避地至日本之神户，与彼邦法律家研究保护其股本之法，谓非中、日合办，不能受日本法律之保护。"（引自陈真前引书第三辑，页503）文中所举小田与万寿实为一人，即小田切万寿之助。小田切是他的姓，万寿之助是他的名。又文中把三井洋行写为三井银行，误，已改正。

(5) 俟汉冶萍公司股东大会通过后,才能够签订正约。(第十条)①

盛宣怀赞成汉冶萍公司中、日合办,一方面由于他的铁路国有政策得罪国人,另一方面因为他的家乡江苏(盛氏祖籍江苏武进)谣传他在邮传部尚书任内,和各国订立借款,收回扣银数百万两,以致他在苏州的产业被"发封充公"②。此外,汉冶萍公司最大的股东是盛宣怀,其他大股东有清朝皇室要员奕劻、载洵和载涛等。故南京临时政府成立后,由于政治立场不同,公司的产业难免有被没收的可能。在这种情形下,盛氏自然愿意把公司改为中日合办,希望凭借日本人的势力,把他个人在公司中的利益保存,而他愿意代政府向日本三井洋行借日金 500 万元,作为政府准许公司改为中日合办,并加以保护的条件。③ 原来南京临时政府自成立后,因为全国尚未统一,收入有限,经费非常困难。④ 政

---

① 《外交文书》卷四五(昭和三十八年十二月十日),第二册,页 114—115。又参考 1913 年 3 月 8 日《民声日报》,《盛宣怀之呓语》,引自汪敬虞前引书,页 505;《中华丛报》第一期(1913 年 5 月 1 日),页 2—4《纪事》,引自陈真前引书第三辑,页 495—496;1912 年 2 月 28 日《时报》,引自陈真前引书第三辑,页 493—495。

② 《未刊信稿》,页 244—245,《致大日本国伊集院》(宣统三年十一月)说:"江苏谣传,鄙人于各国借款得受回扣银数百万两,故此大愤。苏州新都督程德全牌示'将盛氏产业发封充公'等语。所有盛氏苏省所属之房屋、典当,均派革(命)军看守。……问其何故,则云盛氏产业皆以借洋债回扣得来也。"又同书,页 238,《至吕幼舲函稿》(宣统三年十月十五日)说:"自我(盛氏)罢官后……苏省留园义庄及公典八九处,雪帅(程德全)主持,被封充饷。"又同书,页 214,《复李伯行函稿》(宣统三年八月二十六日)说:"敝处苏州留园义庄及典当房产,均被占据。闻程雪楼(程德全)牌示,有盛产充公之说。"又参考同书,页 216—217,《致美国驻京钦差大臣嘉乐恒函稿》(宣统三年九月二十六日);页 218,《致英国驻京钦差大臣朱迩典函稿》(同上日期);及页 221,《致孙慕帅函稿》(宣统三年十月初三日)。

③ 《经世文编》,《实业》三,页 59,叶景葵《汉冶萍国有策》说:"此次合办之举,以理想测之,恐为军政府所激成。盛氏因铁道政策,得罪国民,生此奇变。失职以后,其故里家产,闻悉为军政府没收。人当惶急之际,有一妪和平者,为之保资财,全性命,且许以将来之希望,有不入其玄中者乎?"这对于盛宣怀要把公司改为中、日合办的心理,可说是一个十分中肯而又透彻的批评。又《东方杂志》八卷十一期(民国元年五月),高劳《临时政府借债汇记》说:"汉冶萍煤铁公司,系盛宣怀产业之一部分,此外之大资本家则为奕劻、载洵、载涛等。此等产业,自不免为民国政府所籍没。当盛在青岛时,曾有日人向其运动,谓不如将该公司转为日本所有。迨盛至日,乃决计照办,与日人订约交易……遂决定中日合办。"

④ 徐义生前引书,页 94 说:"由于南京临时政府既没有像各省军政府那样接收到清藩、道、局的库存,也没有得到各省军政府的经常解款,其财政情况(比各省军政府)尤其艰窘。"以上是南京临时政府经费困难的原因之一。另一个原因是它实行劝捐、勒捐的方法,都没有成功。为了解决财政上的困难,民国元年一月八日,孙中山先生批准发行八厘军需公债 1 亿元,专充临时军需和保卫治安之用,但发行区域只限于民军势力范围内的地方,债票又被各省都督预先领出,其中由南京临时政府直接募入的,只有 500 万元而已。因为财政困难,南京总统府的薪俸菲薄,自秘书长以至录事,月薪只得 30 元。参考丁文江编《梁任公先生年谱长编初稿》(台湾世界书局,1962 年 12 月),页 357;贾士毅《民国财政史》(台湾商务印书馆,1962 年 2 月),正编下册,第四编《国债》,页 6;凤冈及门弟子编《三水梁燕孙先生年谱》(1946 年),上册,页 105;王昭然编著《国父孙中山先生新传》(台北,1959 年),页 119。

府大部分的费用，靠借外债来维持，从它成立时起至南京留守府裁撤时止，共计借外债 1 604 万余元①，数目相当庞大。（关于南京临时政府所借各外债的情形，参考表 24。）在这种捉襟见肘的情形下，南京临时政府认为由汉冶萍公司出面，代政府向日本三井洋行借 500 万日元，未始不是一个解决财政困难的办法，故只好答应盛宣怀要求准许公司中、日合办的计划。② 可是这个两国合办的计划，却引起全国普遍的反对，这是日本的野心家、盛宣怀以及南京临时政府所意料不到的。

反对汉冶萍公司中、日合办计划最激烈的，首推临时政府的实业部长张謇。他写信给大总统孙中山先生和陆军部长黄兴，认为汉冶萍公司辛苦经营了十余年才有今日的成绩，不应该"因其为盛所经营，而稍加摧抑；即盛宣怀之私产，亦当通饬保全，以昭大公"。他更进一步分析，认为日本对汉冶萍公司是有计划地加以侵夺，政府应该引清末的铁路国有政策为殷鉴，不应该因区区数百万元的借款而"贻他日无穷之累"。最后他甚至认为："凡他商业，皆可与外人合赀，唯铁厂则不可。铁厂容或可与他国合资，惟日人则万不可。"③复次，当日的副总统、湖北都督黎元洪，认为汉冶萍公司属于国防工业，与海陆军前途有密切关系，也反对中、日合办。④ 除了张謇和黎元洪外，

---

① 徐义生前引书，页 95 说："从南京临时政府成立时起，到南京留守府裁撤时止，它所借的外债合计达 1 604 万余元，实收额也有 1 558 万余元。根据当时政府公报上所发表的《南京政府收支报告文》来计算，南京临时政府从成立之日起到 1912 年 4 月底止，收入总额为 2 004 万余元，其中外国银行借款 1 079 万余元，占 53.84%，若再加上苏路借款，则占 68.81%。"
② 许师慎编纂《国父当选临时大总统实录》（台北，1967 年 6 月初版），页 287，《咨复参议院解释汉冶萍借款》（民国元年二月十八日）说："政府据院议通过之国债（八厘军需公债）一万万元，因仓猝零星征集，颇难应急，遂向汉冶萍及招商局管产之人，商请将私产押借巨款，由彼等得款，复以国民名义，转借于政府，作为一万万元国债内之一部分。"又同书，页 289，《孙大总统咨复文》（民国元年二月二十三日）说："汉冶萍之款，系该公司以私人资格，与日本商订合办，其股份系各千五百万元，尚未通过合同于股东会。先由该公司借日本五百万元，转借与临时政府，而求批准此事；先交二百万至三百万，俟合办合同成立，交清五百万。"又参考《外交文书》卷四五，第二册，页 101—102；《东方杂志》八卷十一期，高劳前引文。
③ 张謇《张季子九录》（文海出版社，1962 年 2 月），《政闻录》卷四，页 5—6，《为汉冶萍借款致孙总统黄部长函》；张孝若《南通张季直先生传记》（文海出版社，1962 年 2 月），页 175。后张謇更以意见未被政府采纳，而向政府提出辞职。见《政闻录》卷四，页 6，《辞实业部长电》；张孝若前引书，《年谱》，页 73—73。
④ 易国干等编《黎副总统政书》（台北文星书店，1962 年 6 月）卷六，页 23 下—24，《致南京临时政府暨参议院》（民国元年二月十三日）说："汉冶萍公司产业，前因有抵借之说，屡经敝处电请尊处阻止在案。查该项产业，关系民国前途，最为重大。只以盛宣怀于清时营私舞弊，致衷（转第 103 页）

第四章　汉冶萍公司商办时期

表 24　辛亥革命后南京临时政府外债一览表

年 月	借款名称	借款者或经手人	贷款者	款额 借贷额	款额 实收额	利率	折扣	期限	担保	条件	用途	备考
1911年11月30日	大仓洋行借款	南京军政府陆军部	日本大仓洋行	京平银543 420两	京平银543 420两	年息7.5%		1年	期票		订购军械，改取南京军费。	由张謇保证，保证书内作通用银元30万元，期限一个月；至1912年9月24日由北洋政府财政总长周学熙改订展期合同，利息仍旧。*
1912年1月24日	三井洋行借款	南京临时政府	日本三井洋行	日金300 000元	日金300 000元	年息8.5%		半年			南京临时政府军政费用。	
2月26日	汉冶萍抵押借款	南京临时政府	日本三井洋行	日金2 000 000元 a	规平银1 442 500两	年息7%	90%	半年	汉冶萍股票	汉冶萍煤铁矿归中日合办	南京临时政府军政费用。	辛亥革命后，汉冶萍公司自向日本以外的外国银行及洋行押借的洋款项数不在内。
2月28日	善后借款第一次垫款	南京临时政府陈锦涛	英、美、法、德四国银行团	规平银2 000 000两	规平银2 000 000两	年息7.5%					南京临时政府军政费用。	1913年5月31日于善后借款内扣还本270 883镑6先令6便士，利27 494镑8先令7便士。
3月	苏路借款	南京临时政府	日本大仓洋行	日金3 000 000元	日金2 790 000元	年息8%	93%	10年	江苏铁路收入及股票		其中465 000元拨归江苏军政府，沪军都督移用银884 882.10两，余由南京临时政府充军政费用。	1914年2月14日改向中英公司转借沪枫铁路借款，偿还本项借款本利。

续表

年 月	借款名称	借款者或经手人	贷款者	借款额	实收额	利率	折扣	期限	担保	条件	用途	备考
3月18日	三井借款	南京临时政府	日本三井洋行	规平银86 000两 日金79 500元 银元1 922 315元	规平银86 000两 日金79 500元 银元1 922 315元	年息8%		1年			购买军械、被服、军装等价款。	1915年12月间改订展期借款,计银1 738 407.75元,日金2 441 251元,年息7%;至1920年2月16日又展期,利率改为年息10%。
	寿屋洋行借款	南京临时政府	日本寿屋洋行	银元13 016元	银元13 016元	年息8%		1年			购买被服、军装价款。	
4月27日	捷成洋行借款	南京临时政府(上海总商会经手)	德商捷成洋行	德金5 000 000马克	德金4 650 000马克	月息8‰	93%	半年			付还上海总商会对军政府垫款银180万两,其中120万两系充宁、沪、杭及扬州军饷。	
5月13日	三井借款	南京留守府及沪军都督	日商三井洋行	规平银350 000两	规平银350 000两	年息8%		短期			南京留守府军政费用。	
10月	南京留守府礼和借款	南京留守府黄兴	德商礼和洋行	德金4 200 000马克	德金4 200 000马克	年息7%			国库证券		购买军械价款。	1913年4月展期时,利息改为月息1‰。
11月26日	南京留守府恰大洋行借款	南京留守府黄兴	英商恰大洋行	规平银191 717.18两	规平银191 717.18两	年息8%			公债券60万元		购买军械价款。	

资料来源:徐义生前引书,第二章,表一,《辛亥革命时期南京临时政府及南方各省军政府所借外债表》,页96—101。

* 原书,页197,误把张謇写作张搴,合更正如上。

同书,页98,误作日金2 000 000两,合更正如上。

第四章　汉冶萍公司商办时期

留学日本的学生徐光炜也写信给孙总统,认为政府在财政极端困难的时候向外国举债,原是一件无可厚非的事,但切不可因袭清末中外合办的故事,准许汉冶萍公司与日本人合办。因为日本对中国素来抱有极大的野心,要是汉冶萍和日本合办,公司将来一定会重蹈南满铁路的覆辙,被日本以反客为主的姿态吞并过去,而至于丧权辱国,贻害无穷。他希望政府不要受日本人欺骗,更希望盛宣怀能弃约回国,甚至希望凡是"中国国民之一分子者,群起力争,务求废约而后已,无遗噬脐之悔也"①。最后,参议院参议员刘成禹等在参议院提出质问,认为政府未经参议院议决而擅自利用汉冶萍抵借日债,是一件违背宪法的事,要求政府加以解释。②

在当日国人的激烈反对声中,最感狼狈的是南京临时政府。它除了派遣专员往参议院解释整个事情的缘由和加以道歉外③,并且致书实业部长张謇,说政府完全因为财政困难,军费无着,故准许汉冶萍公司中、日合办,以举借日债,实在是一件万分不得已的事情,请他在舆论方面加以维持。④　其后,

---

(接第100页)失一切权利,几于不可收拾。……顷闻尊处拟与外人合资开办,借资担注,虽系一时权宜之计,但对外政策种种失败,实由于此。刻下民国新建,事事须求正当办法,万不可再蹈清覆辙,致以机会均等均沾之说,启外人干预之渐。此间议会全体及各部处职员,均不敢承认此举。如果有合资开办情事,希迅即设法取消……"又页28,《致南京临时政府》(民国元年二月十四日)说:"汉冶萍系鄂、赣菁华,皆属民国范围,非如未确定之权利,而不必深愿惜者也。盛宣怀欲保私产,不惜断送国权,垦祈顾全大局,不堕奸计,汉冶萍中、日合办之约,决不可允。"又卷七,页2下,《致南京临时政府》(民国元年二月十七日)说:"汉冶萍矿抵借一节,风声所播,物议大哗。……此间同人亦闻此事,无不愤气填胸,极力拒绝。诚以汉冶萍矿于海陆军前途,关系至重,利权之损失,犹其次也。今合办之约可以作废,即应将已交之款设法归还,以免无穷之轇轕。"

① 《经世文编》,《实业》三,页69—71,徐光炜《留东学生为汉冶萍事上大总统禀》;"中央研究院"近代史研究所藏《奉大总统谕交徐光炜论汉冶萍矿禀一件请核办由》(《汉冶萍厂借款案》,北字一九五三号)。
② 许师慎前引书,页288,《参议院原咨文》(民国元年二月十三日)说:"据本院参议员刘成禹等提议,财政部抵押借债,不交参议院议决后施行,显背临时组织大纲,应请质问一案,经十二日会场议决,财政部以招商局抵押借债及以汉冶萍煤铁公司押借外债两层,未能遵照中华民国《临时政府组织大纲》第一条第五项办理,即为违背宪法,应行质问,请迅即答复。"
③ 参考前引书,页287,前引文;页288—289,《参议院第二次咨文》(民国元年二月二十二日)。
④ 张孝若前引书,页176,《孙总统复函》及《胡秘书长函》。孙总统的复函说:"来函敬悉。铁矿合办,诚有如所示之利害。惟度支困难,而民军待哺,日有哗溃之虞,譬犹寒天购衣裘付质库,急不能择也。此事克强(黄兴字)兄提议,伊欲奉教于先生,故曾屡次请驾返宁……而该件事迫,已有成议,今追正无及。……于众多项中,分一矿利与日人,未见大害;否则以一大资本家如盛氏者专之,其为弊亦大。舆论于此,未必深察。先生一言,重于九鼎,匡救维持,使国人纵目光于远大,为将来计,而亦令政府迫于救患之苦衷,权宜之政策,免为众矢之的,不胜厚(转下页)

它又致电盛宣怀,劝令他取消合办的草约。① 此外,汉冶萍公司股东于民国元年(1912年)三月二十二日在上海开股东大会,到会的股东有440人,共代表208 830(+)股,一致反对中、日合办的议案,并且通电盛宣怀取消草约。② 因此,汉冶萍公司中、日合办的议案并没有成功,但日本想要攫夺汉冶萍的野心,后来到了民国四年(1915年)随着"二十一条"的提出而显露无遗。

二、省有问题

当汉冶萍公司改为中、日合办的建议提出不久之后,以孙武、张大昕、夏寿康等为首的湖北绅士却广邀湖北民政府、省议会、实业司、武昌商会、汉口商务总会、汉口各团体联合会以及实业界诸人,在武昌抱冰堂开会,提出没收汉冶萍公司,把它收归省有的建议来。③ 他们所持的理由,完全是以一种狭隘的地方思想为出发点。他们认为,汉、冶、萍三厂矿,在前清时代,只是由盛宣怀承办,并没有股东。武昌起义以后,南京临时政府预备把公司与日本人合办,草约只是为孙中山先生、黄兴、盛宣怀所订立,并没有股东出来干涉,更没有股东向湖北省临时议会表示他们对合办的意见,故公司的股

(接上页)望。"又总统府秘书长胡汉民的复信说:"此事(汉冶萍公司改为中、日合办一事)弟未审其详,但于成议之后,略知其概。自一月以来,见克强兄以空拳支拄多军之饷食……寝食俱废,至于吐血,度其急不择荫,亦非不知。今已成事,惟祈先生曲谅,并于舆论不满之点,稍予维持。……顾界于生死存亡之际,所谓临时政府,不过一革命稍大之机关。……惟存察彼所为,是否私利?……其事非常,其咎或可恕耳。"由此可见,当日国人的舆论,对临时政府利用汉冶萍公司来举借日债一事是十分不满意的。

① 许师慎前引书,页290,《覆章炳麟电》(民国元年三月五日)说:"两次电王转盛,皆令取消合办之约。"又《外交文书》卷四五,第二册,页130,载李维格致电盛宣怀说:"孙总统复电云,'该草约前虽批准……今各省反对,舆论哗然,盛氏宜早设法废去此约'。"此外,南京临时政府劝令盛宣怀取消合办草约的另一个原因,是日本并没有履行贷款500万日元与南京临时政府的诺言,而只陆续交过200万日元。许师慎前引书,页290,《孙大总统复黎元洪电》(一)说:"汉冶萍借款,原急不择荫。前途陆续仅交过款二百万,随到随尽。现订仅以此数变为虚抵,而废弃合办之约。"又同文(二)说:"为大局计,极力谋补救汉冶萍合办之失策。刻因彼方面不能如数交足借款,合办之约,尚可作废。"又同书,页289,前引文说:"该款已陆续收到二百万元。本大总统以与外人合股,难保无流弊,而其交款又极濡滞,不能践期,是以取消前令。惟已收支之二百万元,照原约须为担保之借款。"又参考《外交文书》卷四五,第二册,页130;《黎副总统政书》卷六,页24、28下,附《南京临时政府来电》。
② 《经世文编》,《实业》三,页68,汉冶萍公司《呈黎副总统文》;《东方杂志》八卷十一期,高劳前引文;"中研院"近史所藏《汉冶萍公司致日商代表正式公函》(《汉冶萍公司案及附件》,清字631号)。
③ 1912年12月22日《时报》,《武汉督办汉冶萍谈》,引自汪敬虞前引书,页510。

第四章　汉冶萍公司商办时期

东完全是由盛宣怀买通赵凤昌(公司董事)捏造出来的,而公司不致流入日本人手里也完全是鄂省议员据理力争的结果。过去公司创办多年,对湖北省一点贡献都没有。将来汉冶萍被没收作公产以后,也应成为"鄂人所有财权,鄂人应共享之"①。除了运动湖北省临时议会外,孙氏等更奔走于北京政府首要之间,提出他们的主张和理由。② 他们努力运动的结果,是副总统黎元洪等便把盛宣怀的督办名义撤销,而建议另行委任孙武为汉冶萍公司的督办。③

这些湖北绅士认为汉冶萍公司为湖北所有,应该归还湖北的主张,不免惹起公司和国人的反感。汉冶萍公司上书副总统黎元洪,对他们的荒谬主张大加驳斥。首先,文中除了叙述公司缔造艰难的经过外,更声言民国元年三月的中、日合办草约,如果不是由公司股东在上海开全体大会,一致反对,也不能够撤销,这证明公司的股东并不是子虚乌有的。它又进一步指出:"是反对中、日合办而取消之者系股东,盖必股东方有决议公司事务之权,非股东以外之人所能干预。"其次,公司认为湖北省若要把公司没收,首须将公司"所欠内、外各债二千三四百万两,继续承认,由鄂省议会筹还债主"。公司自当召开股东大会,劝服股东,把公司解散。最后,文中又说公司"每年所出钢、铁、

---

① 《经世文编》,《实业》三,页67,汉冶萍公司前引文。
② 《外交文书》卷四五,页223,《黎副总统夏民政长致袁大总统宛电报》说:"照得汉冶萍煤铁厂矿由前鄂督张之洞创办,逐年动用鄂省公款五百六十余万两,以及官地征收汉、冶各属厂地、矿山实价约千万两以外。鄂人以厂业关系国家大计,且主持者为省长官,均无歧异。嗣鄂以厂务殷繁,势难兼顾,因奏派盛宣怀为督办,添招商股,然厂内筹款、清账各要事,仍随时禀承鄂督核夺施行。……揆诸奏章,征诸事实,是该厂应以鄂为主任,确有明证。民军起义后,盛氏潜逃。中、日合办之议,赖鄂员张伯烈等据理力争,利权幸未丧失。复经鄂议会提议,按照张之洞原奏,收归官办。因盛氏暗中诱惑,枝节横生,外债内股,诸多掣肘……盛氏用心……无非欲将张奏原案,及鄂省创办公款,与官方所收之厂地矿山,一概抹煞。……若不及时遴员接管,速图补救,窃恐放弃愈久,收拾更难。"由此可见他们思想狭隘的一斑。又参考同书同卷,页202,203。
③ 同书卷四五,页223,前引文。其中说:"元洪(黎元洪)等再四筹商,惟有查照前案,将盛宣怀督办名义撤销,一面由鄂另派督办。……查有陆军上将衔军中将孙武,热心公益,擘划精详,堪胜督办之任。现在筹议接收(汉冶萍公司)办法,已有端绪,应请迅加任命,俾专责成。"又参考吴景超《汉冶萍公司的覆辙》,《新经济半月刊》第一卷第四期(重庆,民国二十八年一月一日),页105。案汉冶萍公司第一次股东大会,于宣统元年(1909年)三月二十七日在上海开会,已经把盛宣怀的督办名义撤销,而推举他为总理(见第四章第一节)。因此,到了民国初年,黎元洪等人之所以声言要把盛氏的督办名义撤销,显然别有用心,主要是因为要以孙武为督办来接收汉冶萍公司。

煤、焦,售价已达六七百万两,股东所得官利,不及百万,其余除债项利息外,大半用于地方、养活穷民,何可胜计?而抵制洋货,使外来钢、铁、煤、焦不能充斥于长江流域,尤为大局挽回间接之利权",从而认为"敝公司对于鄂省,对于中国,自问尚有微劳"。①

除汉冶萍公司上书黎元洪驳斥湖北省议会的荒谬外,国人也有著文驳斥其非的。有一位不具名的作者,发表一篇文章,向湖北省议会质问说:"天下有股本已达千余万,股数已达数十万,可由数人伪造者耶?"然后举出公司股东大会反对中、日合办草约的事实,来驳斥他们的荒谬,并且说:"且中国资本家止有此数,汉口商人购有汉冶萍股票者必多,岂不可就近一访?前次股东大会,报载极详,湖南公股额甚巨,演说亦极传诵。湖北人既留心此公司,何不覆检此事实?"省议会既代表全省公众的意见,怎可以事先不详细调查清楚就谬妄发言呢?由此可以看出,湖北省议会之所以要使汉冶萍公司成为省有财产,纯然是一种自私自利的举动。此外,又有一个新闻记者在报章上著文追述汉冶萍公司的历史,认为汉、冶、萍三厂矿在合并成为一公司以后,属于完全商办的性质,湖北总督在官办时期对于公司享有的用人理财的权力,以及在官督商办时期由国家与商人(股东)共有的情形,至此已经消失,因此公司的主权并不属于湖北省。作者并且指出省议会之所以有这一个错误的观念,完全是因为他们无知地认为"汉、冶厂矿在鄂境,其资产主权,即宜属之鄂省"。因此,作者批评他们这一种狭窄的思想,说:"兹第以汉、冶厂矿在鄂境之故,遂谓鄂省独为主权者,不必出一锱一铢之资本,可以三数鄂人,该会(鄂省临时议会)议决没收,目鄂省为田主,目公司为佃户,佃户无强占田地之理。然亦思鄂省各属田房产业,为外省人购买管业者不知凡几,鄂人果可目为佃户强占,任意开会议决没收,不费分文之资本乎?"②

因为湖北省议会这个要把汉冶萍没收的举动太过荒唐,连工商部也不禁要为汉冶萍说话,致书湖北都督,请他维持汉冶萍公司。③ 同时,当日中央政

---

① 《经世文编》,《实业》三,页67—69,汉冶萍公司前引文。
② 前引书,《实业》三,页64—65,《为汉冶萍事忠告湖北省议会》;页61—62,阙名《汉冶萍公司问题》。
③ 《外交文书》卷四五,第二册,页170—171,工商部《咨湖北都督请维持汉冶萍公司文》。

府也想把公司收归国有,不赞成湖北省议会的主张。① 此外,日本债权者也由于利害的关系,抗议湖北省议会这一措施。② 在全国上下及日本债权者的反对声中,孙武要做公司督办的美梦做不成,汉冶萍公司省有的建议,也就不能够实现。但是,湖北绅士们这个狭隘的地方思想并未就此消除。当民国二年(1913年)十二月,公司与正金银行订立1 500万日元大借款合同的时候,他们群起反对,从而引起日本野心家的警觉,更急切地想法子加强对汉冶萍公司的控制。关于这点,我们将在下文详细讨论。

三、国有问题

当中、日合办问题和省有问题正在纷争不已的时候,副总统黎元洪向刚就职的总统袁世凯提出把汉冶萍收归国有的计划。③ 对于这个计划,袁氏一时大约没有做任何决定,但汉冶萍公司鉴于辛亥革命以后,国内工商业因受战争的影响,呈现经济萧条的景象④,公司很难再从民间筹集巨款来

---

① 《新经济半月刊》一卷四期,页105,吴景超前引文。
② 《外交文书》卷四五,第二册,页224—225。
③ 《黎副总统政书》卷八,页20—21,《上大总统》(民国元年三月二十六日)说:"查汉冶萍公司倡自张文襄,本属官办性质。嗣因成效未著,召盛宣怀承办,数年以来,渐臻起色。然以个人承办之故,魄力薄弱,既难展布,又陷重息。且凡百事业,必先规模宏具,然后出产旺而获利丰。若枝节为之,势必不能发达。盛氏信用久失,国内所增之殷实股份毫无着落,外商合资复召危险,语其流弊,不可胜言,众议纷乘,亦无足怪。窃闻欧、美各国煤铁事业,多归国有,即使民办,取缔亦严,国家命脉所关,断无许外人插足者。汉冶萍公司充其能力,足雄世界。即使盛氏惭于清议,谢绝外人,炉锤再兴,狭隘如昨,何如收归国有,大事扩张? 当此民国初建,百废待兴,轨道、轮舟、枪炮、机械,在在皆资煤铁。及今改良,或者利权不溢,国力可充。且一归国有,即可立时开办,三万工人均全生计,消弭隐患,莫此为尤,其利一。且停工日久,机械锈蚀,矿穴淹没,洋工程师日事闲散,坐糜薪资。若一经兴办,即不至再虞损失,其利二。据最近调查,但得五十万两,已足敷开办之费。至该公司基金共三千三百万两,其中股票一千万两,日本借款一千万两,陆续所借中外零债共一千三百万两。此种零债利息重大,受亏甚深。设开办之后,再筹得大宗借款二千五百万两,偿还零债之余,作为扩充之费,假以二十五年,所有债务皆可清偿,则公司发达,自可操诸左券矣。"
④ 关于辛亥革命以后国内经济萧条的景况,《经世文编》,《内政》五,页21,张謇《致孙少侯王铁栅书》说:"自武汉发难以来,迄于今日,不足两年,武汉军用之数,不得而知,人民商业损失,几数千万。上海一年军事所用,可考而知者,一千一百余万,人民商业之损失,数亦累千万,江宁、苏州不与焉,他省亦不与焉。"又同书《实业》二,页37,蒋荣灏《论中国急宜改良》《纺织工业》说:"自秋武汉起义以来,金融阻滞,工厂因之停办者十之九,其余未停者,则或勉力维持,收束范围,甚或出售于外人。"又《黎副总统政书》卷四,页22—23,《致南京盐政张总理》(民国元年一月十五日)说:"刻下军事倥偬,金融机关周转不灵,商务大受影响。即如盐商运盐来湘,所受之款,不能汇兑,现银又多不便。"又同书卷五,页6,《致南京交通部汤总长》(民国元年一月二十一日)说:"长江一带……前以战事,商业停滞,刻亟宜设法维持。"

恢复大规模的生产，也于民国元年八月在上海召开股东大会，呈请政府把公司收归国有。① 该公司协理叶景葵认为应该把公司收归国有的理由有六：① 公司在前清时代，借着官力才能够圈购大冶铁矿附近的民间铁矿山、开采萍乡煤矿和敷设萍乡至昭山的铁路（原文作萍醴铁路，误。事实上，宣统二年八月，该段铁路已由株洲展筑至易家湾），才有目前的规模。② 公司负有官款。③ 民国以后，湖北人对汉冶萍公司存有觊觎之心，并且垂涎兴国锰矿；另一方面，萍乡煤矿又成为湖南、江西两省都督争夺的对象，使公司有四分五裂的危险。在这种情形下，只有凭借国家权力，才可以把公司事权统一。④ 铁道所用钢轨，其制造厂如由国家经营，钢轨价格便不致被人操纵，从而有利于交通的发展。⑤ 汉冶萍公司应和其他省份被弃置的铁矿一样，由国家经营，才能够免去官、商竞争的现象而较易收效。⑥ 各处兵工厂所用钢料，如由国营钢铁厂制炼，以后国家整顿军实，可不假外求。②

当日的北京政府，也很想把汉冶萍公司收归国有。民国三年五月，政府派遣调查员曾述棨往湖北、江西调查汉冶萍公司的真实情形③，并由段祺瑞筹备收买公司的手续。可是，政府要把公司收归国有的政策，却遭遇到以下三个难题：第一，对外问题。公司曾经向日本举借巨款，早已受到日本势力的控制。政府如果要将公司收归国有，一定先要把借款设法归还，公司的产品才可以完全供给本国军事上的需要；否则，日人必然反对。第二，股本问题。政府筹备收买公司的方法，只预备把公司资产估值后，除去前清时代户部、农工商部和湖北省的官款以及外债，才把余下的款项摊还给股东，并不理会股东实在拥有股本多少。这种做法，并不能使股东折服。第三，档案问题。盛宣怀接办汉阳铁厂的时候，张之洞并没有把全部卷册交出，财政数目非常含糊。辛亥革命爆发后，存在藩署的档案多已散失，政府不容易把它们收集。④ 以上所举的三个问题，其中最感困难的是对日交涉问题，其次是发还

---

① 《张季子九录》，《政闻录》卷九，页10，《拟具汉冶萍公司收归国有办法呈》；《新经济半月刊》一卷四期，页104，吴景超前引文。
② 《经世文编》，《实业》三，页59—60，叶景葵前引文。
③ 北京大学图书馆藏《汉冶萍公司档案》抄本，引自陈真前引书第三辑，页484。
④ 1915年1月3日《时报》，引自陈真前引书第二辑，页480—481。

股本问题，最后一个问题并不重要。民国三年（1914年）七月三十一日，农商部呈文大总统说："前此工商部议归国有时，其国人（日本人）即竭力破坏，阳来部中诘问，阴嗾股东反对。"① 由此可见，日本为了维护自己在公司的权益，是十分不愿意政府把公司收归国有的。

除却上述三个问题外，最使政府感到为难的是收购汉冶萍公司的资金没有方法筹集。据叶景葵的意见，政府收回公司的方法可以分为四个步骤来进行。第一，政府先把历年所出的官本集合起来，作为国家已出的资本，在若干年内，不用公司归还本利；同时承认盛宣怀和各股东的股份、公司过去向各商号举借的债款及继续承认公司和美国、日本签订的售卖生铁合同。第二，由国家发行公债票8 000万元，名为"中国国家振兴钢铁业五厘债票"，第一期先发4 000万元，十年以内，付利不还本，并准日本承购一半。第三，由国家特派总裁一员组织公司，总裁受度支部、农工商部的监督，查账权则为股东所有；此外，将汉厂改为钢轨及附属零件专厂，另在大冶建新厂以供给日、美两国的生铁需要；同时开采利国驿（在江苏北部）的铁矿和峄县（在山东南部）的煤矿，在长江下游北岸、津浦铁路附近建一新厂，专造钢板零件，以供给各制造厂和东亚船坞的需求。第四，当新公司基础大定，有把握获利后，发行新股票，售与任何国籍的人，但所有旧股票以卖给本国人为限。②

叶景葵的这个方法，对政府来说，实在是一个大难题。因为民国成立以后，依照国际法惯例，对于前清所举借的内外债务，中国都要加以承认和继续偿还，故关税和盐税两项重要收入的大部分用来偿还债务，从而使得中央政府的收入很少。此外，其他税项又不能征足，政府的一切开支，差不多要依赖外债来维持。计自民国二年至三年（1913—1914年）期间，共借外债二十项，总额达37 000万元。③ 而且，当日吏治非常之坏，政府发行的

---

① 《新经济半月刊》一卷四期，页105，吴景超前引文。
② 《经世文编》，《实业》三，页60—61，叶景葵前引文。
③ 徐义生前引书，页113说："在袁世凯统治时期，北洋军阀政府的财政收入，关、盐两税的绝大部分已为银行团所扣留，各省解款很有限，袁政府所筹办的各项专款，除验契费的收入有所增加外，余如印花税、烟酒牌照税、烟酒税增收及契税等，大多未能征足或为各省留用，至于所得税和特种营业执照税等，则始终未能开办。在'仰给外债以度岁月'的情况下，袁政府在（转下页）

公债，每每成为虐政。在民国初期，有人撰写一封通讯说："仆归家乡数月，默察地方吏治，见州县之官，十九为前清声名狼藉之污吏，而报馆不敢据事直书，地方公正士绅，惧言及公事，彼可诬为乱党以钳其口，则不能不采明哲保身之义，以故生杀予夺，为所欲为。吏治之坏……即顽固党亦惊为前清所未有，而存时日曷丧之想。……又自去岁以来，政府发行公债两次，皆由县知事强迫地方殷户，每人必认购若干。然使出钱而即给以票，则他日还偿与否不可知，而目前有票以与之交换，则亦稍足以慰其心，而实际则不尔尔。县知事告殷户曰，尔先以钱来，我始知尔所认购者为不虚，然后待我详文巡按使，由巡按使详文北京，以请公债票焉，候其到县，则以发给尔也。然以我国交通不发达，由县达省至京，动须半月或数月，合往来之日计之，三四月或七八月者比比皆是。而县知事之更易无常，当其未更易时，有往问者，则曰票尚未到，及新官莅任，有再往问者，则谓前任官不知如何办理，吾见公债簿中固无汝名也。……其出钱而不得票者殆居十之六七焉。故人民谓前清之昭信股票，虽不偿还，尚有票焉可以供损纳虚职之用，今则并票而无之。故公债云者，特人民出钱以偿官府之债耳。"①在这种情形下，政府的信用自然非常薄弱。另一方面，根据表25，汉冶萍公司在民国元年的资产估值，虽然超过四千万两，但内债和外债合起来，远较股本为多②，自然要影响公司的信誉，使投资者望而生畏，裹足不前了。不特如此，叶氏建议

(接上页)1913—1914两年内所举借的二十项外债，合计约达37 571万元，扣除实交折扣和到期应付外债本息后，计实收银18 018万余元，即借款额的47.96%。"又关于民初政府财政困难的情形，贾士毅前引书，第四编《国债》，页37也说："然(民国)元年份内，以海关税收短绌，各国庚子赔款，已达三百万镑。其比国垫款及六国垫款，又均在次年六月前后到期，而中央各部所欠新旧内外债款，又不下八千万元。中央既无直接收入，各省又自顾不遑，应付俱穷。"又中国通商银行编《五十年来之中国经济》（华文书局，1967年8月），页119，陈炳章《五十年来中国之公债》说："民国成立之初，依照国际法之惯例，对于前清所举之内外债务及庚子赔款，仍予承认，继续偿还。重要收入之关税，皆已拨偿外债，财政因之极端困难。复以改革伊始，军政善后各费，所需孔亟，乃发行元年八厘军需公债一万万元，实募之数，仅七百三十七万一千一百五十元及克利斯浦借款英金五百万镑，以资挹注。北京政府成立，袁氏恣暴自为，财政困难益甚。民国二年乃以盐税为担保，向英、法、德、日、俄五国成立善后借款，合约中规定组设盐务稽核总所，以外人主其事，自是盐税亦落外人之手。"

① 引自李剑农《中国近百年政治史》（商务印书馆，1965年10月台四版），页431—432。
② 因为汉冶萍公司历来账目都含混不清，故它的资产估值也有不同的统计。例如"中研院"近史所藏卢洪昶前引文，页3—7，列举的资产、负债统计和表25所载不同，其中资产项下缺码头轮驳的估计，负债项下则缺开办费数字。兹列表如后，聊供参考。 （转下页）

第四章 汉冶萍公司商办时期

的方法中又规定公司的旧股票不得售与外国人，因此，即使日本人抱有很大的兴趣，也是不会踊跃承购的。

表 25　民国元年汉冶萍公司资产负债表

资　产		负　债	
名　　称	款项（两）	名　　称	款项（两）
汉阳铁厂	12 270 000	资本	将近 16 760 000
大冶铁厂	11 300 000	外债	11 807 010（＋）
萍乡煤矿	15 500 000	内债	12 601 400（＋）
码头轮驳	1 750 000		
扬子江公司股份	50 000		
合　计	40 870 000*		41 167 600（＋）

资料来源："资产"根据《东方杂志》六卷八期，页 23，盛宣怀前引文；七卷七期（宣统二年七月），页 60，《汉冶萍煤铁厂矿记略》。"负债"及"资本"根据同一刊物九卷三期（民国元年九月），《汉冶萍公司之内容》（调查员周泽南之报告）。

* 武昌铁矿，兴国、衡州锰矿，小花石煤矿，上洙岭铁矿，白茅锰矿及所存活本各物料，均不在内。据《东方杂志》六卷八期，页 23，前引文载，截至戊申年（光绪三十四年）年底为止的公司账目共计支款 22 460 500（＋）两。当时约计所值之数，实倍于所用之数，则其时资产总值当在 4 000 万两以上（现金及存货在内）。

（接上页）　　　　　　　汉冶萍公司资产、负债表（约民国初期）

资　产		负　债		
项　目	款项（两）	项　　目		款项（两）
汉阳铁厂 大冶铁矿 萍乡煤矿	13 239 000.000 1 400 000.000 8 245 254.054	股份 外债		10 000 000 20 000 000
		内债	欠道胜、汇丰、保安、义品、东方等银行借款	3 150 000
			欠日本正金、兴业银行及三井洋行借款	4 850 000
			预支日本制铁所矿石及生铁定银	12 000 000
				6 600 000
			预借邮传部及川、浙、粤、湘等铁路轨价	3 200 000
			欠国家银行、官钱局、钱庄	3 400 000
合　计	22 245 254.054			36 600 000

由于以上几个原因,再加上当日国内经济萧条,政府要发行的公债票并不容易销售。当民国二年(1913年)七月,二次革命发生以后,北京政府再无暇顾及汉冶萍公司的国有问题。因此,国有的计划并没有真正实行。

四、官商合办问题

促使汉冶萍公司走向官商合办的原因,是公司营运资本的缺乏。我们在上文已经指出,由于辛亥革命战争的爆发,公司一部分厂房和机器遭受破坏,以致不能开工生产。公司一方面要筹一大笔款项来修复被破坏的厂房和机器,另一方面要裁减职员以节省开支,但裁减职员也需要一笔为数不少的遣散费才成。① 不特如此,公司又要筹款偿还各种到期的借款利息②,以及利息太重、轇轕太多的六合公司300万两借款。③ 因为经费困难,汉冶萍公司拟借用币制局存于通商银行的铜价银90万元,但不幸在革命战争爆发后,这笔款项被革命军扣留,以致不能动用。④ 此外,它又曾先后向汇丰银行、三井洋行和美商上海美华公司等洽商借款,可是除了向汇丰银行借到20万元外,其他都因条件苛刻,借不到款。⑤ 在没有办法可想的时候,盛宣怀曾经请求政府

---

① 《未刊信稿》,页224—225,《致李一琴函》(宣统三年十月初五日)说:"事平后修复化铁炉为第一事,吕柏(德国人,汉厂工程师)、炉匠之外,是否可暂遣? 公谅有主裁。……非发现洋不散。"又同书,页227,《致金菊蕃函》(十月初五日)说:"惟遣散汉、萍洋人,需给川薪。"

② 前引书,页226,《致金菊蕃函》(宣统三年十月初五日)说:"至应付各款到期利息,约需规元十四万二千余两,□(储?)蓄年内到期二十九万六千余两,除储蓄处八月底结存十五万余两,又总公司存款四万八千余两相抵外,不敷二十四万左右。"

③ 前引书,页224,《致金菊庵顾咏铨函稿》(宣统三年十月初四日)说:"总公司开办以来,初赖愚记帮助,后赖六合公司押借。去年三月总公司与六合公司订立合同,改加押借款至三百万两。"又同书,页234,《致李一琴函稿》(宣统三年十月十二日)说:"六合公司借款三百万,利息太重,轇轕太多,务宜借轻息之债以还之。"

④ 前引书,页224,《致金菊庵顾咏铨函稿》说:"去年三月总公司与六合公司订立合同……借款至三百万两。……倘此次再将通商(银行)寄存(币制局)铜价九十万元挪用,恐须达到四百万之数。"又同书页225,《致李一琴函》(宣统三年十月初五日)说:"惟此项(九十万元)存于通商(银行),为革(命军)看住,不能动用,故仍以铜价名义属令高木设法拨存正金,再行动用。昨(顾)咏铨来电,高木拟与革说通,送给十万;其余由高(木)收。弟初四夜复电断不可行。今因汉冶萍需款甚急,若一文不舍,此款只能仍存通商,不能挪动。可嘱高木即与革说通,如拨用九十万元,按九五扣送,准可送给四万五千元。目下革命穷困,谅无不允。惟此九五扣须借者认,将来币制局必不肯认。"至于这笔款项是否终以九五折取回,因缺乏适当资料,一时未能详考。

⑤ 前引书,页226,《致李一琴函》(宣统三年十月初五日)说:"高木经手(三井洋行)纱厂押款百万元,顾(咏铨)电不肯转期。此亦汉冶萍用,望切嘱高木设法为要。"又页226,《致金菊蕃函》(宣统三年十月初五日)说:"汇丰二十万,顾函已将戈登基地加押,已允接展。惟三井纱厂押款百万元,昨咏铨来电云:'兴业不□□转期,已由一琴、阁臣、高木商三井电悬兴业。'想即系指(转下页)

第四章　汉冶萍公司商办时期

在6个月内,贷给公司1 000万两,来应付危局。但当日中央财政困难,这个请求当然不能成功。① 为了急于偿还旧债及在大冶增建化铁炉,公司终于民国二年(1913年)接受日本正金银行最苛刻的条件,借日币1 500万元。当时正值公司酝酿国有,日本资本家虽然不愿意承购8 000万元的公债票,但对于公司的再度举借无比欢迎,因为这样一来,便可以乘机加强对公司的控制。但这笔款项中,须以900万元用于大冶添设新炉,余下的600万元又要偿还正金、东方、道胜等银行及汉口各钱庄的短期重息借款。因此,到了民国三年(1914年),公司的经常费就只有靠按月应收的货价来维持了。② 可是,事实上,公司每年新出的货,其售价仅能够归还旧债,并没有多余的款项来作活本。在这种情形下,公司不免呈现"周转不灵,营运乏策"③,而至"信用屡失,破产在即"④的境地。为着要免使公司破产,或甚至陷入日本资本家的掌握中,唯一补救的方法是请求政府和公司合办。这是民国三年二月,盛宣怀等向政府呈请把公司改为官商合办的主要原因。⑤

政府方面,认为官商合办是一个国有不成,不得已而求其次的办法,并且

(接上页)此款。"又页230—231,《致王阁臣顾咏铨函》(宣统三年十月十二日)说:"昨青岛美领事介绍上海美华公司大班来见,谈及汉厂借款。据云:'目下不能借款。若由美国人保护,须二厘酬劳。'……美领事又云:'伊有人寿公司、地产公司,能有力量借款。'(答以:)'……如能代借,可与尊处商量。'……"按:美华公司的借款并没有成功,见同书页235,《致李一琴函稿》(同上日期)。又参考"中研院"近史所藏《呈农商部文》(民国三年一月二十三日;《汉冶萍公司案及附件》,清字631号)。

① "中研院"近史所藏《呈农商部文》说:"宣怀面托施肇曾、杨廷栋,拟向政府求借一千万两,于六个月内交付,以支危局。施、杨皆云:'缓或可商,急则做不到。'"
② 《张季子九录》,《政闻录》卷九,页13,《拟官商合办汉冶萍公司办法呈》;又页15下,《汉冶萍官商合办说略》。又顾琅前引书,第一篇,页99说:"……本届(民国二年第六届账略)……滚算结亏银四百七十四万两有奇,实因改革以来,损失甚巨,停工延宕,出于意外。夫以厂矿之力,出货只有此数,而负债如许之多,历年有亏无盈,循此不变,弱本强枝,危险孰甚!"
③ 《张季子九录》,《政闻录》卷九,页15下,前引文。
④ "中研院"近史所藏《呈农商部文》说:"去(民国二年)夏国有不成……厂矿经费无所出,第四新炉不能成,到期债票不能转,银行、钱铺,丝毫不能挪借。信用屡失,破产在即。目前经理李维格亦再三辞职。"
⑤ 《张季子九录》,《政闻录》卷九,页11,《拟具汉冶萍公司收归国有办法呈》。又同书同卷,页12下,《拟具汉冶萍公司官商合办理由呈》说:"至于日人之债,其原素为豫付生铁、铁砂之价。豫付之款,自应有息。能按期交一吨之货,即清一吨之债,少一吨之息。……是则对外而欲拒其干涉,须先减少其债权。欲减少其债权,须先能按期交货。欲能按期交货,须能多出生铁与铁砂。欲能多出生铁、铁砂,须加营运资本,而先须官商合筹。"

希望将来可以借此收归国有。① 主张官商合办出力最大的是当日的农商部长张謇。他认为："将来官商合办时，如何组织划分监督与办事及稽核之职权，如何规定营业及还债生利之方法，尚是第二义；第一当先明如何方能官商合办，如何合办，方能有益。则计划款项，为必要之前提矣。"换句话说，官商合办的要点在财政问题的解决。② 为了解决这个问题，他计划了一个分开对内和对外两部分的办理方法。对内方面，首先公司要核数填给官股的股票，然后修改董事会、股东会章程；这样一来，政府的财政、交通、农商三部都有股本，也就是公司的股东。董事、经理由股东选举后，再呈请大总统选定。公司的经营活本，须政府陆续筹拨，官股因此增加，对公司的监督权也自然加重。对外方面，则承认日本的生铁、矿石合同，以至债务清偿为止，使日本债主不能加以干涉。此外，他又主张切实由下级职员开始，训练专门技术人才，以改良公司过去的纰漏。③

　　张謇的方法虽然很严密、精细，但事实上不易办到，因为财政问题始终没有办法解决。在民国三年，他曾经报告："查核（汉冶萍）公司资本，连已借将用之扩充费日金 900 万元，已达 4 700 万两，折合银元已逾 6 000 万元。而其中惟 15 819 580 元为股本，余皆借款。欲免喧宾夺主之患，至少须增加股本，使达于 3 000 万元，即以新收股款还债，使余欠与股本约略相等。是就股本债项之相剂言，至少须添新股 1 400 余万元也。既云官商合办，则股本 3 000 万，官商各半，最为平均。旧股 15 819 580 元，商股占 13 321 946 元，应加 1 678 054 元；官股占 2 497 634 元，应加 12 502 366 元。然现在商情困顿，商股恐难号召，则所短股本，势不能不全出于官；且官本稍多，亦较名正言顺，未始非计之得者。是就官股商股之相剂言，政府当取得新股 1 400 余万元也。新收股款本为还债之用，而公司所负债内即有官款 660 万元；除去财政部应还公司之日金 250 万元，公司实欠官款约 400 万元，当然尽先抵销。是政府

---

① 前引书同卷，页 13，《拟官商合办汉冶萍公司办法呈》。又页 11 下，《拟具汉冶萍公司收归国有办法呈》说："惟有以国有政策，定他日之方针；以官商合办，为此时过渡之办法。"
② 前引书同卷，页 11—13，前引文。
③ 同书同卷，页 11—12，前引文。

第四章　汉冶萍公司商办时期

为取得新股1400余万元计,尚须备现银1000万元也。"①但正如上文所说,当日政府财政异常困难,要靠借债度日,实在没有能力筹出这一笔巨款。因此,虽然张謇要把汉冶萍公司重新改组,使它踏上正轨②,但这个官商合办的计划并不能够实现。

五、日债的举借

汉冶萍公司在民国初期的经历真可以算得上几番波折,惊险重重。当它惊魂甫定后,却又要陷入另外一个深渊里。有如上文所说,公司因为要在大冶添设炉座和归还旧债,被逼得在民国二年(1913年)再度向日本正金银行借款1500万日元来济急。这次借款分两次支付。宣统三年(1911年)五月,公司曾经和正金银行、八幡制铁所订立预借生铁及铁砂价值1200万日元的合同。到了民国元年(1912年),日本只交付300万日元,其余款项没有继续支付,故公司与日方再立合同,举借剩下的900万日元,作为改良汉阳铁厂、大冶铁路和电厂及萍乡煤矿和洗煤所之用。同时,公司因为要早日归还短期重息旧债,故再订600万日元的借款合同。③ 两合同于民国二年十二月二日签订,其要点如下:

(1) 由银行借与公司款项,总数共1500万日元,以公司现在及将来所有的动产、不动产和一切财产作为担保。(甲合同第一、六款,乙合同第一款)

---

① 《张季子九录》,《政闻录》卷九,页11,页13下—14,前引文。
② 张孝若前引书,页272—273说:"汉冶萍公司在国内为惟一的大工业,先前因为办理人的计划没有精核的预算,技术上失败的地方也很多,加之借债的数目一天多一天,债主侵夺的野心和方法,也一天比一天来得凶狠。我父在农商部的时候,已经竭力的计划维持那行将破产的局势,保障他的主权,进而谋经济上的独立经营,技术上的积极改良,原料成本上的尽量减轻,使虎视眈眈的债主,无计可售,而国内的钢铁业可以发展,坚稳他的壁垒,鲜明他的气象。"
③ 刘百闵等编《中日关系条约汇释》(商务印书馆,民国二十九年一月),页475说:"宣统三年,汉冶萍煤铁厂矿有限公司为推广工厂及工程起见,与日本制铁所及正金银行订立合同,预借生铁、矿价日金一千二百万元。及民国二年十二月二日,复订立本约(900万日元借款),同月日该公司为偿还短期旧债,又借日金六百万元。"又"中研院"近史所藏《呈农商部文》:"……就辛亥年五月公司与日本制铁所、正金银行议售生货(铁?)一千二百万之合同,壬子年(1912年)用去三百万元,尚有九百万元,赓续预借,仍分三年支付,一备大冶添炉之用。……另又预借六百万元,以还到期重利急债,其中须扣还日本借款各款,数已过半。"又参考《外交文书》、《大正二年》,第二册,页952;黄月波前引书,页189,《中日汉冶萍矿石价金预付契十四款》。

（2）以四十年为期，年息前六年七厘；自第七年起，照市面情形，再行斟酌，但最低以六厘为限。（甲合同第四、五款，乙合同第四款）

（3）以制铁所所购矿石、生铁价值归还。到期若本利尚未还清，公司应以现款补足。（甲合同第七、八款）

（4）四十年内售与制铁所头等矿石1 500万吨，生铁800万吨。制铁所每年所需之数，矿石则于二年前，生铁则于三年前，预先通知公司。（别合同第一款）

（5）公司应聘日本工程师一名为最高顾问工程师，一切工程的修理、改良或购办机器等事，均要和他协议后才可以施行。又聘日人一名为会计顾问，公司一切出入款项，亦要和他协议后才可以施行。（别合同第三、四、五、六款）

（6）公司如有第二次借款，必须先由正金银行贷放。（甲合同第九款）①

这个合同有以下三点值得我们注意：

第一，日本制铁所在此后四十年内，可以廉价取得大量铁砂和生铁来制炼钢铁，是一件非常上算的事。例如丁格兰说："日本经济界不惜投以巨资者，其所希望固在能利用（汉冶萍）公司财政之穷，而以贱价取得铁矿石及生铁之供给，以济其本国铁矿之穷。"②梁宗鼎也说："查此次合同内之所载，除备偿还旧欠及新建大冶炼厂之用外，并须以最廉之价供给该制铁所矿石四十年之久，计应售与头等铁矿石一千五百万吨，生铁八百万吨。在夏秋之交，日本派船至大冶，将矿石运去门司，以供该所之用。"③

第二，此后日本债权者对于汉冶萍公司的控制有越来越加重的趋势。在工程方面，公司的一切营作、改良、修理工程和购买机器等事情，都要和日本最高顾问工程师协议后才可以施行。复次，最高顾问工程师更有随时调查公司业务的权利。在财政方面，公司的财政大权也握在日本会计顾问手里，他甚至可以把公司的秘密告诉正金银行，而且有权支配公司每年的预算。这样一来，公司便完全受制于日本的工程师和会计顾问，从而降为日本制铁所的

---

① 黄月波前引书，页189—191，前引文。又参考《外交文书》，《大正二年》，第二册，页952—953。
② 丁格兰前引书，下册，页267。
③ 《国闻周报》四卷四十六期，页1，梁宗鼎前引文。

附庸,没有一点自主的权利。正如翙陶所说:"……其初合同不过每年须供给八幡制铁所矿砂及生铁若干吨,所受损失不过矿、铁作价低廉,受累尚浅。其后因公司经营不善,陆续借欠,合同亦逐次修改,遂有加派工程顾问之举。凡较重要之改建及扩充,均须该顾问签字后始能进行。本国之工程师除负微小修缮之责外,关于较重大之工程,只有进呈计划,待决于日顾问。但经济上之支配尚能自由。延至近年债款继续增加,日方乃又加派一经济顾问,除逐年预算案须其签字认可外,虽工程顾问认为必须改建之工程,彼亦可以无款分配以阻止之。至是经济上之支配遂亦完全失却自由。"①

第三,汉冶萍公司此后如有第二次借款,正金银行有优先贷放的权利。这样一来,公司便没有自由向其他国家借债。合同的附件更规定这笔借款的偿还,一定要由中国政府自己想办法,不得利用外国直接或间接的借款②,因此造成日本资本家垄断公司的局面。民国三年(1914年)二月,英国制造师会的驻京办事处主任费士休写信给农商部长,说愿意在不干涉公司营业的情形下贷款给公司,以清偿公司对日的债务,条件为希望取得供给公司各种机器的权利。但因为受到上述的束缚,农商部长"知道如借英国的资金,来还汉冶萍所欠日本的债,一定会引起外交问题,因此英人的好意,他未便接受"③。次年,公司拟与通惠公司订立借款合同,也被日本债权者指责为"抵触国际条件",以致不成功。④ 不特如此,同年六月,孙宝琦由公司股东大会推举为领袖董事(总理)后,曾经提出筹募内债来偿还日款的方法。这个计划尚未实

---

① 前引刊物四卷四十八期(民国十六年十二月),页1,翙陶《日人行将提出交涉之汉冶萍公司》。
② 黄月波前引书,页191说:"汉冶萍公司由中国政府将确在本国内所得中国自有之资金,即中国政府并非向他国不论直接或间接借用所得之资金借与公司,又其利息较本借款所定利息为轻,并无须担保,公司即将此项轻利之资金偿还本合同借款之全部或未经偿还之全部时,银行可以承诺。"
③ 《新经济半月刊》一卷四期,页105,吴景超前引文。
④ "中研院"近史所藏《日本售铁缘起》(《汉冶萍公司案及附件》,清字631号)说:"小田切言'……通惠借款,不止条文上有冲突,于大局实有关碍,不能不反对。请勿再令通惠干涉汉冶萍公司之事'等语。"又该所藏《小田切二函》(《汉冶萍公司案及附件》)说:"贵公司拟借通惠公司款项一节,现接敝总行来电,嘱即行通知吾公(孙宝琦),'所有此次通惠公司与贵公司拟订借款,非独其条款与贵公司、敝行所订合同及函件有所冲突,其借款之结果必致敝行与贵公司之关系、局面,势受牵动……敝行断不得不反对该借款'等语。"又《未刊信稿》,页259,《致内务部农商部密启》(民国四年十二月二十六日)说:"近来国际交涉,要求中、日合办。虽股东尚有允否之权,中央不为强迫,然于通惠公司借款,指为抵触国际条件,益肆其合办之谋。且谓必须政府主持,不必由股东会解决,是用隐忧。"

行,正金银行董事长小田切即致书与他说:"夫所借之款(公司借日本的款项),到期不还不可,期不到强还之亦不可。还款方法,合同俱在,不得容易更改。倘拟违约还款,必致牵动局面。"①我们虽然找不到足够的资料,证明孙宝琦的筹集内债,以偿还日债的计划,是否因此不能够成功,但可以肯定地说,日本的干涉,对这个计划是最大的阻力。由此可以见到日本债权者专横的一斑。

这一次借款,除了使汉冶萍公司损失许多利权外,在国内又引起一个颇大的风波。民国三年二月,以孙武、汤化龙、哈汉章、夏寿康等为首的湖北绅士,为了保护湖北人的利益,呈文国务院,请求政府阻止这次借款。他们所持的理由如下:第一,汉冶萍公司是由张之洞挪用官款创办的,盛宣怀接办后,公司的所谓众股东,及纯粹商办,呈请官商合办(民国三年)等政策,都是由他一个人弄出来的花样,目的在蒙蔽国人,遂其"朋比分肥"的私心而已。第二,据国家所定的公司条例,公司债总数不得超过已缴股份的总数。但汉冶萍公司虽有股本 1300 余万元,历次所借外债共达 2700 余万元,为股数的 2 倍;若把这次借款的 1500 万元计算在内,则共有外债 4200 多万元,为股本的 3 倍以上,必将引致公司破产。第三,借款抵押是可以用来制造军需品的铁矿,当公司不能归还借款的时候,日本人必将责成政府,从而引起国际交涉,贻害国家。第四,盛宣怀承办汉阳铁厂的时候,曾答应政府,以后铁厂每出生铁一吨,捐银一两,湖北绅士们认为这是公司矿山所应付的地租;但事实上盛氏不只没有捐银一两,并且借这一两银捐逃避国家课税,运售生铁,可说是一种欺骗的行为。最后,他们认为:"要之,湖北政府以官矿、官厂委诸盛宣怀,双方合议奏定章程,实为官督商办。私改公司,则为违背契约。又以公司名义借债逾额,则为违背商律。擅借外债,则贻累国交。抵押铁砂,则妨害军实。一吨一两之捐,本为地租,而以蒙混官本课税,则为漏税。直接输出铁砂,并一两捐而不纳,则为损害业主之收益。勾结外人,作此种种不法行动,不徒目无地方政府,并且中央政府亦视为无物。"②他们又认为:"鄂省权柄,为

---

① "中研院"近史所藏《小田切来函》(民国四年六月七日,见《汉冶萍公司案及附件》)。
② "中研院"近史所藏《湖北同乡会呈请否认汉冶萍外债由》(民国三年二月十九日,见《汉冶萍矿务案》,北字 1953 号)。

第四章　汉冶萍公司商办时期

官本,为官股,皆完全有主持之权,不独发言有权,且解决之权,尤远驾股东之上。……公司一举一动,自应随时呈请核夺。"为了保护他们的权益,他们不惜发动"鄂省旅京同乡极端反对,大起风潮。先有孙武君专函,继有汤化龙等公函,后有京绅二十二人来呈,又派代表四人来鄂,最近又有孙武专电,皆以否认借款及争回股本、地租为再三之呼吁。"[①]声势十分浩大。但因为汉冶萍公司和日本资本家的借款关系久远,这个反对借款运动,除了给公司平添麻烦外,实在起不了什么大的作用。不过从另一方面来说,他们这种举动却引起了日本债权者的警觉——总有一天,汉冶萍公司会脱离他们的控制,被收归国有或省有。故次年正月,日本在"二十一条"中提出汉冶萍中、日合办的要求,以便日本因贷款与公司而得的权益,永远得到保障。

第三节　欧 战 时 期

一、欧战对汉冶萍公司的影响

在近代战争中,钢、铁是非常重要的军用物资,枪、炮、战舰以及其他许多军需品,以钢、铁为主要原料来制造。当欧战(1914—1918年)的规模扩大,战场上的消耗激增的时候,由于求过于供,钢铁的价格自然要特别上涨。如上述,欧战以前的长时间内,生铁每吨的价格约为20两。但在民国五年(1916年)初,盛宣怀写信给朋友说:"目下生铁每吨售银四十两左右,各种副料皆数倍于从前,每吨约须三四十两。"自此以后,到战争结束时,生铁每吨的市价,最低约160元,最高约260元。[②] 在日本方面,"生铁价值最高之时,为民国七年七、八、九数月之交。据东京之市价,每吨达日银480元,较之近日价值,高出有十倍之多"。按:当时日银两元约值华银1元,故东京生铁每吨的最高价格,为华银240元左右。[③] 生铁是半制品,再加工提炼,便可制成钢;

---

① "中研院"近史所藏《致上海汉冶萍矿务董事会电》(《汉冶萍矿务案》)。
② 《未刊信稿》,页265,《致杨左相》(民国五年一月二十一日);吴景超前引文,《新经济半月刊》一卷四期,页106。又《东方杂志》十五卷四期(民国七年四月)《汉冶萍公司纪略》说生铁"现在时价每吨在百八九十元上下。"又侯厚培《中国近代经济发展史》(上海大东书局,民国十八年),页129—130说:"欧战期中……生铁市价高至二百五十元。"
③ 《第二次中国矿业纪要》,页134—135;侯厚培前引书,页129—130。

铁价既然上涨，钢价自然也跟着高涨了。①

　　因战争而引起的钢、铁价格的高涨，自然要刺激汉冶萍公司铁砂、煤、焦煤、生铁及钢的产量的增加（关于它们的产量，参考表26、表27、表28）。当钢、铁价格上涨，从而刺激产量增大的时候，公司的业务自然日见好转，获利甚大。例如谢家荣在《第二次中国矿业纪要》，页127中说："然（公司）盈亏之关键，则纯在钢、铁之市价。当民国五年至八年之间，欧战正剧，铁价腾涌，遭逢时会，遂获纯利每年至二三百万元之多。若盈余总数，尚不止此，最多时为民国七年，达九百十八万二百余两。"（关于各年的获利情况，参考表29。关于这年公司的资产及负债额，参考下文表33。）

表26　民国元年至十一年中国铁砂产量及出口量　　　　（单位：吨）

年　　份	大冶产量	全国总产量	出　口　量
民国元年(1912)	221 280	221 280	204 699
民国二年(1913)	459 711	459 711	273 862
民国三年(1914)	505 140	505 140	290 302
民国四年(1915)	544 554	555 555	328 355
民国五年(1916)	557 703	629 056	282 904
民国六年(1917)	541 699	639 845	309 107
民国七年(1918)	628 878	839 450	378 500
民国八年(1919)	686 888	1 233 796	640 159
民国九年(1920)	824 490	1 379 530	682 660
民国十年(1921)	560 000	1 343 599	519 888
民国十一年(1922)	580 000	1 070 751	671 220

资料来源：丁格兰前引书，页209。同书页208又说中国每年出口的铁砂，几乎全部运往日本。

---

① 《未刊信稿》，页264，《致杨左相》（民国五年一月二十一日）说："只因欧战延长，钢价飞涨。汉厂本以造轨为大宗，而目下造售钢货，价值倍蓰（原误作疑）。……至贱者每吨获价一百廿两。"又《第五次中国矿业纪要》，页477说："欧战爆发，钢、铁价涨十倍，营业大盛。"

表 27　民国元年至十四年汉冶萍公司钢铁产量　　　　（单位:吨）

年　份	生铁产置	钢产量
民国元年(1912)	7 989	2 521
民国二年(1913)	97 513	42 637
民国三年(1914)	130 000	55 850
民国四年(1915)	136 531	48 367
民国五年(1916)	149 929	45 043
民国六年(1917)	149 664	42 651
民国七年(1918)	139 152	26 994
民国八年(1919)	166 096	3 684
民国九年(1920)	126 305	38 260
民国十年(1921)	124 360	46 800
民国十一年(1922)	148 424	
民国十二年(1923)	73 018	
民国十三年(1924)	26 977	
民国十四年(1925)	53 482	

资料来源：F. R. Tegengren，前引书，p.399；《第二次中国矿业纪要》，页 133。后者记载民国七年钢产量为 26 996 吨，八年生铁产量为 166 097 吨、钢产量为 4 851 吨，与前书记载略异。

表 28　民国元年至十三年萍乡煤矿产量　　　　（单位:吨）

年　份	煤产量	焦煤产量
民国元年(1912)	225 711	29 835
民国二年(1913)	686 855	176 825
民国三年(1914)	694 764	194 414
民国四年(1915)	727 463	249 165

续表

年　份	煤产量	焦煤产量
民国五年(1916)	950 000	266 419
民国六年(1917)	946 080	239 978
民国七年(1918)	694 433	216 014
民国八年(1919)	794 999	249 016
民国九年(1920)	824 500	244 919
民国十年(1921)	808 971	206 087
民国十一年(1922)	827 870	225 000
民国十二年(1923)	666 939	208 900
民国十三年(1924)	648 527	190 100

资料来源：《第五次中国矿业纪要》，页484—485。

表29　汉冶萍公司盈亏净数　　　　　　　　　　（单位：元）

年　份	盈或亏	盈亏额
宣统元年(1909)	盈	15 400.53
宣统二年(1910)	盈	64 151.71
宣统三年(1911)	亏	2 301 500.85
民国元年(1912)	亏	2 872 075.52
民国二年(1913)	亏	1 538 389.82
民国三年(1914)	亏	100 967.97
民国四年(1915)	亏	388 105.93
民国五年(1916)	盈	1 878 496.83
民国六年(1917)	盈	2 801 872.20
民国七年(1918)	盈	3 779 904.47

续表

年　　份	盈 或 亏	盈 亏 额
民国八年(1919)	盈	2 918 463.63
民国九年(1920)	亏	1 279 588.44
民国十年(1921)	亏	511 835.03
民国十一年(1922)	亏	3 666 876.36
民国十二年(1923)	亏	2 952 609.86

资料来源：《第二次中国矿业纪要》，页126—127。

欧战虽然带给汉冶萍公司一个美景，但它在这时期的营业并不如想象般那么好。依照民国二年公司与日本签订的借款合同的规定，公司在四十年内应该供给日本铁砂、生铁两项，约共需铁砂3 000万吨。但据翁文灏等地质学家的意见："其实大冶铁矿为汉冶萍公司所有的实际不过二千万吨，所以他们把大冶铁矿整个的卖尽了，还要倒欠日生铁砂一千万吨。"① 公司每年不得不把这许多铁砂输往日本（关于它每年的输出量，参考表26）。由于输出量占产量的大部分，公司的钢产量，除了民国三年较宣统二年为多外，其余各年都赶不上宣统二年的产量。在这种情形下，公司也就不能利用战争刺激钢价上涨的机会，以所产铁砂作原料，尽量制炼钢、铁来大赚其钱了。

公司在欧战期间所得利润不如想象般那么好的原因，除了上述外，又因为铁砂、生铁卖给日本的价格，要受合同的束缚，不因国际市场价格的升涨而升涨。统计欧战期间，公司售与日本生铁约30万吨，矿石约100万吨——可炼生铁60万吨。若照当时生铁每吨最低市价160元计算，那么，卖给日本的30万吨和可炼出来的60万吨生铁，便可售银14 000余万元，其中除去成本4 000余万元，尚有1亿元的利润可赚。② 可是，事实上，汉冶萍公司并没有赚

---

① 翁文灏前引文，《独立评论》第一号，页13。又《国闻周报》四卷四十六期，页4，梁宗鼎前引文说："民国元年（误，应该是二年）汉冶萍公司与日本订立借款合同。以铁矿石与生铁两项合计，约共需铁矿石三千万吨，极大冶之所有，且不敷足。故将来他处纵有佳矿发现，亦先应此约。"
② 《新经济半月刊》一卷四期，页106，吴景超前引文。

到这1亿元的利润！固然，随着市价的上升，公司曾和日本交涉，争回一部分的加价，使卖给日本的每吨生铁价格高达日金92元，或甚至120元。① 可是拿这个售价和同时东京生铁每吨高达480日元的市价比较起来，还是十分低廉。故侯厚培说："欧战期中，公司售与日本生铁，约计三十万吨。……公司损失三千万元。若与铁砂合计，公司于欧战期间所贡献于日本者，约合华银一万一千五百五十万元。"② 要是能够赚取这1亿多元，再以其中一部分来偿还3 000余万日元的日债③，汉冶萍公司早就可以脱离日本债权者的束缚了。可是由于借款合同的拘束，公司却没有这样幸运！

  日本合同对于公司的贻害，除了上述两点外，还影响了公司工程建设的不能及时完成，以致错过了在战时赚取巨额利润的大好机会。当欧战酝酿的时候，欧西各国努力扩充军备，钢、铁价格开始上涨，汉冶萍公司决定在大冶铁矿附近建设新厂，扩充营业，以便赶上赚钱的机会。同时，日本顾问大岛武太郎极力赞成，故日本也愿意继续贷款。建筑大冶新厂的计划，是预备建筑日出生铁450吨的冶铁炉(即化铁炉)8座。炉身构造，为美国的固定式；附属的热风炉，则为德国式的三通中心燃烧炉。送风机及发电机等厂的原动力，都不用水汽，即用冶铁炉的瓦斯，直接推动瓦斯机。这些机炉设在一起，比汉阳铁厂的机炉分设，可节省数百工人的劳动力。此外，为了避免由萍乡运至大冶途中的焦煤的损失，又在大冶建立数百座蜂巢式的炼焦炉，使得可以在厂内直接把萍乡运来的煤炼焦。④ 这本来是一个很好的计划，可是因为日本顾问大岛武太郎在技术上犯了错误，结果铁厂所用的热风炉，并没有安装电力洗滤等设备，以致冶铁炉发生的瓦斯杂有灰屑，使热风炉的火孔常常闭塞，风热日减。⑤ 由于汉冶萍公司经费困难，此后再没有能力拆去重建。

---

① 同上。又《未刊信稿》，页266，《致杨左相》(民国五年一月廿一日)说："现在日本买公司现货生铁，每吨现银四十两。大冶矿石现与磋商，因开挖费用较重于昔，必须加钱，已有允意。"
② 侯厚培前引书，页129—130。又参考 F. R. Tegengren，前引书，p.370。
③ 《新经济半月刊》一卷四期，页106，吴景超前引文。
④ 《国闻周报》四卷四十八期，页2，翙陶前引文。
⑤ 《国闻周报》四卷四十八期，页3，前引文说："大冶新厂之失败，总公司应负之责，不过工程进行太慢，一炉未成，欧战已停，致将高价时机失去。日顾问应负之责，则较重要。盖冶铁炉之热风炉，原须四座，方易管理。大冶新厂，每一冶炉，则附热风炉三座。按此组织，亦非大岛武太郎所创。当时德国有一铁厂，有每冶炉附设热风炉两座之建筑刊于杂志，其理论亦至确。大岛读(转下页)

第四章　汉冶萍公司商办时期

　　除日本顾问工程师在技术上所犯的错误以外，汉冶萍公司本身的工程也建筑得很慢，以致不能及时大量增加生产，错过在欧战期间赚钱的大好机会。翊陶说："闻此等建筑及厂用地基，费款几达四百万元。费时五六年，至欧战停止，第一号冶铁炉尚未建妥。"①又丁格兰说："（民国）五、六两年，因为码头卸矿机未能完竣，而焦炭产额又不足，故出铁未能增加。"②工程建筑缓慢的原因有两个：一是当工程开始的时候，大冶县乡民群起拦阻，几经交涉，才能继续开工，由此耽误了不少时间。③　二是汉冶萍公司向外国订购的机器，未能如期运到。民国四年（1915年）二月和八月，公司曾分别向英国斐尔沙湛密斯厂（Fraser & Chalmers）定造大冶铁矿生电机（按：即发电机）和汉阳铁厂起矿机两部。可是第一部机器造成之后，被英国政府征作军用，第二部也因该制造厂为英国政府管理监督来制造军事用品，故过期许久未能交货。④同年二月，公司因"铁厂扩充钢铁出产额，燃料因而增多，萍矿煤（产？）额亦应联带扩充，均应借资电力，曾于上年二月间向德国西门子厂订购厂矿所用电

（接上页）而乐之，力主大冶厂采用是种新计划，因热风炉之高大，几与冶炉相等，故少建一座，省钱实为不少。几经他人之辩驳，始较德人所用者加建一座，即每一冶铁炉附设热风炉三座。但结果热力仍属不足，其原因则在他项设备不具（备），冶炉发生之瓦斯加杂多量灰屑，热风炉之火孔恒为闭塞，以致风热日减。仅设三座，又无时修理，冶炉遂亦时起障碍。第一、第二两冶铁炉之损坏，半由于此，半由于出铁场。德人所用者之所以成功，则因冶炉所发瓦斯，经电力洗滤，十分洁净，兼另设一机管理输送量，使燃烧无过与不及，所用之硬质料亦好，故其寿命与冶炉等，中途无须修理。虽如此，是项组织之于工业上果否成功，仍不敢必。当大冶进行建筑之时，美国煤油大王亦曾在其支（芝）加哥炼厂中改建是种热风炉。结果非但不如德人，且不如原有者之经济，因立即拆去，又行改建。……大冶铁厂建筑既缓，现时更无再拆之能力，其遗患于将来亦非浅鲜，是皆日顾问之赐也！"

① 同上刊物，同卷同期，页2，前引文。
② 《中国铁矿志》，下册，页248。
③ 《东方杂志》十五卷二期（民国七年二月），页192，一新《汉冶萍公司近事记》说："讵意甫一兴工，即有该县（大冶县）绅民，借口窒碍，出而拦阻。涉讼公庭，大起交涉，几乎作罢。卒为该省当道出为调停，始得照旧动工。"
④ "中研院"近史所藏《汉冶萍公司董事函一件》（《汉冶萍公司案及附件》）说："（公司）曾于上年二月、八月先后在英国斐尔沙湛密斯厂（Fraser & Chalmers）定造冶矿生电机、汉厂起矿机两部，一以期出矿之多，一以期起矿之速，俾供求得以相应。则四炉即可齐开。讵欧战期内，英厂为其政府取缔军事用品，以致订期早逾，迄未交货。汉厂因而仅开三炉，旷时停待，损失至巨。"又该所藏《上海孙督办电一件》（民国五年七月十三日，见《汉冶萍公司案及附件》）说："据驻英代理电称，第一部（机器）竣工，被英政府解作军用，第二部亦虑被解作军用。"所订机器被解作军用的原因，是"英现以军火缺乏，前敌需用孔急，所有各厂，均迫令赶造军火，以资接济。各厂就之货，不惟各国者均已停办，即本国者亦多搁置未造，难以通融"（该所藏《驻英使馆函一件》，民国五年八月八日，见《汉冶萍公司案及附件》）。

机二具，订明由中立国口岸起运。……因英政府禁止德货外输，不能起运。"①在没有法子可想的情形下，汉冶萍公司只好改向美国威斯汀豪斯电气公司（Westinghouse Electrical Manufacturing Company）订购生电机和附属品，并于民国四年十月托日本三井洋行代向美国列德干利厂（Riter Conley Company）订造日出生铁四百吨大化铁炉二座，以及向上海美兴洋行订购电机全套。② 但由于战争的影响，这些机器逾期很久都未能运到。到了后来，更因"美又加入战团，情势一变。钢铁订件，禁止输出，迭经催交，尚无效力"③。此外，公司向美国慎昌洋行订购的钢丝，迟至民国七年四月，才由美国政府准许输出 2 800 余条；同年五月，又准运出 9 800 尺。④ 由于所订的机炉和器材未能如期运到，"至欧战停止，第一号冶铁炉尚未建妥"⑤。到了民国"十一年夏，第一炉（才）开始出铁"⑥。但这时欧战早已结束，钢、铁价格锐降，故新化铁炉的开工生产，不只无利可图，而且还要亏本。

二、"二十一条"与汉冶萍公司

自甲午战争后，清政府的无能暴露无遗，故引起日本对华侵略的野心，而这种野心又有越来越厉害的趋势。日、俄战争以后，日本在东北成立公司，开

---

① "中研院"近史所藏《汉冶萍公司董事函一件》（民国五年六月十二日，见《汉冶萍公司案及附件》）。又参考该所藏"The Company to the Chinese Legation, April 5, 1917"（《汉冶萍公司定购电机案》）；《未刊信稿》，页 263，《致英国施（肇基）公使函稿》（民国五年一月四日）。除了英国禁止德货外输外，德国政府也禁止本国所有机器的输出。该所藏《驻英使馆函一件》（民国六年六月七日，见《汉冶萍公司定购电机案》）载："近据该公司在伦（敦）代表称，在德所订电机，前因英政府未准发照，不能起运。及上年十二月七日，由英政府核准发照之后，近查德政府将所有机件出口概行禁止，故此事已属全然无望。"
② "中研院"近史所藏《汉冶萍公司孙督办函》一件（民国七年一月二十九日，见《汉冶萍公司定购电机案》；《汉冶萍煤铁厂矿有限公司向美国列德干利厂订造大化铁炉两座请咨驻美公使向该政府商准特许出口由》（以下简称《汉冶萍公司商准特许出口由》，民国六年九月三十日，见《汉冶萍公司定购电机案》）；"Memorandum of Contract for the Two Blast Furnaces for Tayeh Iron and Steel Works"（《汉冶萍公司定购电机案》）；《汉冶萍孙督办函一件》（民国七年四月十二日，见《汉冶萍公司定购电机案》）。
③ "中研院"近史所藏《汉冶萍公司商准特许出口由》。又该所藏《汉冶萍公司孙督办函一件》（民国七年一月二十九日）说："惟美国因战务需要，所有商家订货，均置在后，制造无期。只有关于协约国造船或特别需要，可以给提前执照（Priority Certificate）。"
④ "中研院"近史所藏《驻美顾公使电一件》（民国七年四月十三日，见《汉冶萍公司定购电机案》）；《驻美使馆函一件》（民国七年五月二十一日，见《汉冶萍公司定购电机案》）。
⑤ 《国闻周报》四卷四十八期，页 2，翊陶前引文。
⑥ 丁格兰前引书，下册，页 248。

第四章　汉冶萍公司商办时期

始在那里进行经济性的直接侵略,并且慢慢把这种侵略推展至关内。因为早就抱有这样大的野心,故在欧战爆发后,日本政府即利用欧西列强忙于作战的机会,向北京政府提出"二十一条"的要求。①

从民国二年借款合同签订后,公司许多股东对于合同不满意,纷纷把股票出售,政府则乘机收购,作为将来把公司收归国有的准备。② 此外,又有人提议把公司充公,或借第三国款来抵制日本。这些提议,对日本债权者来说,都是极大的威胁,因为到了欧战初期,日本贷给汉冶萍的债款,已经多至3 500余万日元。③ 除却要保护她的债权以外,日本因为钢铁工业日渐发展,每年消费的铁砂大增,故想借汉冶萍公司为媒介,除大冶铁厂以外,进一步对长江流域的其他铁矿加以控制。出于这些考虑,日本政府在"二十一条"中提出汉冶萍公司中、日合办的要求。④

民国三年八月,日本滥引英、日同盟条约上的义务,借口德国在山东半岛

---

① 刘百闵前引书,页485,《中日民四条约》说:"按日本对华侵略野心,于近代中、日邦交发轫之初(即同治十年订立修好条规时),已露萌芽。嗣由《马关新约》,取得列强在华数十年造成之特殊权益。因日、俄《朴茨茅斯和约》及中、日会议《东三省事宜条约》,又获'殖民地'。……此种有利事实,无一不加重其对大陆政策之迷信,增进其'利用战争为国家政策之工具'之错误倾向。……民国三年秋,欧战陡起。日本大隈内阁以列强无暇东顾,遂乘机向中国为积极之侵略。"
② M. B. Jansen,前引文,p.42;George M. Beckmann,前引书,p.356。
③ 这个数字,是由高木陆郎和小田切在提出"二十一条"以前,对公司资产调查的一部分。其详细统计数字如下:

日本对公司的贷款　　　　　（单位:日元）

总金额	35 300 000
政府关系贷款	33 700 000
非政府关系贷款	1 600 000
已贷放部分	26 300 000
横滨正金银行	24 100 000
兴业银行	2 200 000
未贷放部分	9 000 000（原注:现已陆续贷放）

见李毓澍前引书,页228、233。又《新经济半月刊》一卷四期,页106,吴景超前引文说:"欧战以前,公司所负日债,约日金三千万元。"
④ M. B. Jansen,前引文,p.42;George M. Beckmann,前引书,p.356.又刘百闵前引书,页536,《中国代表在巴黎和会提请废除二十一条中日协约之说帖》说:"第三号之要求(汉冶萍公司中、日合办),为(日本)攫夺中国之经济独立权。即对于扬子江流域最重要实业之汉冶萍铁厂,一手卷尽是也。"

的军事力量危害英国海上贸易,对德国宣战,并派军占领山东。稍后,更借口中国通告她在山东的军事活动为"非友谊之行动,有辱帝国(日本)之尊严",而于次年一月十八日,由驻华公使日置益径向北京政府的总统袁世凯提出"二十一条"的要求。① 其中关于汉冶萍公司的部分,是根据小田切和高木陆郎的方案来订定的②,其内容如下。

第三号汉译文

日本国政府及中国政府,顾于日本国资本家与汉冶萍公司现有密接关系,且愿(日文本有"增进"两字)两国共通利益,兹议定条款如左。

第一款:两缔约国互相约定,俟将来相当机会,将汉冶萍公司作为两国合办事业。并允如未经日本国政府之同意,所有属于该公司一切权利产业,中国政府不得自行处分,亦不得使该公司任意处分。

第二款:中国政府允准,所有属于汉冶萍公司各矿之附近矿山,如未经该公司同意,一概不准该公司以外之人开采;并允此外凡欲措办无论直接间接对于公司恐有影响之举,必须先经公司同意。③

经过长期的交涉,到了民国四年五月七日,日本提出最后通牒。④ 以袁世凯为首的北京政府,虽然觉得条件太苛,但一方面迫于日本的淫威,他方面

---

① 刘百闵前引书,页485,《中日民四条约》;李毓澍前引书,页216。"二十一条"的要求如下:第一,承认日本享有继承德国在山东的权益,开放该省内主要城市为商埠及许之建造烟台或龙口接连胶济铁路之铁路;第二,旅顺、大连租借期及南满、安奉二铁路期限,均展至九十九年,并允许日本国臣民在南满及东部内蒙古有自由居留、从事工商业活动、开矿等权利;第三,汉冶萍公司中、日合办;第四,所有中国沿岸港湾及岛屿,不得让与或租与他国;第五,聘用日本人为中国政府之政治、财政、军事等顾问,中国警察由中、日二国合办,中国军械必须聘用日本技师,采办日本材料以及准许日本在江西、福建、浙江等省建筑铁路权及在福建开办矿山权。参考黄月波前引书,页293—294;李毓澍前引书,页219—223;《三水梁燕孙先生年谱》,上册,页222—224。关于这个要求的内容,曹汝霖在他的自传《一生之回忆》(春秋杂志社,1966年1月)中也有提到,但内容稍有错误,条文的叙述次序也有倒置。见氏书,页116。
② 小田切的方案是一面出资合办,一面贷款与中国政府收购民股,明为合办,实则是篡夺而加以控制。高木方案,则用渗透方法,先暗中掌握公司股权的1/2,再由日本政府出面接洽合办。参考李毓澍前引书,页228—229。
③ 黄月波前引书,页293;刘百闵前引书,页507—508;《三水梁燕孙先生年谱》,上册,页223—224;李毓澍前引书,页221—222。
④ 民国四年二月二日至五月七日,中国政府与日本驻华外交人员举行会议凡二十五次,商讨"二十一条"条款,但都没有结果。参考George M. Beckmann,前引书,pp.357-358;刘百闵前引书,页486;《三水梁燕孙先生年谱》,页253。

又想遂其称帝的野心,只好忍痛接受。① 到了五月二十五日,中、日条约成立,其中关于汉冶萍事项的换文如下:"中国政府因日本国资本家与汉冶萍公司有密接之关系,如将来该公司与日本国资本家商定合办时,可即允准。又不将该公司充公,又无日本国资本家之同意,不将该公司归为国有。又不使该公司借用日本国以外之外国资本。"②

对于日本合办汉冶萍公司的要求,当时北京政府曾在文件中批注说:"此为商办性质。按民国法律,该公司有保有财产、营业之权,政府不能违法干涉。"③此外,陆征祥在参议院的报告中也说:"汉冶萍公司纯系商办产业,政府无权可以干涉,故亦不能为国际之商议。"④这是政府对汉冶萍公司中、日合办的意见。就汉冶萍股东本身来说,也认为公司由中、日合办,对他们不会有利,故亦纷纷反对。⑤ 在朝野一致反对之下,汉冶萍公司终于不接受政府的批准,没有和日本合办,因此日本资本家的野心终成泡影。

日本要与中国合办汉冶萍的野心虽然不能实现,但到了民国五年(1916年),她终于以另外一个方法得偿所愿。是年八月,随着欧战的扩大,对钢铁的需要日益增加,日本安川敬一郎拟于日本九州设立钢铁厂,以便增加生产来满足大量的需求。汉冶萍公司因为日本同时还在购买印度生铁,又在中国东北开办本溪铁厂(本溪湖煤铁公司),恐怕汉冶萍公司在日本的生铁销路要大受影响,故和安川敬一郎接洽,商议由汉冶萍公司与他合办九州制钢厂,条件是由公司供给制钢厂一切所需要的生铁。⑥ 双方

---

① 当时国际形势对中国极为不利。因为日本的要求与英国在长江的权益没有冲突,英国表示不会反对;法国和俄国正忙于应付战争;美国虽然对中国表示同情,但为避免和日本发生冲突起见,只好承认日本对中国的要求。参考 George M. Beckmann,前引书,p.357。此外,日本对中国又施以压力,"一面关外调动军队,渤海军舰游弋,迫下通牒后,训令日侨预备撤退,下戒严令,尽其恫吓之能事"(曹汝霖前引书,页127)。另一方面,日本首相大隈重信又向中国表示:"日本为君主国体,中国若行帝制,则与日本同一之国体,日本当然乐为赞助。"诱使正在筹备帝制的北京政府误信日本"既有赞助帝制之表示,大事当无不可成之理",忍痛接受日本苛刻的要求。事后,北京政府为了掩饰它在外交上的屈辱和无能,反而大事庆祝"元首外交成功"。参考李剑农前引书,下册,页420。
② 黄月波前引书,页292;《三水梁燕孙先生年谱》,上册,页263;刘百闵前引书,页500。
③ 李毓澍前引书,页312。
④ 刘百闵前引书,页529。又曹汝霖前引书,页117、122,也说政府对此项要求的答复是该公司为民营公司,有它自主的权利,政府无权干涉。
⑤ M. B. Jansen,前引文,pp.46-47。
⑥ 1916年12月10日长沙《大公报》,引自陈真前引书第三辑,页496—497。

代表于是年八月二十三日签订合同,其要点如下:

(1) 本厂定名为九州制钢股份有限公司,以经营、炼制、售卖钢铁及其一切附带事业为目的,设总厂于日本。(第一、二、三条)

(2) 资本日金1 000万元,分10万股,中、日各半。其中公司的250万,以年息七厘,向安川敬一郎借贷。(第四条,附件一第一、二条)

(3) 董事8人,监察2人,均由拥有一百份股本以上的中、日股东选任。(第六、七条)

(4) 董事会长由日本人担任,副会长则华人;办事董事2人,中、日各一。(第九、十条)

(5) 于每年结算期,在营业盈余中提出公积、别途公积、职员办事人酬劳各5%。(第十九条)①

此外,双方又于同日订立《中日合办九州制钢厂生铁供给合同》十一款,其主要内容如下:

(1) 制钢厂所需一切生铁,由汉冶萍公司供给,每年最少6万吨。若于所定期限内公司不能如数供给时,才可向外购办。(第一条)

(2) 所供给的生铁,须为头等西门子马丁生铁,与供给八幡制铁所者相同。生铁价格除第一期按照伦敦最近市价算付外,其余每年分二期,照上一期的价格以八五折计算,但不得少过公司大冶化铁炉的生铁生产费,并再加生产费的2%。(第二、三条,附件二)

(3) 自大冶化铁炉建筑完竣之日起,公司得履行供给生铁的任务,如公司将来在其他地方建筑的化铁炉可以负担同一任务时,亦可以供给生铁与制钢厂。(第四、五条)②

可是,由于大冶新厂建筑太慢,到民国十一年(1922年)夏天,第一个化铁炉才开始生产。因此,在欧战期间,这个合同并没有发生很大的作用。

---

① 黄月波前引书,页201—202。又参考1919年12月12日至18日长沙《大公报》,引自陈真前引书第三辑,页498—502。
② 黄月波前引书,页202—203。

第四章　汉冶萍公司商办时期

第四节　欧　战　以　后

一、汉冶萍公司的没落

汉冶萍公司在欧战期间的繁荣景象,可以说完全拜战争之赐。但在欧战结束(1918 年 11 月 11 日)后,它便要随着战争的消逝而日趋没落。

欧战结束以后,欧洲各国虽然都忙于经济复原及重建(如修复战时遭受破坏的铁路和工厂,以及把战时工业设备改建以适应战后的要求),钢、铁的市价却日趋下降,其中原因,除了由于军事用品的需要锐减外,又因战争的破坏阻止了购买力的增长,从而影响到市场上对钢、铁需求的锐减。① 欧洲钢、铁的市价既然下降,亚洲市场的钢、铁价格自然也要跟着降低。战后日本东京生铁的售价,在民国八年下降至将近为七年(钢、铁市价最高的一年)的 40％,到了民国十年又下降至只为八年的 1/2 左右(参考表 30);至于钢价降跌的程度,也与生铁约略相同。② 在中国方面,据谢家荣说:"自民国七年十一月欧战和约告成,铁市逐渐疲软。……至民国九年及十年,钢、铁之价愈落〔是时生铁每吨价约 45 元,钢约 80 元至 110 元,铁矿(即铁砂)每吨日金 4 元 50 钱〕……十年十月……铁价更低,每吨仅售日金四十元,铁矿每吨三元一角七分。"③民国十三年,汉冶萍头号生铁(大约就是汉阳一号)在上海每吨的市价为规元 36.999 两或关银 33.212 两;十四年为规元 35.24 两或关银31.642 两(见表 31);十六年则为规元 43.733 两。④ 由此可见,欧战以后生铁的市价,要比欧战时期(每吨 200 余元)低跌得多。

随着钢、铁市价的降低,汉冶萍公司的收入便要激剧减少,以致大亏其本。关于它的营业情况,谢家荣说:"……民国八年,(公司)尚获利至二百余万元者,则以是年所售各货,多于七年抛出,其中虽有减价退盘,类皆认罚偿亏,故尚能盈余此数。至民国九年及十年……公司虽竭力扩充销路,而仍得

---

① D. L. Burn, *The Economic History of Steelmaking 1867-1939* (Cambridge, 1940), p.352.
② 《第二次中国矿业纪要》,页 135。
③ 前引书,页 127。
④ 侯德封《第三次中国矿业纪要》(地质调查所,民国十八年),页 303。

表 30　欧战后东京生铁市价　　　　　　　　　　　（单位：日元/吨）

生铁别	民国七年	民国八年	民国九年	民国十年	民国十一年	民国十二年
汉阳一号	435	170	119	74	65	64
汉阳二号	——	——	——	70	——	——
汉阳三号	——	——	——	——	59	——
鞍山一号	——	152	——	62	62	62
鞍山二号	——	——	——	60	59	60
鞍山三号	——	——	——	58	58	——
本溪湖一号	——	148	119	70	63	——
本溪湖二号	——	——	——	62	——	——

资料来源：《第二次中国矿业纪要》，页134。

表 31　民国十三、十四年上海钢铁市价　　　　　　（单位：两/吨）

月　份	汉冶萍头号生铁	旧生铁	竹节钢（4吩至1吋）
十四年　一月	36.000	21.000	——
二月	36.000	22.000	——
三月	36.000	22.667	——
四月	35.000	22.750	——
五月	35.000	22.500	——
六月	——	——	——
七月	35.000	22.000	——
八月	35.000	22.000	——
九月	35.000	21.500	——
十月	35.000	21.000	62.000
十一月	35.000	21.500	62.000
十二月	35.000	22.000	62.000

第四章　汉冶萍公司商办时期

续表

月　　份	汉冶萍头号生铁	旧生铁	竹节钢（4吩至1吋）
平均（规元）	35.240	21.961	62.000
（关银）	31.642	19.714	55.655
十三年市价（规元）	36.999	——	——
（关银）	33.212		

资料来源：《第二次中国矿业纪要》，页135—136。

不偿失，亏本至一百七十余万元。"①此后，公司每年的亏蚀都很大。计自民国九年起至十二年止，共亏折841万余元（参考前文表29）。它在欧战后6年内的亏损总额多至1 000万元以上，比在欧战时期所赚到的利润还要大。②

汉冶萍公司在战后既然大亏其本，只好收缩业务或减少生产。汉阳铁厂方面，每座日出100吨的化铁炉2座和日出300吨钢料的7座炼钢炉，于民国八年停炼；后三年，日出250吨的化铁炉也因为过于陈旧，于十一年年底停炼。③ 大冶新铁厂方面，建筑工程于民国十年年底竣工，于次年夏天开始出铁，但到民国十三、十四年，两座化铁炉都先后停炼。④ 至于大冶铁矿，因为公司和日本双方订有借款合同，铁矿内设有工务所，由日本顾问直接管辖工程，以便开采铁砂来供给日本制铁所的需要，故始终没有停工。⑤ 但由于炼钢炉和炼铁炉相继停炼，作为制炼钢、铁的主要原料的铁砂，产量自然要跟着减少，并且都以输往日本为主（关于大冶铁砂在欧战以后的产量和对日本的输出量，参考表32）。

---

① 《第二次中国矿业纪要》，页127。
② H. G. W. Woodhead, ed., *The China Year Book 1928* (Tientsin), p.33.
③ 《新经济半月刊》一卷四期，页106，吴景超前引文；《第三次中国矿业纪要》，页142。关于汉阳铁厂的停工日期，《第二次中国矿业纪要》页126说："汉阳铁厂于（民国）十一年起停工，而化铁炉亦以陈旧不堪用，于十三年十一月起，相率停止，迄今犹无开炉消息。"又同书，页127说："（民国）十年十月，汉阳铁厂以销路不旺，停止工作，而汉厂铁炉，亦疲劣不堪用。"前后记载停工年月，不完全相同，待考。
④ 《中国铁矿志》，下册，页248；《第二次中国矿业纪要》，页127；《第三次中国矿业纪要》，页142。吴景超前引文说，大冶新厂的建筑工程于民国十二年才告完竣，与《中国铁矿志》及《第二次中国矿业纪要》的记载不同，疑有误。
⑤ 《第三次中国矿业纪要》，页142。

表32　大冶铁矿矿砂产额及运销日本额　　　　　　　　　（单位：吨）

年　份	产　额	运销日本额
光绪十九年至民国十年(1893—1921)	7 628 278	
民国十一年(1922)	345 631	
民国十二年(1923)	486 631	4 292 867 (本年以前共计)
民国十三年(1924)	448 921	260 984
民国十四年(1925)	315 410	136 987
民国十五年(1926)	85 732	117 862
民国十六年(1927)	243 632	183 658
民国十七年(1928)	419 950	380 796
民国十八年(1929)	344 939	394 251
民国十九年(1930)	377 667	401 896
民国二十年(1931)	425 000	272 385
合　　计	11 121 791*	6 441 686#

资料来源：《第五次中国矿业纪要》，页367。

　　＊原文作10 746 741，误。

　　＃原文作6 441 685，误。

萍乡煤矿方面，因为汉阳铁厂和大冶新厂不再制炼钢、铁，煤焦的产量也因需求锐减而激剧减少。例如民国十五年(1926年)，煤产量只有75 715吨，是萍矿改组加入汉冶萍公司后产量最低的一年，几乎只有前清光绪二十七、二十八年的年产量那么多；煤焦的产量，在民国十九年(1930年)，只有6 600吨，更赶不上官督商办时代的年产量(参考前文表23、表28)。如果拿它们和欧战时期煤年产量最高时多至94万余吨和焦煤年产量多至23.9万余吨的数字互相比较，当然更是瞠乎其后了。因为当日国内政局不安定，同时汉冶萍总公司又衰败到没有人管理，萍乡煤矿便陷入无政府状态中，成为地方政府和人民争夺的对象，以致办理的成绩更差。在民国九年(1920年)，有人记载说："李烈钧督赣时候，力争萍矿不得，便思从高坑下手，另行开采。萍乡人援此屡和萍局争所有权,官司打到了京城,萍人说高坑在安源(萍矿中心)十里以外,萍局说在十里以内(据余——报导者——调查,大半在十里以外,有一部却和萍矿接界)。官中无法,只好派员划界。现在尚未划清,双方都没有领得执照云。又该矿近年赢亏不定,民七年赢九百余万,提出九十万作为职工红利。民八年却亏下来了,不但没有红分,还并了几处机关,裁了许多冗员……以后还不知如何呢?"①民国十六年,国府定都南京后,曾把萍矿收归国有,但因经营不善,也办不出好成绩来。②

民国十六年(1927年),国民革命军北伐成功后,对于垂危的汉冶萍公司,国民政府曾经有过挽救的建议。胡庶华在《整理汉冶萍公司的意见》一文中,提出整理公司的方法共有八点,兹抄录如下:

第一是收归国有。钢铁事业和一国的国防有重大的关系,从事业的性质上说,本就有收归国有的可能。再就事实上说,汉冶萍本是前清巨宦权吏如张之洞、盛宣怀等所创办主持,名虽商有,实同官办,所以得相安无事。民国以来,军阀割据,绅士专权,商办的汉冶萍,时时受其压迫牵制,不能自主,以后的纠纷更是有加无已,所以汉冶萍在今日还想维持其商办的地位,已是不可能。况且运输事业,与汉冶萍生存关系甚巨,铁路既归国有,汉冶萍当然应与铁路打成一片,才有办法。再从工潮而论,萍矿工人在三四年前,已是无法应付;大冶铁厂因停工而遣散的几百名工人,现已自由进厂,一样领取工资,毫不工作,然而当局竟无可如何。像这种情形,已断断乎不是商办所能为力,非国家出来通盘筹划,是没有办法的了。

第二是发分股本。汉冶萍股本约1 800万元,股票在今日已毫无价值可言;多数善良股东,对于公司,也早已绝望。只要国家对于他们已投的股本,有一种办法,使他们的投资不至毫无着落,他们当然不致有什么异议;即含(或?)有一二野心股东出来阻挠,国家也可以法律加以制裁。现拟由政府换(原误作挨,下同)给股东们以一种整理汉冶萍公债券,以

---

① 1920年4月21、22日长沙《大公报》,引自陈真前引书第三辑,页460。
② 1937年6月30日香港《工商日报》,引自前引书,页471。

汉冶萍营业余利摊付本息,在本息未清偿以前,公司委员会内仍许股东代表参加,以表示国家尊重股东的权利,如此,则国家与股东,公私都不吃亏。

第三是处理债务。汉冶萍的债务,分内债、外债两种。内债里面有:(1)由公司向各方面借贷而来的;(2)由汉阳铁厂从应缴还川路(川汉铁路)订货款内挪移而来的;(3)向湖北官钱局借的;(4)萍乡煤矿历年积欠各商家及个人的,统计不下六七百万元。其中如(1)(4)两项,可一律换为汉冶萍公债券,与股东平等待遇;至于(2)(3)两项,因为对手方也是国有产业,可以取消,或俟对手方整理对(好?)再行办理。至于外债总数达5 000万元以上,一部分用于大冶铁厂的建筑费和各厂扩充的工程费,一部分则属维持费,债主全是日人。在日人投资的意思,无非想以廉价获得我国的生铁和铁砂,所以借款契约,即以铁砂和生铁抵偿借款本息。在欧战时期,因契约所定之价远下于当时市价,日人因此所获的利益,已足抵所投之资;况且日人也明知汉冶萍无维持之可能,所以最近借款,有出货照价付款,不扣利息的条文。现在日人看见国民政府的逐步胜利,至少也应觉悟到,对华外交应当以平等互惠为原则。现拟将历年和日人所订的借款契约,一律公开修正,凡有损害我国之点,一律删除,其尚未清偿部分,则以铁砂抵充。因为现若将大冶铁矿、湖北官矿局象鼻山矿山所出之铁砂,尽量化成生铁,实无容纳地位,不如将多余的铁砂抵偿借款,一则可以免除外交方面的阻碍,一则可以维持工人的生活,于我国还无什么损失。

第四是筹备复工。公司一经收归国有,便应在汉阳设立总办事处,原有的上海总公司应缩小权限,改为驻沪办事处。政府应于八个月内,陆续筹款300万元,以为开工和开工后周转之需要。此款也应与上述之整理汉冶萍公债券同一方法处理。萍乡煤矿准备每日产煤1 400吨,煤焦(焦煤?)320吨,三个月后,出焦运汉。汉阳铁厂化铁炉二座,一座可用,一座应加修理,先开一座,四个月后出铁,准备每日出二百二三十吨。大冶铁厂暂仍停工,铁矿照常出砂,每日1 000吨,除运汉厂外,所余售与日人。汉阳炼钢厂及轧钢厂,因多年未修,损坏颇多,应从速修理,约八个月后出钢,每日 120 吨。运输所的轮船、驳船,前经政府借用的,应一律发还,以备运矿运焦之用;株萍、湘鄂铁路应由交通部切实整理,使每日能输焦煤 600 吨以上,方可使三处能收联络之效。

第五是经费预算。照上述工作情形,萍矿每月产煤 36 000 吨,炼焦 9 000 吨,每月经费约 16 万元。汉阳钢铁厂每月出生铁 6 000 吨,炼钢 3 000 吨,每月经费约 6 万元。大冶铁矿每月出铁砂 28 000 吨,每月经费 6 万元。运输费每月约 9 万元。办事费每月约 3 万元。统计每月经费约 40 万元。

第六是收入预算。汉厂生铁 3 000 吨,以每吨 40 元计算,每月收入 12 万元;钢料 3 000 吨,以每吨 100 元计算,每月收入 30 万元。大冶铁砂 16 000 吨,售与日人,以每吨 3 元计算,每月收入 48 000 元。萍矿售给株萍、湘鄂二铁路烧煤 6 000 吨,以每吨 5 元计算(在山交货),每月收入 3 万元。以上总计每月收入 50 万元。

第七是出品支配。汉阳所产生铁颇合翻砂之用,现在国内翻砂厂林立,每月总可销售 3 000 吨。汉阳所出之钢轨、钢板及建筑钢等,经多年经验,尚属合用,现政府注意建设,此等钢料是建设必需的物品,政府应通令全国各机关一律采用,尽量收买。至于小钢货,如轻便铁轨、钢条、角钢、槽钢等,市面所需尚多。总之,每月 3 000 吨的钢料,国内必能容纳。况关税自主以后,政府尽可应用关税保护政策,使舶来品不能与我自产者竞争。大冶铁砂除供给汉阳化铁炉外,每月余砂 16 000 吨,可售与日人。萍矿的煤,除煤焦并供给汉阳、大冶运输所及本矿烧煤外,每月尚可供给株萍、湘鄂铁路烧煤 6 000 吨。其各项出品价格的计算,已在第六条内说明。

第八是扩充计算。以上所述的工作情形,是只就目前而言的。至于改良和推广的计划,也应随时进行。萍乡煤矿,按照现在工程,煤量将近完尽,甚至保留的煤柱,都经挖动,时常有倾塌的危险。应该开凿新矿,采掘高岗的煤,以免煤源中断。压气机、打风机、电机用锅炉及拖煤电车等设备,也应从速添置。旧式的推壁土窑,已无应用的余地,而且费用浩繁，应当装置空中挂线路，输送壁石于相当地点。现用洗煤机，已太陈旧，提洗不净，耗费过多，也应改良。煤焦土炉固然应该废弃，而应用洋炉煤焦，其煤气及副产品均未利用，也属暴殄天物。此项副产品，在国内需用甚切，每年由海外输入甚多。若将洋炉之一部分（如邻近电机锅炉的部分）改为副产炼焦炉，并增加蒸汽锅炉，即以炼焦的煤气为燃料，凡一切机器可用电机运动者一律改用电机，每日可省烧煤100吨，副产品的价值，足抵炼焦费用而有余，焦炭成本可以减轻许多。以上种种改良设施，三年之内，可告成功，所需经费约300万元，这是第一步。若将全体炼焦炉改为副产炼焦炉，再需300万元，这是第二步。以上是就萍乡煤矿而言的。

汉阳的钢货厂（即制造小钢件者），已属太旧，非全部改造不可，应改用电机转动，并加制铁筋混合土用的竹节钢及罐头饼干盒用的薄铁皮，以应市面的需要，兼以抵制外货。汉阳厂内应添设三至五（座？）的电气炼钢炉，制造精美钢料，凡马丁钢所不能制造的钢件，即以此项钢料为之。至于汉阳发电机所用的蒸汽，本是由本厂化铁矿的蒸汽锅炉取用的，发电的成本尚轻，所以加制炉件，成本亦不会昂贵。现在汉阳厂内的机器厂、翻砂厂、打铁厂、锅炉厂等，设备还算完全，若将萍矿机器厂内一部分机器合并，便可成一个大规模的制造厂。不独铁轨、桥梁及小汽船便于制造，即各项机器制造与修理，也甚便利。将来交通事业发达，如汉口、汉阳间的大桥，汉口、武昌间的大桥，南京、浦口间的大桥等，所需的桥梁钢料，不知凡几，如都由汉厂制造，其发达正是不可限量。像这种改良和推广的计划，约需二年即可完成，经费约需80万元。

大冶铁厂和铁矿也还有未定（完？）工程，其化铁炉每座日出生铁400余吨，国内尚无处消纳，而且萍矿所产焦煤，还不足供一座化铁炉之用，所以一时不能开炉。应俟萍矿和汉厂工程完竣后，方能议及冶厂，以免铺张扬厉之嫌。①

---

① 《现代评论》六卷一四六期（上海，民国十六年九月），页9—12。

第四章　汉冶萍公司商办时期

民国十七年一月十八日,胡庶华又发表《再论汉冶萍公司的整理》一文。文中说明他的整理计划,是假定国家政治上轨道、财政有办法、工人有觉悟的时候才可以实行的。① 但是,他这些假定都与事实不符,尤其是财政方面。当日国民政府还不能够完全统一全国,每每要为筹措军费而伤脑筋,当然再没有能力去为汉冶萍公司筹措这笔巨额的款项了。因此,胡庶华在后一篇文章中补充说:

> 在我的意见书中说:"政府应于八个月内,陆续筹款300万元,以为开工和开工后周转之用。"但是这笔大款,从何处得来？凡属关心这件事的人,一定要拿这句话来问我的。为补充我的意见计,写出下面几点:
>
> (1)筹款的方法。谈到借款的方法,就是借外债也没有不可。各国借外债办实业,已有不少先例。总理的实业计划,亦主张借外债。但是我国从前军阀假借外债办实业的名义作购买军火、发给军饷的用途,所以国人一闻借外债三个字,就以为含有卖国的意义。其实只要条件不苛刻,用途有切实的规定及保障,又何尝不可呢？我现在把借外债的问题搁下,且说汉冶萍所借日本的债款项下,尚有(原误作"的")一笔叫做"扩充工程费"300多万,存在银行,现在听说用去若干,至少还有200余万元。但是此款非经日本人,是不能从银行提出来的。(汉冶萍公司有会计主任及总工程师各一人,系日本人充当。)如果此层不能办到,我觉得还是募集国内公债为妙。募债的方法,当然不能用(由?)汉冶萍公司出面(因为该公司负债已过5 000万元),最好以粤汉铁路公司为主体,假定由韶关到株州(洲)的铁路建筑费为4 000万元,即募4 000万元的内债,以该路为担保品。这条路一成功,所有两湖及江西的煤、米、棉花、茶叶及各种土产,可以运到广东出口,而海外华侨的经济势力,可以直达内地。华侨对于此事要是热心,区区4 000万元是不难募得的事。该项债券第一年只收1/8的现金,即500万元,以300万元交与汉冶萍公司为全部开工费,以200万元为铁路购置费及敷设费,其余可分期缴款(其详细办法由交通部订定)。汉冶萍公司所领的300万元,就算是供给钢轨

---

① 胡庶华《再论汉冶萍公司的整理》,前引刊物七卷一六二期(民国十七年一月),页8。

的定金。同时该公司即应准备自制火车头和铁甲车等的计划,以为将来供给各铁路上的用。如此,则该公司不但有了开工费,而且不再受从前有货无处销的困苦了。

(2)设立全国铁政局主持其事。从前武汉国民政府交通部设了一个整理汉冶萍公司委员会,除在萍乡挖了几千吨煤略敷开支外,未闻有何举动。后来该会委员刘义(武汉全国总工会代表)将萍矿矿警的枪支六七百杆给工友们武装起来,带他们去攻打萍乡及醴陵的县城失败了,该会亦遂无形地结束。现在南京国民政府交通部又设了一个整理汉冶萍公司委员会,他们所以主张归交通部管理的缘故,大约有两种:一说萍乡的煤,非与铁路打成一片不可;一说交通部将来需用钢料甚多,非与汉冶萍公司联为一气不可。其实世界各国的交通部办钢铁厂的先例到很少(农商部到有)。即以该公司历史而论,多因铁路运输不便而受损失;铁路用了公司的煤,又往往不付价。若隶属交通部,则含混不清的地方更多,不如另设一机关主持其事,凡关于运输煤炭、出售钢料等事,均用营业性质,以合同规定双方的权利义务,较为妥当一点。至于全国铁政局的组织,当仿照全国注册局、全国水利局的办法。铁政收为国有,乃是总理所主张的。有了这个局,才能实现铁矿国有的计划。讲到汉冶萍公司的本身,尤(原误作"犹")其要有一个全国铁政局,将铁砂的售价划一,方能使日本渐次就范。何以故呢?日本的铁矿甚少,他每年除收买大冶铁砂之外,还收买湖北象鼻山的铁砂(湖北官矿局管)和安徽繁昌的铁砂(安徽裕繁公司的)各三十余万吨。大冶铁砂的价钱,因受借款合同的束缚,是很便宜的。我们现在要向日本人办交涉,要求一律照时价出售,日本人马上可以不买湖北的铁砂,而买安徽的铁砂,因为安徽铁砂质较美而路又较近,我们没有法子反对他。惟有设一全国铁政局,才能将此项不统一的毛病消除。假如日本人不受商量,甚至用一种消极抵制的方法,使汉冶萍竟至不能开工,则此时铁政局当使权力所及的地方,完全不供给铁砂与日本(日本近来亦颇防此一著,想在印度、安南及南洋等处寻找铁矿,尚未成功);同时合并扬子铁厂(即扬子机器公司,现有出售消息)。现有的规模,用六河沟的焦煤,象鼻山的铁砂,自行鼓炼生铁；再在赫山汉阳兵工分厂内，就原有的罐（罐？）钢厂，用电气炼钢法（电气由汉阳兵工厂电机课供给）。自行炼钢（电气钢较汉阳铁厂的马丁钢更好）亦可抵制外货的一部分。务使日本自动取消苛刻条约，然后才与他合作。

（3）用人行政完全公开。用人当以学识经验及品行为主，应一扫从前引用亲戚故旧的恶习。最好是用考试的制度，不但员司要考，即工人亦复要考（考工人亦有分门别类的考试方法）。购买材料宜采用投标方式，簿记宜用新式，账目可以随时审查，或每周有财政简报公布，最好是会计独立，直接受审计院的任免。[①]

胡庶华这个由粤汉铁路公司出面募债再转借与汉冶萍公司的办法，由于事实上的困难，并没有被采纳。同年，国民政府把整理汉冶萍公司委员会改隶农矿部，公布《农矿部整理汉冶萍公司委员会暂行章程》。[②] 但由于所需款项无法筹到，再加上日本债权者为了保护本身的利益起见，"由日本驻沪总领事递交节略，不承认上项管理制度，并有日舰赴大冶示威"[③]。因此，国民政府要接管汉冶萍公司的计划，也就不能实现。

二、汉冶萍公司没落的原因

日本借款合同对汉冶萍公司的影响，是公司需要把开采出来的铁砂的大部分供应八幡制铁所，以致公司本身不能够大量制炼钢、铁，同时日本顾问工程师在决策上犯了错误，使大冶新厂的建筑工程不能及早完成，错过了趁着欧战期间钢铁价格上涨来赚钱的大好机会。此外，这个曾经是我国唯一钢铁工业企业的汉冶萍公司之所以衰落下去，我们又可以从下列三个原因来加以考察：

第一，管理方面的错误。诚如上文所说，公司在欧战期间，虽然因为受到日本借款合同的束缚，不能尽量大赚其钱，可是它因战争的机会而获得的利

[①] 前引文，页8—9。
[②] 张安世主编《世界年鉴》（上海大东书局，民国二十年），中册，页208—209。
[③] 《新经济半月刊》一卷四期，页106，吴景超前引文。

润仍然相当可观。① 这个盈余的数目和日本在欧战期间所赚的利润比较起来，当然十分微小，但如果公司能够善于利用这笔款项，偿还日本的债款，摆脱日本债权者的控制，而把基础巩固起来，公司的前途还是相当乐观的。② 可是，公司平日处理账目的方法，含混而不正确，往往错误百出。例如吴景超说："张轶欧于民国七年二月，代表政府参加该公司的股东大会后，曾有报告，其中有一段说：'上年公司收入总计不过一千一百二十六万二千余两，其支出则有一千一百十七万九千余两，出入相较，所赢无几。其所以称有盈余一百三十三万三千余两，得发股息六厘者，谓盘有项下，各厂矿较上届均有加存之故。及观其所谓盘有，则除所存钢、铁石、煤、焦可以待时而沽，然所值亦属有限外，余皆厂屋、基地、炉、机、舟、车之类。此类财产，照外国厂矿通例，除地价外，均应逐年折旧，递减其值。而该公司则十余年前设备之旧物，尚照原值开列，其历年所添之物，尤必纤毫具载。故虽通国皆知其亏累不堪，股票市价不及额面之半，而就其帐略通收、支、存三项计之，往往有盈无绌，或所绌无几。'"③公司用这种方法来处理账目，虽然实际上大亏其本，但每年也要分派官利八厘与股东；即使无现款可发，也要以加发股票的方式来应付。④ 因此，到了欧战期间，公司赚很多钱的时候，当然尽量分派红利⑤，公司的职员，更是"虚糜浪费，豪侈极一时"⑥，又哪里会想到要还债呢？这样一来，公司既然不能摆脱日本债权者的束缚，债务又日渐增加，到了欧战结束后，自然要随着钢、铁市价的陡降而迅速没落了。关于欧战期间公司资产及负债的大概情况，参考表 33。

第二，国内政治不安定。辛亥革命虽然使中国摆脱清政府腐败的统治，但野心勃勃的袁世凯并不能引导中国政治踏上坦途。民国四年（1915 年），

---

① 《新经济半月刊》一卷四期，页 106，吴景超前引文。
② 《新经济半月刊》一卷四期，页 106，吴景超前引文。
③ 前引刊物一卷四期，页 108，前引文。
④ F. R. Tegengren，前引书，p.370。例如民国五年（1916 年），据调查员王治昌的报告，公司亏银 27 万多两，但开股东大会的时候，竟通过该届的股息，要半数发现款，半数发息票。参考《新经济半月刊》一卷四期，页 106、108，吴景超前引文。
⑤ 张安世主编《世界年鉴》（上海大东书局，民国二十年），中册，页 208－209；又《现代评论》六卷一四六期，页 9，胡庶华前引文。
⑥ 《第五次中国矿业纪要》，页 477。

第四章　汉冶萍公司商办时期

表33　民国七年汉冶萍公司资产负债表

资　产*		负　债	
名　称	款项（两）	名　称	款项（两）
汉阳铁厂财产	12 270 000	资本	将近 20 000 000
大冶铁矿财产	11 300 000	外债	24 900 000（＋）
萍乡煤矿财产	15 500 000	内债	17 996 290（＋）
码头轮驳	1 750 000		
扬子江公司股份	50 000		
民国二年汉阳铁厂、大冶铁矿增添设备	？		
民国二年萍乡煤矿增添设备	？		
合　计	（约合 60 000 000 元以上）		62 890 000（＋）

资料来源：《东方杂志》十五卷四期（民国七年四月），《汉冶萍公司纪略》；又十五卷十期（民国七年十月），《汉冶萍公司之过去及将来》；顾琅前引书，第一篇，页 106—107。

＊除民国二年增添的设备以外，这个估计是根据光绪三十四年总矿司赖伦、总工程师吕柏的估计，故民国以来增添的设备并未计入，各种机器设备的折旧也没有计算在内。

他的帝制运动失败，使国家政治更加纷乱，同时滋长了军阀割据地盘的思想，从此中国陷入分崩离析的局面，南北军阀的混战无时或已。① 在长时间内，几乎每一年每一省都有战争发生。光是四川一省，在民国最初的 22 年内，共发生战争 400 多次。② 内战频密的程度，西人譬谕之为"秋操"。③ 而每次战乱，长至数月或数年不等。因内战而受害的，当然是倒霉的老百姓。在民国十一年，有人记载说："民国成立以来，十有一年，国内战争之祸，无时或已。……战争之期间既接续不已，战争之区域亦几遍全国，吾民之身受其祸者，真欲诉而无门矣。……乃奉直之战（民国十一年）机骤启，全国各省，咸有牵动之势，交通阻滞，商市萧条。"④据当时的估计，中国内战的总

---

① 见李剑农前引书，页 467—472、493—505、534—543、646—652。
② 柯象峰《中国贫穷问题》（正中书局，民国三十四年十月），页 200。
③ 黄泽仓《中国天灾问题》（上海商务，民国二十四年八月），页 42。
④ 《东方杂志》十九卷八期（民国十一年四月二十五日），页 59，张梓生《奉直战争纪事》。

损失,在 100 亿元以上。① 汉冶萍公司的汉阳铁厂、大冶铁矿、萍乡煤矿,恰正位于全国交通冲要地带,自辛亥革命爆发时开始,屡次被卷入战争的漩涡,遭受的损失当然很大。其后由于军阀的大混战,再加上工人罢工的风潮,这些厂矿更要面临停工的厄运。例如谢家荣说:"萍乡煤矿近年来产额锐减,亏累甚巨,其原因甚多,然军事、罢工之影响,不可不谓为重大打击。如民国九年六月至八月,因客军驻萍,互争铁路,以致交通断绝者八十余日。十年二月,赣省当局派员至萍使用夫役,于是矿工缺少,作业又大受打击。同年八月,湘、鄂间发生战事,交通阻梗者又二月有余。十一年六月,黔军过矿,需索军费,征发夫役,而罢工继起。是年九月,矿工以要求增薪并改优待遇,未得公司之允许,遂同盟罢工。几经交涉,始暂告平息。十二年九月,湘战又起,交通断绝者二十余日。以上皆据该公司营业报告所载。近三年来,政局益扰乱,工潮益猖獗,直接或间接之损失,当更重大。"②而作为公司命脉的株萍铁路,更给军阀划割得四分五裂。张心澂说:"(民国)六年十一月湘省独立,派员管理此路(株萍铁路)。七年三月北军返湘,复归北京政府管理。九年五月湘省独立,接收此路,而原有之局长职员则移安源办公,此段遂分两橛。八月经赣督与湘省议定分段管理,机务工务两处及车队员司则共同管理,营业收入及机工两处并车队员司之支出,湘六赣四比例分配。"③内战给予公司的损失,使它在欧战后的负担更为加重,从而难有复原的机会。

第三,国家无经济建设可言。汉冶萍公司在欧战以后虽然因钢、铁售价降低而遭受损失,但如果国家政治上轨道,能够利用列强在忙于战后复原重建工作,无暇东顾④的时候,努力从事经济建设,使公司出产的钢铁有较好的销路,公司的前途还是相当乐观的。不幸得很,军阀们昧于世界大势,终日营

---

① 柯象峰前引书,页 202。
② 《第二次中国矿业纪要》,页 35。又参考陈维、彭黻《江西萍乡安源煤矿调查报告》(江西省政府经济委员会出版,1935 年),引自陈真前引书第三辑,页 454;杨大金《现代中国实业志》(长沙商务,民国二十七年三月),页 164。
③ 张心澂前引书,页 121。
④ 例如英国在欧战以后的钢铁工业,比较偏重于原料的寻求,而不大注意市场的开拓。参考 D. L. Burn,前引书,p.350。

役于争地盘，打内战，结果军费增加，国家收入不足以应付庞大的军事开支①；甚至当军费无着的时候，他们不惜拿国家的权益作抵押，向外国举借巨款，以满足军事上的野心。例如民国六年至七年(1917—1918年)，总理段祺瑞及其内阁以盐余、铁路财产及收入、常关收入作担保，以及接受聘请日本军官训练中国军队等条件，向日本订借日币3亿余元，以便利用来选举安福国会和攻打南方。② 因为忙于打内战，当日军阀所注重的，只是能够制造武器的兵工厂，并不是有益国家经济发展的其他各种制造业。③ 在这种情形下，国家对经济建设的投资自然很少，而和汉冶萍公司有密切关系的铁路也建筑得非常之慢。

---

① 民国以来，由于各军阀的割据称雄，整军黩武，军费占全国总支出的45%左右。根据贾士毅的研究，民国七年军费约为24 000万元，较民国三年增加2/3；十四年军费为261 023 375元，较七年又增加了2 000多万元。若和各国的军费比较一下，如下表所列，中国每月陆军经费在支出总额中所占的百分比，为日本的4倍，英国的7倍，美国的4倍多及法国的2倍半左右。中国军队以陆军为主，故从陆军的经费可以见到中国军费开支庞大的一斑(参考贾士毅前引书，续编，上册，页163，及中册，页1、63、66；沈鉴《辛亥革命前夕我国之陆军及其经费》，《社会科学》二卷二期，清华大学，民国二十六年一月)。兹将中国与他国的陆军经费列表如下：

各国陆军经费比较表*

国　别	原　　币	折合中国银元(元)	占支出总数的百分率(%)	每月中国银元(元)
中　国**	186 000 000	186 000 000	36	15 500 000
日　本	173 614 000	173 614 000	9	14 467 000
英　国	41 565 000	415 650 000	5	34 637 000
美　国	285 000 000	570 000 000	8	47 500 000
法　国	9 030 566 000	482 445 000	14	40 203 000

　　资料来源：贾士毅前引书，续编，上册，页230。
　　* 原表没有注明这个统计的年份，但据文中的叙述，当为民国十七年至十八年之间。参考同书页231—233。
　　** 如以税收为比例，则陆军费占41%；如以支出相比较，则占36%。

② 参考徐义生前引书，页144；张安世前引书，《列国国势》，页244—247。
③ 当军阀割据各地的时候，他们都利用兵工厂作为凭借，以增加自己的势力，结果兵工厂林立，消耗国家不少的财富。例如胡庶华说："近年以来，各省的兵工厂如春笋怒发，越发多得不得了。张宗昌在山东办了三个，褚玉璞在天津也办一个，山西、陕西、湖南、广西至少也各有一个，而最多的莫过于四川省，听说每个师长都有一个兵工厂，甚至团长也有一个。不过枪愈多而老百姓愈倒霉了。每一支正式军队的枪，每年平均要二百块钱供给它，若是到了土匪手上，那更不消说了。所以中国闹到民穷财尽，这些兵工厂要负一部分责任。……每年除了向外国直接购买军火外……(兵工厂的)主要原料(钢料、硫酸等，而机器尚不在内)，差不多都是外国买来的。中国多一个兵工厂，就是外国多一个销场，中国多一只漏卮。"(见胡氏著《中国兵工厂之现状》，《现代评论》七卷一七八期，民国十七年五月五日，页5—6。)

因为铁路的建设,要消耗大量的钢轨及其他钢铁材料,故铁路公司成为钢铁厂的重要主顾。可是,中国的铁路,从光绪七年(1881年)唐胥铁路开始,以迄民国,都修筑得非常缓慢。清亡前夕,中国共有铁路5 796哩。到民国三年(1914年),增加至6 052哩,即三年间(1913—1914年)只修筑了256哩。此后到民国九年(1920年),增加至6 856哩;至国民政府北伐成功时(1926年)止,全国共有铁路7 683哩。① 计民国最初16年内,不过修筑了1 889哩,约只等于清季修筑铁路哩数的1/3。铁路建设的速度之所以这样迟缓,原因固然有种种的不同,但民国以来内战频繁,国家没有力量来兴筑,显然是其中一个重要的因素。另一方面,已完成的铁路,又往往为军阀所把持,充作军事上的用途,以致商业上的运输大受影响。他们对于铁路的管理,一位英国学者认为,恰像一只猴子之于钟表那样,当然只有破坏而没有建设,因此路轨、车卡以及其他铁路设备每每被拆毁得支离破碎,而不好好地加以修理。② 在这种情况之下,中国自然不能够乘着欧战结束后,因军事用品消耗减少,世界市场钢、铁价格下跌的机会,利用低廉的钢轨来建筑铁路,刺激钢铁的消费,从而给予汉冶萍的产品一个广大的市场了。

综括来说,汉冶萍公司的没落,公司本身的经营不善固然要负一部分责任,但是民国以来政治上的不安定,使国内工业和交通不能发展,以致公司产品没有销路,因亏本而不得不关门,也是其中一个非常重要的原因。

三、没落后的汉冶萍公司

汉冶萍公司从民国二年(1913年)起,截至十三年(1924年)止,先后向日

---

① Chang Kia-Ngau,前引书,pp.39,46,54,66.又参考 Albert Feuerwerker, *Chinese Economy, 1912 -1949*, p.42;凌鸿勋《中国铁路概论》(编译馆,1950年12月),页23。
② R. H. Tawney,前引书,p.86.又张心澂前引书,页46—47说:"各路名义虽属中央,其首领多系当地军阀所指定之人,由部委任,尾大不掉,各有背景,交通部之监督管理亦无从实施,实际上等于放任。路款多提供军用,路事任其窳败。"关于路款的被截留,例如国史编辑社编《吴佩孚正传》(文海出版社,1967年8月),页192,冯玉祥《截留路款声明》说:"职旅自筱日起,军食已颗粒中存,业经电呈在案。至今分文未拨,全旅断炊,军心皇皇。……军人报国,岂堪长此樽腹?一旦激生事变,旅长(冯玉祥)万死莫赎。适有京汉路局由汉口解洋二十万元赴京缴交通部,于本日晨过信(阳),已将此款暂行借用,聊解倒悬之急,迫而出此,实非得已。……所借京汉路局之款二十万元,由中央发职旅饷项内扣还。不胜叩祷之至。"

本举债22次,债款总额达日金5 700万元。①(关于自民初至民国十九年,汉冶萍公司的日本借款额,参考表34。)举借的款项既然这样巨大,日本债权者当然不会因为欧战后公司的没落而放弃以贱价从大冶获得铁砂的权利。故汉阳铁厂和大冶铁厂分别于民国十一、十四年先后停工后,大冶铁矿还要继续从事铁砂的生产,以供给日本八幡制铁所制炼钢、铁的需要。计自民国十三年至二十三年(1924—1934年),由大冶输往日本的铁砂共3 280 000吨,合清末至民国十二年(1923年)的4 292 867吨,共7 572 867吨。②

至于萍乡煤矿,在民国十七年(1928年)由江西省接管,勉强维持工作。矿内的机器设备如洗煤机、抽风机和气泵等,因为屡受战争的破坏,都已废弃而不能使用。③ 到了民国二十二年,萍矿更是衰败不堪。当时一位新闻记者报道说:"每日出煤,在民八、九盛旺时,为三千吨至四千吨;今则日仅四百吨。……昔年煤炭销路甚畅,全厂工人数达一万,职员六百余,待遇均优。嗣因销路日渐萎缩,职员已减其半,月薪除建厅所委专员可得二三百元外,余仅得由九元至四十五元之伙食费而已。工人则减为二千,且每日仅得半数可轮流做工,工资一角,自食不敷,更无余力以瞻(赡)其家矣!"④故它和当日国内各大煤矿比较,不论在设备、产量和营业上,都是要屈居末位的(参考表35、表36)。

民国二十六年(1937年),中日战争爆发。政府迁往陪都重庆后,因为战争的缘故,对于钢铁材料的需要越来越急切。可是,沿海港口逐渐被敌

---

① 方显廷编《中国经济研究》(长沙商务印书馆,民国二十七年三月),页635;谷源田《中国之钢铁工业》,引自陈真前引书第四辑,页738。又《国闻周报》四卷四十八期,页6,朔陶前引文说:"闻现(民国十六年四月)除已还之款外,(汉冶萍公司)尚欠(日本)日金四千五百万元。"
② 《三十年来之中国工程》,胡博渊前引文,页6。又1932年1月8日《申报》载:"综计(民国)二十一年(1932年)度输运日本之铁砂共达三十余万吨之巨,而其所得之代价,每吨仅实收国币洋二元云。"(引自陈真前引书第三辑,页508)
③ 《三十年来之中国工程》,侯德封、曹国权前引文,页15。《又第四次中国矿业纪要》,页356说:"原有铁煤车4千辆,每辆载重0.57吨,现多已损坏,能用者不足600辆。……锅炉共计40座,其中6座尚完好,24座均待小修。发电机共8座,共计电力1 725基瓦,压气机24座,大致勉强可应用。卷扬机11座,计十五马力者8座,七十五马力及一五〇马力者各一座,均完好。洗煤台设备,完整尚可用。新式炼焦炉262座,均完全毁坏。土法炼焦炉尚可用,开工日可产焦200吨。大致情形,该矿尚不难恢复。"
④ 陈赓雅《赣湘鄂视察记》(上海申报馆,民国二十三年),页33—34。又参考《第五次中国矿业纪要》,页477;杨大金前引书,页111。

表 34 民国以来汉冶萍公司日本借款一览表

(单位：日元)

日期	贷款者	契约额	负债额	年利率	期限	1934年结存额	用途	担保	条件	备考*
1912年2月8日	正金银行	(洋例银)120 000 000 两	(洋例银)120 000 000 两	7%	11年		大冶铁矿的维持费。	出售铁砂价款。		
2月10日	正金银行	3 000 000	3 000 000	7%	30年	4 559 844		大冶铁山、铁路等一切财产。		1934年止尚欠本金2 976 060日元。
6月14日	正金银行	500 000	500 000	7%	5月	766 087	经常费。	驳船及船坞。		
12月7日	正金银行	3 500 000	3 500 000	第一年8%,第二年以后6%	30年	3 815 437(上海两)	偿还外国银行之临时借款。	以公司收回外国借款之担保品为担保,并由中国政府拨给公司之南京公债500万元债票及公司汉口厂地、上海码头。		日本政府出卖;以川粤汉铁路预付公司机价抵还。自1913年7月起,分3年摊还,每年还款。1934年止尚欠本金250万两。**
1913年12月2日	正金银行	15 000 000	15 000 000	7%#	40年	22 982 620	偿还短期高利借款,大冶添设新榙铁炉二座,改良汉厂,大冶铁路电厂,萍矿电厂及洗煤所。	公司现在及将来所有之动产及不动产。	收买大冶矿砂及生铁价值;聘日本技师铁道会计为顾问;如第二次借款,先尽日本。	以矿石生铁价值归还;第1—16年每年还16万元,第17—36年每年还40万元,第37—40年每年还60万元。

第四章　汉冶萍公司商办时期

续表

日期	贷款者	契约额	负债额	年利利率	期限	1934年结存额	用途	担保	条件	备考
1917年9月7日	安川敬一郎	1 250 000	1 250 000	6%	15年		对日本九州制钢所认股第一回股金。	九州制钢所股票。		
12月13日	正金银行	300 000	300 000	7%	5年			每年运交铁砂一万五千吨。		大冶矿局借款。
1919年4月25日	安川敬一郎	1 250 000	1 250 000	6%	15年		对日本九州制钢所认股第二回股金。	九州制钢所股票。		
1921年8月15日	正金银行	2 000 000	2 000 000	未定	短期	（1922年4月20日偿清）	经营资金。	该公司全部财产。		
1924年1月31日	正金银行	2 619 000	2 619 000	8%	14个月	（1925年2月24日偿清）	旧年急需。	未定。		
10月4日	正金银行	195 000	195 000	8%	0.5†	（1925年2月24日偿清）	急需。	铁砂、铣铁售价等。		
1925年1月21日	正金银行	8 500 000	8 500 000	6%	至1959年3月31日	9 609 506	扩充费用。	该公司全部财产。		1927年3月4日为止，已拨交6 373 547日元。
1926年2月11日	正金银行	117 000	117 000	日息0.023%	1年		旧年急需。	售予日本制铁所需之铁砂、锰砂。		

续表

日期	贷款者	契项 契约额	契项 负债额	年利率	期限	1934年结存额	用途	担保	条件	备考*
9月17日	正金银行	170 000	170 000	日息 0.023‰	未定		中秋节急需。	售予日本制铁所之铁砂、锰砂。		
12月11日	正金银行	100 000	100 000	日息 0.023‰	未定		发放拖欠工资、饮食费等。	售予日本制铁所之铁砂、锰砂。		
1927年1月27日	正金银行	2 000 000	2 000 000	5.5%	32年	2 904 240	紧急经费及内外债本息。	该公司全部财产。		
1930年5月28日	正金银行	177 376	177 376	2%	15年	129 603		汉口厂地。		
	正金银行	116 682	116 682	2%	15年	85 256	偿付利息。	该公司全部财产。		
	正金银行	504 142	504 142	无息	23年	504 124	偿付利息。	该公司全部财产。		上海正金银行透支户余额改订借款。

资料来源：汪敬虞前引书，页120，前引表；《外交文书》《大正二年》二册，页901—902,936—937；黄月波前引书，页189—191。

* 在中"日"一条"二十一条"交涉以前，日本对公司的贷款，多由日本政府出资，再由日本各银行转贷与汉冶萍。在整个贷款额中，日本政府关系贷款者占95.46%，非政府关系贷款者占4.54%。参考荣孟源前引书，页233。

** 计粤汉铁价洋例银4 873 290.38 两，川汉铁价4 876 261.33 两，共9 740 551.71 两。见《外交文书》《大正二年》二册，页902。

前六年7%，以后6%。

† 据汪敬虞前引书，页120，本表所举各合同的期限单位均没有注明，但以情理推度，当为年，故数目字0.5可代表半年。

第四章 汉冶萍公司商办时期

表35 欧战后中国各大煤矿年产能力及设备 （单位：千吨）

公司名称	年产最大能力	设 备
抚顺煤矿	11 000	电力搬运；选煤机100座，可选煤16 000吨；风扇13架；电力共13万余基瓦，有铲煤机等。
开滦煤矿	7 500	直井15口，洗煤机2座，电力搬运，共发电22 500基瓦。
中兴煤矿	1 500	大直井3口，电力箸篓运煤，下坡绞车10副，亦用电力，电力共4 620基瓦。
焦作中福公司	1 140	共6直井，有筛煤机1座，400马力大电泵1具，电力2 775基瓦。
井陉矿务局	1 000	直大井5口，出煤者3，锅炉24具，抽风机、洗煤机均备，附炼焦炉大小30座。
六和沟煤矿	750	电力卷扬机六座。
本溪湖煤矿	680	斜坑4，直井1，电风扇4台，选煤机2架，电力共8 000基瓦。
门头沟煤矿	800	大井2，电泵8具，电力选煤机1座，电力1 500基瓦。
鲁大公司	1 000	直井3口，风扇1座，发电能力3 000基瓦。
萍乡煤矿	300	直井2，风机1座，120马力；主要坑道用电车；洗煤机2座，锅炉大小凡40具，设备残旧。

资料来源：《三十年来之中国工程》，侯德封、曹国权前引文，页4—5，《中国各大矿年产最大能力设备表》。

表36 欧战后中国本部煤矿产额表 （单位：吨）

年 份	开滦矿务局	井陉矿务局	萍乡煤矿	中兴公司	六河沟公司
民国十五年(1926)	3 582 000	339 349	75 715	603 440	277 464
民国十六年(1927)	3 683 000	341 588	183 349	259 765	165 480
民国十七年(1928)	4 958 000	268 135	163 821	——	382 302
民国十八年(1929)	4 620 000	500 605	233 311	139 458	367 365
民国十九年(1930)	5 327 337	472 738	147 946	355 502	256 470

续表

年　份	开滦矿务局	井陉矿务局	萍乡煤矿	中兴公司	六河沟公司
民国二十年(1931)	5 356 000	608 197	163 144	762 681	505 355
民国廿一年(1932)	5 205 169	643 245	192 115	973 219	751 135
民国廿二年(1933)	4 283 999	706 031	172 874	1 132 544	519 557
民国廿三年(1934)	4 754 815	795 248	227 064	1 311 708	576 171

资料来源：《第五次中国矿业纪要》，第四十七表，《民国元年至廿三年中国本部煤矿产额表》。又参考《三十年来之中国工程》，胡博渊前引文，页5；吴祥龙《我国煤矿之现状》《时事月报》10卷2期，1934年2月），引自陈真前引书第四辑，页910。

方封锁，钢铁材料不能够从国外大量输入；另一方面，在战争期间，由于军费浩大，政府又没有能力再重新建设一个大规模的钢铁厂。因此政府便把汉阳铁厂、六河沟铁厂及上海和兴公司制炼钢、铁的机器设备，搬运至四川，在重庆大渡口和綦江，各设立一个规模较大的钢铁厂，并在川、滇各地成立小规模的钢铁厂。① 但因资本缺乏，交通阻滞，一般说来，抗战时期在西南大后方设立的钢铁厂都不如理想。②

---

① Yuan-li Wu，前引书，pp.29，201；王子祐《抗战八年来之我国钢铁工业》，引自陈真前引书第四辑，页761。除了在重庆和綦江外，政府又在云南、四川各省设立了较小型的钢铁厂。参考 Yuan-li Wu，前引书，pp.29，201，205；王子祐前引文，引自陈真前引书第四辑，页761—762；《三十年来之中国工程》，胡博渊前引文，页10—12。
② 参考1943年12月23、24日及1944年6月15日重庆《商务日报》，引自陈真前引书第四辑，页768—770。

第五章 汉冶萍公司失败的原因

前人论述汉冶萍公司失败的原因很多,综合来说,可以分为计划不周、经营不善、用人不当、环境不良四个。但在拙著《汉冶萍公司之史的研究》中,除了上述四个原因外,还指出了成本高昂这一个原因,认为它对于公司的失败,起着一种决定性的作用。① 兹分述这些原因于后。

一、计划不周

计划不周这个原因,由张之洞开之于前,盛宣怀继之于后。创办一个现代化的钢铁厂,是一件大事,必先要经过缜密的研究与计划和筹有充足的资本(最少英金 200 万镑),才可以着手进行,并且还要具备以下的条件:

(1) 每年有 200 万至 300 万吨铁砂的供给,故铁矿储量最少要有 3 000 万至 5 000 万吨。

(2) 每年有 150 万吨煤的供给,故煤储量要达 2 400 万吨;并须确证煤在质的方面,足可以炼成优良的焦煤(或焦炭)。

(3) 每年有 50 万吨石灰石的供给。

(4) 厂址要适中,须接近市场,并具备水和电力的供应。

(5) 要预算铁砂和煤运至钢铁厂的运费,以及把制成品由钢铁厂运至市场的运费。②

---

① 吴景超在《汉冶萍公司的覆辙》一文中,认为汉冶萍公司失败的原因,有计划不周、用人不当、经营不善和环境不良四个(见《新经济半月刊》一卷四期,页 107—108)。曾述荣在《调查汉冶萍公司报告书》(1914 年 7 月)中,认为公司失败的原因,有地势失败、用人失败、经营失败、组织失败四个(见北京大学图书馆藏《汉冶萍公司档案》抄本,引自陈真前引书第三辑,页 485—486)。又关于成本高昂的原因,见拙著《汉冶萍公司之史的研究》,《中国现代史丛刊》第二册,页 363—368。
② A User, *Iron and Steel* (London, 1948), pp.21-23.

拿以上所列的条件来衡量汉阳铁厂，显然并不合格。张之洞只是一个政治家，并不是一个有经验的实业家，他完全不知道创办铁厂有这么多"苛求"。他平日的作风，据《清史稿》，传二二四，页一三七八，《张之洞传》说："莅官所至，必有兴作，务宏大，不问费多寡。爱才好客，名流文士争趋之。"可见他好大喜功，不务实际，而又不脱书生的本色。因此，他创办汉阳铁厂，全凭一股热劲。他初时既没有充足的资本，又没有发现煤、铁矿，就凭空创办起钢铁厂来。更糟糕的是，他为了方便自己视察起见，竟草率地把铁厂设在既低湿，又不产煤、铁的汉阳，简直是一大错误。① 另外，他在定购机器的时候，又狂妄地认为"以中国之大，何所不有？岂必先觅煤、铁而购机炉？"②结果，他购买了不能把较多的磷除去的酸性贝色麻炼钢炉，贻汉厂以无穷之患。

盛宣怀所犯的错误，在经费方面，也像张之洞一样没有预算。他应付公司经费困难的方法，并不从根本着手，光是四处借债，以致日本人有机会插足来加以控制。公司欠日本的债务愈多，越发不能自拔，终至于完全受制于日本，没有半点自由，结果吃了大亏。到了欧战时期，公司赚了不少的钱，又不晓得趁着这个机会把日债清偿，而只顾虚糜浪费和分派红利，以致不能摆脱日本的控制。故后人有批评盛宣怀这个借外债以解决经费问题的方法，无疑是"饮鸩止渴，作茧自缚"③。

二、经营不善

汉冶萍的总公司和董事会设在上海，和厂矿距离两千余里，每每因为消息不灵通，对于公司各部门的纰漏情形，没有法子知道，也没有方法制止。④

---

① 关于张之洞创办汉阳铁厂的没有计划，有人曾经这样批评："盖张之洞创办汉阳铁厂，其功在为人所不敢为，造兹伟业；而其过在为人所不敢为，遗此弊薮。如度地则取己耳目，不问其适用与否……造炉则任取一式，不问矿质之适宜与否；购机则谓大须可以造舟车，小可以制针钉。喜功好大，以意为师，致所置机器，半归无用。故不数年而穷竭力竭，拱手让人。始基已坏，善后亦难。"确是的论。故张之洞创办汉阳铁厂，在中国近代工业史上虽有功劳，但他没有周详计划，对后来以铁厂为主要构成份子的汉冶萍公司来说，是一个极大的过失。恐怕他创办的功劳虽然很大，事实上并不能弥补他的过失。参考《经世文编》，《实业》三，页63，工商部前引文。
② 《经世文编》，《实业》三，页65，阙名《述汉冶萍产生之历史》。
③ 方显廷前引书，页650。
④ 曾述棨在前引文中说："总公司与董事会设在上海，距各厂矿两千余里，消息不灵，鞭长莫及。况复事权各执，手续纷糅，凭三数坐办，一纸呈报，真伪是非，乌从辨晰？"(见陈真前引书第三辑，页486)又《新经济半月刊》一卷四期，页107，吴景超前引文，亦有同样的记载。

第五章　汉冶萍公司失败的原因

例如萍矿总办林志熙，侵吞了公款 30 多万两，公司并不知道，后来经工商部委员王治昌查出，公司才加以起诉。① 由于组织的不健全，股东对于公司并没有监督能力，股东会甚至许多年不召集一次。② 此外，正如我们在上文所指出的，公司账目混乱，虽然明明亏本，也要分派股息，以致增加公司债务的负担，也是它组织不健全的另一明证。

由于组织的不健全，公司管理效率低下，以致弊病丛生，积重难返，终于无可救药。例如翊陶说："据三处（汉厂、冶矿、萍矿）管理情形，以汉厂为最优。但汉厂职工之懈怠，在武、阳、夏三镇则特著。其（厂内）各股之间实亦缺乏联络，每股各自为政，各欲减少其负担。因之，甲股为乙股制造某件，甲股必高其价值转账于乙股；反之，乙股为甲股制造某件，乙股亦必有以报之。如此转诈，股与股间非但不愿联络，且相敌视，各在可能范围内扩张本股，以图免他股之羁勒。结果遂致全厂多重设之机件，多用许多工人。厂之于矿，亦正复如此。闻某□（年？）萍矿致□（函？）总公司请购汽炉，尔时汉阳之英国式冶铁炉已久停不用，其附设之汽炉亦放置久未生火。公司乃转嘱汉阳拆卸运往萍乡，并令汉厂估价令萍矿转账。汉厂即一面拆卸汽炉，一面电达萍矿转账起运。结果萍矿嫌汉厂估价太高，竟拒搬运。总公司亦无可如何。"③ 汉冶萍公司既然是一个企业，它内部各单位当然要互相密切联系，才能发挥效率；可是却发生这样荒唐而可笑的事情，可见它的失败，并不是偶然的。不特如此，当政局发生变化的时候，公司中的职员每每趁着社会不安定的机会，把持

---

① 《新经济半月刊》一卷四期，页 107，吴景超前引文。又参考 1913 年 1 月 11 日《捷报》，引自汪敬虞前引书，页 475；1913 年 3 月 4 日《时报》，引自陈真前引书第三辑，页 483。后者又记载："然汉冶萍公司开办以来，侵款自肥如林志熙者，殆不可胜计，不过互相包庇，无人发现耳。即如汉口扬子江机器公司，即由汉阳铁厂搬出之旧机器所组成，并由铁厂提银五万两作股本，由汉厂总办李维格出名承办，得利由各厂员均分。实则厂员并无一钱股本在内，即窃汉厂之旧机器及五万金为彼数人之私产耳。"又《东方杂志》十五卷四期《汉冶萍公司纪略》说："（公司）厂矿人员，（在欧战时期）无不舞弊者，董事无论矣。"又《国闻周报》四卷四十八期，页 3－4，翊陶前引文说："在近年中较著之事项，当推汉厂之短少钢料案。起因为钢厂停炼数年，所存出品颇多，不易销售，公司用以抵押，遂发觉短少钢料，为数竟达二千余吨。该管理职员并无何人受处分。宽宏大度，该公司执事者诚足以当之。嘻！"
② 《新经济半月刊》一卷四期，页 107，吴景超前引文说："民国二十年，公司有几个股东，上呈文于政府，说是'汉冶萍十余年来，股东会从未召集。'这虽然是一句过分的话，但自从民国十三年以后，到二十年，数年之内，没有开过股东会，是实情。"又 1931 年 7 月 24 日《时事新报》载："十余年中……公司账目，并无片纸报告，股东会名目徒存，召集无期。"（引自陈真前引书第三辑，页 508）
③ 《国闻周报》四卷四十八期，页 3，翊陶前引文。

厂矿，不受总公司的节制。例如1913年3月4日《时报》，刊载《汉冶萍公司之悲观》一文，其中说："光复之后（民军起义以后），各厂办事人员与各地方官绅联络一气，各就地域把持一切，不受总公司节制，对于总公司派去职员辄行拒绝。所有售煤售矿以及轮驳收入之费，均为事务员所把持，总公司不敢过问。……萍乡煤矿则自光复后即由矿山自举李荩臣为矿长，妄称共和政体，只向总公司要钱，不受总公司节制。矿山内因职员、工匠之地域，设（原作没，误）有湖南、江苏、广东、江西各同乡会及国民党、共和党支部，并合组一工业会，俨然矿山之一议会，矿长之一举一动，均须得该会之承诺。最奇者，该矿拟并（提？）倡寓兵于工之说，拟将矿丁自行编练，声言以备对待总公司及政府之干涉。各职员额加薪水，则自书一条，任写若干金，矿长画诺而已。"① 到了这个地步，公司即使没有其他原因，也会逐渐败亡的。

三、用人不当

近代中国的工业建设，在用人方面有两个缺点：一是专门技术人才的缺乏，二是工人对于该门工业的知识水准的低下。以前者来说，例如工业中较易发展的棉纺织业，在民国初年82间工厂中，应该需要专门技术人员4 000名，但实际上只有500名，占应该需要数目的1/8而已。② 以后者来说，工业中制造技术最简单的莫如玻璃工业，但清末民初中国的玻璃业工人，"大多缺乏知识，墨守成法，不知研究改良，致所出货品，各家靡不雷同，与外货相较，有似云泥之判"③，这当然要阻碍工业的发展。钢铁工业的经营是一门高深而又专门的学问，若拿以上的例子来衡量汉冶萍公司，则专门技术方面的人才固然少得可怜，即工人对于制炼钢铁的知识，也比制造玻璃的工人差得多。

张之洞和盛宣怀，在清朝末年各大员中，虽然可说是有远见和有魄力的人物，但对于钢铁工业，事实上并没有多大的认识。因此，张之洞会在既不

---

① 陈真前引书第三辑，页482—483。又张謇前引书，《政闻录》卷九，页13，《拟官商合办汉冶萍公司办法呈》也说："查该公司（汉冶萍公司）自开办以来，积弊之深，耗费之巨，久在洞鉴之中。民国成立后，总公司号令不行，各处要挟把持之弊，尤甚于前。"
② 方显庭前引书，页593。
③ 谢惠《山东博山之玻璃工业》，《民族杂志》一卷六期（上海，民国二十二年六月一日），页1007。

第五章　汉冶萍公司失败的原因

产铁、又不产煤的汉阳来创办钢铁厂和闹出乱购机器的大笑话；盛宣怀则把这个大规模的钢铁企业管理得像衙门那样，充满清末官场的腐败作风[1]，以致公司组织松懈、工作效能低落。主持者尚且这样，其他公司职员，自然表现得更差了。像公司高级职员卢成章的事件就是一个最好的例子。1915年7月9日，《时报》刊有《汉阳铁厂二十八万元之弊混》一文，其中说："去年大冶欲扩充化铁炉一具，吴任之赴美购办机件，坐办一席，即托卢鸿沧之子卢成章代理。不料成章一改其常度（态？），舞弊营私，无所不为，遍置同乡，以厚努力，大有喧宾夺主之志。满拟接吴任之为正式坐办，千方百计，以冀达其目的，与其同乡在汉口私结一团体，终日花天酒地，对于本地人及非其同乡一概排斥，不许搀入其内。乃（及？）吴任之由美言旋，幸成章尚未运动成熟，不得已一再延宕，于前日始行交出，吴任之细核账目，竟亏空二十八万之多。"[2]卢成章在当时算是一个知识分子，对于近代工业有相当的认识[3]，竟会做出"舞弊营私""喧宾夺主"的事情来，其他公司职员也由此可以概见了。根据曾述荣的报导，汉冶萍公司"所用职员、技师，类无学识经验，暗中摸索，即实力经营，已不免多所贻误。况再加以有心蒙混，任意开销，其流弊故不可胜纪"[4]。因此，"于仲赓在京为政府言，汉冶萍每年可裁节经费五十万两之多"[5]。

在汉冶萍公司负责经营管理的人员，既然不谙钢铁工业的专门技术，

---

[1] 1913年3月4日《时报》，前引文说："汉冶萍虽名商办公司，其腐败之习气实较官局尤甚。以前督办（盛宣怀）到厂一次，全厂必须悬灯结彩，陈设一新。厂员翎顶、衣冠、脚靴、手本站班迎迓。酒席赏耗之费每次至二三百元之多，居然列入公司账内。督办之下，复设总会办，月支薪水二百两、一千两。一顶绿呢轿、红伞、亲兵号挂以及公馆内所需一切器具、伙食、烟、酒、零用，均由公司支给。"（见陈真前引书第三辑，页483。）

[2] 引自前引书，页483。

[3] 卢成章曾经写过一篇《钢铁工业救国策》的文章，认为要使中国富强，莫如振兴钢铁工业，并指出中国工业失败的原因，有"不研究世界工业之进步，而固守旧法也""全无营商性质，多有官派也"和"用人之不当"三个。文见《经世文编》，《实业》二，页45—48。

[4] 曾述荣前引文，引自陈真前引书第三辑，页485。又1913年3月4日《时报》前引文，认为公司职员的质素低落，是由于"汉冶萍三处统计不下一千二百人，大半为盛宣怀之厮养及其妾之兄弟，纯以营私舞弊为能"（引自陈真前引书第三辑，页483）。又吴景超前引文说："（汉冶萍）公司中人，率皆闲散官绅，寅缘张之洞、盛宣怀而来，希图一己之分肥，与公司无利害之关系。"（见《新经济半月刊》一卷四期，页107）又"中研院"近史所藏卢洪昶前引文，页9说："（汉冶萍公司）上至工程师，下至司友、匠目，既乏知识，又无经验，必须逐一教授方能应用。又往往各部分之人不明责任之所在，任意放弃，此则为最憾之事耳。"

[5] 《未刊信稿》，页252，《对于汉冶萍公司的意见》（民国四年三月十七日）。

又缺乏经营近代企业的知识,同时私心又非常之重,当然难望有好的成绩了。

四、环境不良

我们在上文中已经指出,欧战后汉冶萍公司的没落,是受了民国初年国内政治、社会不安定的影响。事实上,这个不安定的环境,对于公司的失败,起着重大的作用。关于这点,吴景超在《汉冶萍公司的覆辙》一文中,有很详尽的说明。他说:"无论什么事业,都要在安定的社会里,才可以生长。民国自成立以来二十余年,内乱时时发生。辛亥革命之时,汉厂以逼近战线,炉毁厂停,损失至巨。赣、宁之役,武汉转兵,将厂方运料轮驳,悉索一空,厂炉几至停辍。以后也叠受军事的影响。萍乡煤矿虽僻处赣省边境,但自民国成立以来,常因战事而停工。矿中食米,常被征作军粮;开矿工人,常被军队拨去当运输的工作。这种有形无形的损失,实在是不知凡几。而且在别的国里,像汉冶萍公司这种事业,政府认为与国防有关,是特别爱护的,但在中国,汉冶萍公司,除在前清宣统三年,曾向邮传部预支轨价银三百万两及民国元年,曾向工商部请得公债五百万元之外,没有得到政府的一点补助。就是在前清时代预支的轨价,到民国三年,交通部向公司替陇海、吉长、张绥等铁路购轨时,便以此借口,拒不付现,而以旧欠作抵,以致公司向政府发出'矢绝道穷,不亡何待'的哀鸣。民国元年,工商部部长呈大总统文,历叙政府与公司之关系,其结论为'官家之于公司,实无成绩之可言。'可谓与事实相符。至于地方政府,如民初鄂省所派的督办,除月领公司薪水七百元外,并无丝毫的贡献。鄂省清理处,是专与汉冶萍公司算旧账的机关,据公司上政府的呈文,说是这个机关所扣去公司的财产,即轮驳一项,已逾二百余万。二十二年,湖北省政府又以该公司积欠鄂省债捐为理由,将汉阳铁厂所存的钢轨,提出售与平汉、陇海两路局,据云共值百余万元。大冶铁矿所在地的县政府,在民国初年,屡向冶矿要求纳捐,以充经费,起初以自治经费为理由,每年向冶矿要求捐款四千两。自治矿停办之后,大冶县知事又以办警队为由,逼令冶矿照旧纳捐,认为是地方税的一种。像这一类的例子,证明过去各级的政府,对于新兴的事业,保护少而

第五章　汉冶萍公司失败的原因

剥削多，补助是少有的，但诛求却无餍。"①公司既然要蒙受这许多烦苛的剥削，当然难望营业有好的发展了。

当日中国一般的工业，也像汉冶萍公司一样，饱受军阀或政府的摧残，以致凋零衰落，能够逃出这个不幸的命运的，简直是凤毛麟角。像启新洋灰公司那样经营成功，可说是一个很特别的例外。启新洋灰公司的前身，是唐廷枢于光绪十二年（1886年）在河北唐山创办的唐山细棉土厂，但因经营不善，几年后便倒闭。二十四年（1898年），由矿务大臣张翼和德人德璀琳（Gustav Detring）合资重新经营。光绪三十二年（1906年），改组为完全由华资经营的企业，更名启新洋灰公司。此后在周学熙主持之下，它的业务蒸蒸日上，产品除供给京绥、京汉、津浦等铁路的需要外，更于民国九年（1920年）推销至华南各地。欧战结束以后，它不只没有像其他企业那样因外国货物的竞争而亏本或倒闭，反而在外国水泥源源输入中国的时候，与它们分庭抗礼。从民国十一年（1922年）至1949年，它是中国水泥的主要制造者；而在民国十一年以前，它更独占了中国本部的水泥市场。自民国元年（1912年）至二十三年（1934年），它每年的水泥产额由356 430桶（每桶重375磅）增加至1 541 934桶，销售量由210 000桶增加至1 504 604桶，获利由401 228元增加至3 351 153元。② 汉冶萍公司和启新洋灰公司处于同样恶劣的情况下，为什么前者会遭遇失败，而后者却能突破这个不良的环境，在中国发展起来呢？其中主要是由政治上的影响所致。启新洋灰公司，从光绪三十二年（1906年），周学熙申请清廷把它改为商办的时候开始，即受到直隶总督、后来的民国大总统袁世凯的保护，故能享受免税、长期供给京汉等铁路需要的特权，从而在营业上打下了一个很好的基础。它历任总理和董事在民国初期的政治舞台上，都是显赫一时、炙手可热的人物，其中包括袁世凯4个儿子、3位财政总长、1位农商总长、1

---

① 《新经济半月刊》一卷四期，页108，吴景超前引文。
② 参考 Albert Feuerwerker，"Industrial Enterprise in Twentieth-Century China：The Chee Hsin Cement Co."（Reprint No.27 of Center for Chinese Studies，The University of Michigan，1967），pp.309，315－318；南开大学经济研究所及经济系编，《启新洋灰公司史料》（北京，1963年），各处；方显廷前引书，页165；《唐山工业调查录》（录自《河北实业公报》，1932年7月），及周学熙《禀直督袁唐山洋灰公司股份招齐更名拟章请咨部立案文》（光绪三十三年五月），二者均引自陈真前引书第三辑，页336—337。

位银行总裁、1位省长和数位铁路局长等,并且他们之间都是父子或兄弟,为了自己利益,当然对启新竭力加以保护。① 由此可见,启新的成功,显然是由于它的主持者与官僚勾结,在政治上得到大力支持和保护的结果。

汉冶萍公司所处的情形恰恰和启新相反。汉阳铁厂在清末由张之洞创设,继而由盛宣怀承办;其后汉冶萍公司的大股东,除了盛宣怀外,还有清朝皇室要员奕劻、载洵、载涛等,因此公司曾享有免税、供给钢轨来兴建各铁路等特权。但到了宣统元年(1909年),张之洞去世,公司便失去了一个有力的保护者;三年,盛宣怀因铁路国有政策得罪国人,他和袁世凯在政治上又处于对立地位;再加上公司的大股东如奕劻等都是满人,在政治上和民国对立。故民国以来,汉冶萍公司已失去政治上的庇护,饱受地方绅士的压迫。在公司的负责人中,它历任经理、协理如李维格、叶景葵,是清末民初实业界中的有名人物;总经理张謇虽然素负时望,并且对于提倡中国实业,不遗余力,但任期很短,而且对于政治并没有很大的兴趣;总理孙宝琦和盛宣怀是姻亲,自民国四年(1915年)中、日"二十一条"交涉而辞去外交总长职位后,即就任总理之职;董事赵凤昌是商界名人,李经方是李鸿章的儿子,和盛氏是翁婿。他们都是民国初期的知名人物,但并不是政治舞台上的红人,对公司的政治保护力量不及周学熙等之于启新那样,故在民国战乱频繁的时候,汉冶萍公司便要饱受摧残,得不到一个安定环境来发展业务,以致失败。

五、成本高昂

汉冶萍公司产品成本高昂的原因有两个:一个是债务上的影响,一个是原料与燃料运费的负担。

首先让我们谈谈债务上的影响。汉冶萍公司前后向日本举借巨额的债款,因为要分年归还本息,每年须用大冶铁砂和铁厂生铁来支付。复次,公司又向各钱庄、洋行举借不少短期债款。这些债款的利息都很高,平均在九厘半至一分三厘左右。据估计,在1907年,公司因欠这些短期债款而

---

① Albert Feuerwerker,前引文,pp.318 - 319,322 - 323,330,334 - 338。

第五章　汉冶萍公司失败的原因　　　　　　　　　　　　　　　　　　　　　161

支付的利息，多至 60 万至 70 万两左右。① 计自商办以来至民国初年，它共发债息 9 855 531.026 两。② 由于这一大笔债息的负担，公司产品的生产成本自然要特别加重了。

运费方面，包括大冶铁砂和萍乡煤焦的运费。大冶每吨铁砂的采炼成本，李维格在光绪三十年（1904 年）约估为银 1 两。③ 此后，每吨成本约为洋例银 1 两 2 钱 8 分 2 厘（见表 37）。这个数目看起来好像很小，但汉阳铁厂长期消费大冶铁砂，数量庞大，因此这笔费用也是一个不小的数目。另一方面，因为萍乡和汉阳或大冶的距离都要比大冶至汉阳为远，煤焦成本比大冶铁砂的成本更要高得多。我们在上文已经指出，煤焦由株萍铁路运至昭山后，因为粤汉铁路尚未通车，只好利用水道运往汉阳；大约利用民船运输的煤焦，占总数的 3/4，其余则利用汽船来运输。④ 民国七年（1918 年）九月十六日，长沙至武昌的铁路完成后，萍乡的煤才能完全利用铁路运往汉阳。⑤ 可惜当时欧战快告结束，汉冶萍公司的营业已开始走向下坡。由于运费的昂贵（参考表 38），在 1906 年以前，公司在汉阳使用萍焦，每吨需费 11 两（14 元）；到了 1919 年，更增加到 17 元。⑥ 如果我们拿萍煤和中国其他煤矿的煤焦运至汉阳的运费（以民国二十四年的运费为例）相比较，更可见出它运费的高昂。萍乡距离武汉最近，只有 509 公里，煤每公吨运费达 5.75 元，较距离武汉 594 公里的中原煤矿还要贵，比距离武汉 931 公里的井陉煤矿只便宜了 1 元 8 角左右。开滦煤矿和汉口的距离，

---

① Albert Feuerwerker, "China's Nineteenth-Century Industrialization: The Case of the Hanyehping Coal and Iron Company, Ltd.", p.104.
② "中研院"近史所藏卢洪昶前引文，页 9。
③ 李维格《出洋采办机器禀》，引自陈真前引书第三辑，页 416。
④ 顾琅前引书，第三篇，页 49—50。又《未刊信稿》，页 249—250，《致湖北段巡按使函》（民国四年三月十七日）载：萍煤由株洲利用输船运至汉阳，每吨约需 1 两 4 钱，民国四年一月至六月，减至 9 钱 7 分多，可说是前所未有的便宜。煤焦运至岳州城陵矶的时候，其中有 30% 上栈，每吨要上下力银 5 钱，煤焦损耗尚不在内，可说是一大负担。又参考翱陶前引文，《国闻周报》四卷四十八期，页 1。
⑤ 凌鸿勋《詹天佑先生年谱》（台北中国工程师学会，1961 年 1 月），页 82 说："（民国七年）九月十六日，武长（铁路）全段开行工程车，附带营业。其时萍乡已接至株州，由株州至长沙前已由湘路公司接筑完成，至是萍乡煤遂得借铁路直接运出。"
⑥ Albert Feuerwerker，注二一引文，p.103，但作者在这里没有注明出处。按徐润《徐愚斋自叙年谱》（民国十六年印），页 111，《赴萍乡日记》（光绪三十年九月）说："（萍乡）焦炭山本成本，约每吨五两。路费至铁厂，约四两。作价厂用十一两五钱。"

更要比萍乡、汉阳间的距离远得多,但开滦煤在汉口的售价并不比萍煤昂贵多少(见表39、表40)。

表37 大冶铁砂每吨采炼成本　　　　　　　　　　　(单位:两)

项　　目	款项(洋例银)
采费,连装火车	0.134
火车运费	0.099
下车装船	0.049
轮驳运费	0.5
局用	0.5
共　计	1.282

资料来源:"中研院"近史所藏卢洪昶《上徐相国禀》,页14。又顾琅前引书,第二篇,页7,载大冶铁砂每吨成本为2元至2元5角。

表38 萍乡煤矿出煤每吨成本　　　　　　　　　　(单位:两)

项　　目	款项(洋例银)
毛煤洗净七折	2.00
洗费	0.14
窿外经费	0.4
出井税	0.1
正半税	0.15
起卸装船出舱费	0.2
火车运费*	0.56
由株洲至汉水道运费	1.5
共　计	5.05

资料来源:前引文,页14下—15。

* 翁文灏《路矿关系论》(民国十七年),页37载:株萍铁路在通车时,原定价每吨煤6钱,焦8钱。光绪三十二年,改煤8钱,焦1两;宣统三年,改煤7角2分,焦加二成。民国三年五月,订月运满6万吨者,每吨每哩1分2厘,未满者1分3厘,均按八折算费,焦炭加三成。湘鄂定于五年十月订运费每吨每哩1分5厘,焦炭加三成;七年八月改1分1厘;八年六月,改9厘9(订长约运费)。

第五章　汉冶萍公司失败的原因

表 39　各煤矿煤焦至武汉运费表

矿　　名	与武汉距离(千米)	每公吨运费(元)
井陉煤矿	931	7.54
临城煤矿	873	6.74
磁县怡立煤矿	756	5.84
六河沟煤矿	721	5.71
中原煤矿	594	4.97
萍乡煤矿	509	5.75

资料来源：陈维、彭斅《江西萍乡安源煤矿调查报告》(1935年江西省政府经济委员会出版)，引自陈真前引书第三辑，页456。

表 40　各煤矿煤焦在汉口销售成本(民国二十四年一月)　　(单位：元)

矿　　名	至起运站成本	铁路运费	船运费	杂　费	合　计	市　价
六河沟煤矿	4.12	5.31		1.33	10.76	统 12.00
井陉煤矿	3.25	6.65		0.94	10.84	统 12.20
开滦煤矿	3.68	1.54	3.50	1.65	10.37	一号统 12.50
萍乡煤矿	4.40	4.60		0.51	9.51	洗统 10.00

资料来源：《第五次中国矿业纪要》，页101。

近代钢铁工业的发展和煤矿资源有非常密切的关系，因为自铁砂炼成生铁，再转炼成钢，要消耗大量的煤作燃料才成。世界上钢铁工业最早发展的英国，在1925年要消耗3.4吨的煤才能炼成1吨的钢轨。[1] 因为要消耗这样多的煤，煤的费用的大小自然和钢铁生产成本的低昂有密切的关系。因此，在汉阳的萍煤成本的高昂，对于汉冶萍公司的失败，着实产生了一种决定性的作用。还有一点要补充的，汉阳铁厂"每炼生铁1吨，需焦炭1.2至1.3吨"[2]，和美国匹兹堡每吨生铁平均只消耗1吨焦煤比较[3]，要大许多，自然也

---

[1] D. L. Burn, 前引书, p.365。
[2] 《中国铁矿志》，页253。又同书页255说："至于消费焦炭之量，老化铁炉出生铁1吨，需焦1.25吨。"
[3] 拙著《汉冶萍公司之史的研究》，《中国现代史丛刊》第二册，页364。

要影响生产成本的提高。

由于上述原因,汉冶萍公司生铁、钢的成本都很高。民国四年,汉阳铁厂生铁每吨成本为 20.2 两;八年,48.50 元;九年,47.78 元(或 31.1 两);十一年,67.68 元(参考表 41、表 42)。若和美国匹兹堡的每吨生铁 22 美元(合华银 28.6 元)、英国克利夫兰(Cleveland)的每吨 5 镑(合华银 24 元弱)的成本比较,公司每吨生铁的成本为后二者的 2 倍左右。[①] 其中焦煤费用,民国四年约占生铁成本的 55.45%;八年为 50.6%;九年为 49.84%;十一年为 54.96%(参考表 41、表 42、表 43)。若和本溪湖铁厂每吨生铁耗煤费用 5.74 元相比较,则汉阳铁厂的 24.54 元为前者的 4 倍强(见表 44)。

表 41　民国四年及九年汉阳铁厂每吨生铁成本　　　　　（单位：两）

项　　目	民国四年(1915 年)	民国九年(1920 年)
焦煤	11.2	15.5
铁砂	1.6	3.2
石灰石	0.6	1.2
薪水	0.4	0.4
工资	0.5	0.5
化铁股自用杂费、杂料等	0.6	0.9
汽炉用煤	3.2	2.4
通常费用(机器股修理费、材料费、电费等均摊在内)	1.1	6.0
铁捐	1.0	1.0
共　　计	20.2	31.1

资料来源:《中国铁矿志》,页 256。表末附注说:"以上所列之成本,均未包括利息及折耗。如再加入,则为数自更重矣。"

---

① 拙著前引文,见前引书,页 363。

第五章　汉冶萍公司失败的原因

表 42　汉阳铁厂每吨生铁成本的三种估计　　　　　（单位：元）

项　　目	民国八年(1919年)刘大钧估计	民国九年(1920年)王宠佑估计	民国十一年(1922年)霍德估计
铁砂	6.55	6.66	9.14
锰矿	2.18	0.66	3.04
石灰石		0.92	
焦煤	24.55	26.52	37.20
废铁	3.78	0.36	——
工资	0.53	0.56	1.34
添置储存	5.82	0.24	8.90
修理		0.38	
器具补换		0.72	
动力		1.24	
办事费	2.33	1.92	
经济费	2.76	7.20	8.00
共　计	48.50	47.78	67.68

资料来源：前引书，页276—277。

表 43　原料成本在民国八年汉阳铁厂生铁成本中的百分比　　（单位：%）

月　份	焦　煤	铁　砂	本地白铁	锰矿、石灰石等	各种原料合计
正　月	45.7	13.8	13.5	3.9	76.9
二　月	48.1	14.7	5.2	4.7	72.7
三　月	47.0	12.2	9.7	4.7	73.6
四　月	55.4	14.1	1.9	4.2	75.6

续表

月 份	焦 煤	铁 砂	本地白铁	锰矿、石灰石等	各种原料合计
五 月	51.8	13.4	8.1	4.3	77.6
六 月	52.5	13.4	7.9	4.7	78.5
七 月	53.7	12.7	8.4	5.0	79.8
平 均	50.6	13.5	7.8	4.5	76.4

资料来源：D. K. Lieu, *China's Industries and Finance*(Peking, 1927), pp.217－219。

表 44　汉阳铁厂与本溪湖铁厂每吨生铁成本的比较*

项 目	民国八年 汉阳铁厂 成本(元)	占总成本的百分比(%)	民国四年 本溪湖铁厂 成本(元)	占总成本的百分比(%)
焦煤	24.54	50.6	5.74	28.7
铁砂	6.55	13.5	5.10	25.5
各种原料(包括焦煤及铁砂)	37.05	76.4	11.10	55.5
工资	0.53	1.1	1.30	6.5
制造费	5.82	12.0	3.80	19.0
办事费	2.33	4.8	0.44	2.2
经济费	2.77	5.7	3.36	16.8
总 成 本	48.50	100.0	20.00	100.0

资料来源：前引书,p.207。

　　* 文内并没有指明为本溪湖铁厂,只说 Works B.但民国四年,除汉阳铁厂外,中国只有本溪湖铁厂出铁(见《中国铁矿志》,页271;丁文江、翁文灏《中国矿业纪要》,地质调查所,民国十年,页35),故可推知为本溪湖铁厂。

日本东亚研究所曾经把汉阳铁厂1920年的制造成本和日本八幡制铁所在1930年的成本列表加以比较。从它所列的表,我们可以看出八幡制铁所虽然要从大冶运入铁砂,故原料费较汉阳铁厂高出6元左右,但它的焦炭费用,比汉厂为低。而且,制铁所每年在成本预算中,都拨出一部分款项作为机器折旧之用,故机器修理费远比汉厂为小(参考表45)。由此看来,汉冶萍公司生产成本之所以高昂,除了受上述各个原因的影响外,又因为管理不善,机器不良,每年要拨出一笔相当可观的机器修理费。

表 45　汉阳铁厂和八幡制铁所生产成本比较

项　目	汉阳铁厂(1920年)		八幡制铁所(1930年)#	
	金额(元)	比率(%)	金额(元)	比率(%)
原料费*	26.03	63.5	30.44	78.7
铁矿	4.19	10.2	14.84	38.3
焦炭	20.27	49.4	14.40	37.3
石灰石	1.57	3.9	1.20	3.1
动力费	3.14	7.7	0.30	0.8
工资	0.65	1.6	3.85	9.9
管理费	1.70	4.1	1.60	4.1
修理费	7.85	19.2	0.12	0.3
捐税	1.57	3.9		
折旧	——		2.41	6.2
合　计	66.97	100.0	38.72	100.0

资料来源：日本东京研究所《中国铁矿与制铁业》,引自陈真前引书第四辑,页760。表中所用货币,虽然没有注明为日金,但就常理来推测,显然是用日元来计算的。

《第四次中国矿业纪要》,页137,载民国二十年(1931年),八幡制铁所生铁成本每吨日金35.65元。

* 原料费包括铁矿、焦炭、石灰石等费。

第六章 结 论

　　张之洞创办汉阳铁厂,目的在开发中国资源,建设铁路和振兴本国工业,以便杜绝洋货的侵入。这本来是一个很好的计划,因为钢铁工业是一种关键工业,为各种工业发展的基础,而铁路的大规模建筑,更能促进货物的流通,帮助工业的发展。要是汉阳铁厂办理得有成绩,其他工业制造及交通运输业可能便会因受到刺激而蓬勃起来,从而为中国工业化奠下一个良好的基础。不幸他做事过于草率,在筹备设立铁厂之前,没有好好地计划一下,竟把铁厂设在既不产煤,又不产铁的汉阳,并且购置不合用的炼钢炉,以致浪费了大量的人力、物力,在官办时期收不到预期的效果。盛宣怀接办汉阳铁厂后,虽然开采萍乡煤矿解决了燃料供给问题,并且派员往外国考察,发现铁厂产品制炼不精良,主要是由于炼钢炉不合适,以致炼出的钢含磷过多,从而加以改良;但是,他在经费方面没有预算,为了解决一时的经济困难,不惜与日本资本家订立预卖铁砂、生铁合同,使汉阳铁厂及日后的汉冶萍公司陷入日本债权者的掌握中而不能自拔,是一个极大的过失。汉、冶、萍煤铁厂矿改组成为有限公司后,在宣统年间和欧战时期都有过一个黄金时代,赚到不少的钱。但由于主持者经营不得法,公司本身制度上有问题,再加上国家长期处于内战中,政府不能给予扶持或帮助,结果到了欧战结束,钢、铁价格锐降,公司产品没有销路的时候,它也就经不起考验而被迫停工倒闭了。我们可以说,汉冶萍公司的失败,除了创办者和经营者的过失外,当日国家没有好好地保护它及给它经济援助,也要负一部分责任。尤其是自民国成立以后,中国长期处于内战中,不但没有一个安定的环境来让它发展业务,执政者更不断地加以骚扰或破坏,以致增加公司的负担。因此,公司经营的失败,政府是不能辞其咎的。

　　若从汉阳铁厂创办的那一年——光绪十六年(1890年)算起,至中、日

第六章 结 论

战争爆发——民国二十六年(1937年)之前止,中国钢铁工业已有47年的历史,但办出来的成绩实在难以令人满意。它除了流为日本钢铁工业的附庸外,对于本国的工业化并没有什么贡献,绝不能负起领导作用来刺激其他产业部门的发展。在抗战以前的长时间内,中国每人每年平均的钢铁消费额只有1~2公斤,不仅比不上英、美等国,即使和铁矿储量贫乏的日本比较,也望尘莫及。[①](关于各国每人每年平均的钢铁消费量,参考表46。)至于在世界钢铁工业中的地位,则更微不足道。例如民国五年(1916年),世界铁总产额7 000万吨,中国铁产额只占其中的5‰。[②] 到了民国二十年(1931年),世界生铁总产量为5 500余万吨,中国只有478 000吨,占总产量的0.86%;世界钢总产量为6 900余万吨,中国只产15 000吨,占总产量的0.021%。[③](关于各国铁砂、生铁、钢产量,参考表47、表48、表49。)汉冶萍公司是我国最早和最大的一家钢铁工业企业,如果它能够发展起来,中国钢铁工业自然要为之改观,而不至于这样衰落,从而中国工业化也必定另有一番新面目。因此,汉冶萍公司经营的失败,在中国近代工业化过程中,显然是一个很大的损失。

表46　各重要国家每人每年平均钢铁消费额比较　　(单位:公斤)

国　别	1913年	1923年	1925年	1930年
美　国	372	468	468	570
德　国	261	125	197	280
英　国	236	207	200	282
法　国	151	170	203	288
日　本	9	30	30	47
中　国	1	1	1	2

资料来源:谷源田前引文,陈真前引书第四辑,页750。

---

① 谷源田前引文,引自陈真前引书第四辑,页749。
② 《中国矿业纪要》,页7。
③ 谷源田前引文,引自陈真前引书第四辑,页748—749。

表 47 1927—1931 年中国铁砂产量在世界总额中的地位　（单位：千吨）

年　份	世界总产量	百分比(%)	中国总产量	百分比(%)
1927	171 445	100	1 710	0.99
1928	174 310	100	2 004	1.15
1929	201 263	100	2 630	1.13
1930	179 024	100	2 252	1.36
1931	119 070	100	2 447	2.05

资料来源：谷源田前引文，引自陈真前引书第四辑，页 748。

表 48 1927—1931 年中国生铁产量在世界总额中的地位　（单位：千吨）

年　份	世界总产量	百分比(%)	中国总产量	百分比(%)
1927	84 779	100	411	0.44
1928	87 585	100	434	0.47
1929	97 292	100	443	0.45
1930	79 769	100	473	0.59
1931	55 553	100	478	0.86

资料来源：谷源田前引文，陈真前引书第四辑，页 749。

表 49 1927—1931 年中国钢产量在世界总额中的地位　（单位：千吨）

年　份	世界总产量	百分比(%)	中国总产量	百分比(%)
1927	101 850	100	30	0.029
1928	110 010	100	30	0.027
1929	120 500	100	20	0.016
1930	94 885	100	15	0.015
1931	69 085	100	15	0.021

资料来源：谷源田前引文，陈真前引书第四辑，页 749。

汉冶萍公司大事年表

光绪元年　乙亥(1875年)
是年秋　　　　　　　　　　北洋大臣李鸿章、两江总督刘坤一、湖广总督李瀚章札委直隶补用道盛宣怀督办开采湖北煤、铁矿务。盛氏聘英国矿学博士郭师敦遍查长江煤、铁矿,于无意中发现大冶铁矿。①

光绪二年　丙子(1876年)
是年　　　　　　　　　　　盛宣怀以银900两,购买大冶狮子山、得道湾等处铁山。②

光绪十五年　己丑(1889年)
三月初十日(4月9日)　　　两广总督张之洞认为广东铁矿储量丰富而品质优良,预备在广东设钢铁厂,致电使英大臣刘瑞芬、使德大臣洪钧,请代查制炼钢、铁各种机器价目;并请刘使代聘上等矿师二人,勘查两广铜、铁各矿。③

三月十八日(4月17日)　　张之洞致电洪钧,请代聘矿师二人,勘查两广铜、铁各矿。④

五月初九日(6月7日)　　　刘瑞芬致电张之洞,言询明炼铁机器除运费、保费外,共需英金25 019镑,可12个月交清,每周出铁200吨。⑤

---

① 《存稿》附录《行述》,页六;《东方杂志》六卷八期,页23。
② 陈真前引书第三辑,页515。
③ 《张集》卷一三二,页4—5。
④ 同书同卷,页7。
⑤ 同书同卷,页16。

五月初十日（6月8日）	张之洞致电刘瑞芬，请速绘寄铁厂总、分图。①
五月二十六日（6月26日）	张之洞致电刘瑞芬，盼所订化铁炉，每星期能出铁600吨。②
七月十二日（8月8日）	张之洞调补湖广总督。③
八月初一日（8月26日）	张之洞因调补湖广总督，筹办芦汉铁路，故致电刘瑞芬，望所订机器能兼造铁轨。④
八月二十六日（9月20日）	（1）张之洞奏，预备在广州设立钢铁厂，以便开辟利源，杜绝洋货侵入；厂址择定于广州城外珠江南岸之凤凰冈。⑤
	（2）张之洞命湖北巡抚奎斌调查大冶铁矿。⑥
八月	订购机器价英金83 500镑，先汇定银27 833镑，合银131 670两。⑦
十月	盛宣怀派比国矿师白乃富往湖北勘查大冶铁矿。⑧
十月初十日（11月2日）	李鸿章致电醇亲王奕譞，认为铁厂应设在大冶。⑨
十月十五日（11月7日）	海军衙门致电张之洞，建议铁厂在大冶设立。⑩
十月二十三日（11月15日）	盛宣怀致电张之洞，认为外国开办铁厂，均先勘定矿地而后开办，请待数月，俟矿师勘矿完毕，然后决定厂址。⑪
十一月十三日（12月5日）	两广总督李瀚章奏，广东不宜设炼铁厂，请将铁厂移设直隶或湖北。⑫

---

① 《张集》卷一三二，页18。
② 同书同卷，页21。
③ 《海防档》，《大事年表》，页8。
④ 《张集》卷一三三，页2。
⑤ 同书卷二七，页1—4。
⑥ 孙毓棠前引书，页752、888。
⑦ 《张集》卷二七，页3；孙毓棠前引书，页888。
⑧ 孙毓棠前引书，页752、888。
⑨ 同书，页753。
⑩ 同上。
⑪ 同书，页754。
⑫ 《海防档》，丙册，页177—178；《大事年表》，页8。

汉冶萍公司大事年表

十一月二十六日(12月18日)	张之洞接任湖广总督。①
十二月至十九年(1893年)八月	张之洞命知县高培兰等分勘湖南、江西、贵州、陕西、四川、湖北、山东等省煤矿。②
十二月二十七日(1890年1月17日)	海署致电张之洞,建议铁厂移置湖北。③
十二月二十八日(1890年1月18日)	张之洞致电李瀚章,同意铁厂移置湖北,并请代还购买机器之汇丰银行债款13万余两。④
十二月二十九日(1890年1月19日)	李瀚章复电同意铁厂移设湖北,并允代还借款。⑤
十二月三十日(1890年1月20日)	张之洞致电海军衙门、李鸿章,同意铁厂移设湖北,并请于铁路经费项下拨款,作为铁厂经费。⑥
光绪十六年 庚寅(1890年)	
正月初四日(1月24日)	海军衙门覆电同意铁厂移鄂,并奏准在户部铁路经费项下,岁拨200万两作为铁厂经费。⑦
正月十三日(2月2日)	刘瑞芬电张之洞,请速汇头批机器价款英金11 134镑。⑧
二月二十九日(3月19日)	海军衙门与户部会奏,准将铁厂移置湖北。⑨
三月	张之洞决定在汉阳大别山下建厂及开采大冶铁矿。⑩
三月至九月	张之洞与薛福成往返电商,添购机器。⑪

---

① 《海防档》,丙册,《大事年表》,页8;孙敏棠前引书,页888。
② 见本书表10。
③ 《张集》卷一三三,页41。
④ 同书同卷,页36。
⑤ 同上。
⑥ 同书同卷,页39—40。
⑦ 同书同卷,页41。
⑧ 孙毓棠前引书,页751。
⑨ 同书,页888;《海防档》,《大事年表》,页9。
⑩ 孙毓棠前引书,页889;胡钧前引书,卷三,页3。
⑪ 孙毓棠前引书,页889。

三月初五日（4月23日）	李鸿章电询张之洞，因关东路须要急办，户部款项不敷，铁厂可否缓造。①
三月初十日（4月27日）	张之洞电海军衙门、李鸿章，请先拨部款200万两，以后铁厂用款当竭力自筹，不再用部款。②
四月十六日（6月3日）	派湖北候补道蔡锡勇在武昌宝源局公所设立铁政局，总办局务及筹建炼铁厂。③
七月二十二日（9月6日）	张之洞电告海军衙门，选定汉阳大别山下地区为厂址。④
八月	汉阳铁厂营建厂基。⑤
十月初七日（11月18日）	张之洞鼓励民间自行开采煤矿，以便供给汉阳铁厂炼铁所需燃料。⑥
十月二十一日（12月2日）	张之洞札知县张飞鹏等开采大冶铁矿，修筑运道。⑦
十一月初九日（12月20日）	张之洞咨呈海军衙门，估计铁厂用款为 2 468 000余两。⑧
光绪十七年　辛卯（1891年）	
三月初五日（4月13日）	张之洞饬张飞鹏等开办大冶王三石等煤矿。⑨
五月二十九日（7月7日）	张之洞命高培兰开办江夏（今武昌县）马鞍山煤矿。⑩
十一月	铁厂比籍监工建议，选派精工40名赴比利时郭格里尔厂学炼钢铁。⑪

---

① 《张集》卷一三四，页 25—26。
② 同书同卷，页 26 下。
③ 同书卷九六，页 21。
④ 同书卷一三五，页 13—14。
⑤ 《海防档》，《大事年表》，页 9。
⑥ 孙毓棠前引书，页 765—767。
⑦ 《张集》卷九六，页 40—41。
⑧ 同书卷九七，页 11 下。
⑨ 孙毓棠前引书，页 801—802。
⑩ 孙毓棠前引书，页 802。
⑪ 《张集》卷一三六，页 30；《海防档》，《大事年表》，页 9。

光绪十八年　壬辰(1892年)

正月初八日(2月6日)	派翻译俞忠沅带工匠10名,赴比利时郭格里尔厂学炼钢铁。①
二月二十四日(3月22日)	张之洞咨呈海军衙门,续估铁厂用款,连同原估,共需银2 792 000余两。②
八月	大冶铁山运矿铁道竣工。③
秋冬	汉阳铁厂中机器、铸铁、打铁三厂先后完工。④
十二月十五日(1893年1月22日)	蔡锡勇致电使日大臣汪凤藻,商询铁厂铁轨销日问题。⑤

光绪十九年　癸巳(1893年)

二月	炼生铁厂完工。⑥
五月	炼贝色麻钢厂、炼熟铁厂完工。⑦
六月初六日(7月18日)	派员前往萍乡、湘潭等地采买煤、焦。⑧
七八月	炼西门士钢厂、造钢轨厂、造铁货厂完工。⑨
九月	鱼片钩钉厂完工,同时全厂工程大致已告完成。⑩
十月二十二日(11月19日)	张之洞奏,汉阳铁厂钢铁,请准免税行销各省及运销外洋。⑪

光绪二十年　甲午(1894年)

正月初十日(2月15日)	汉阳铁厂煅铁炉2座升火燃烧,将铁砂煅炼。⑫
正月二十六日(3月3日)	清廷议准汉阳铁厂钢铁行销各省,一律免税。⑬

---

① 《张集》卷一三七,页4。
② 孙毓棠前引书,页890。
③ 同书,页800、890。
④ 《张集》卷三三,页3。
⑤ 同书卷一三七,页32。
⑥ 同书卷三三,页3。
⑦ 同书卷三四,页1;《海防档》,丙册,页197。
⑧ 孙毓棠前引书,页804—805。
⑨ 《张集》卷三四,页1。
⑩ 同书同卷,页1下;胡钧前引书,卷三,页8下。
⑪ 《张集》卷三四,页4;《海防档》,丙册,页200。
⑫ 《张集》卷三四,页15下;许同莘前引书,页84。
⑬ 《海防档》,丙册,页210。

四月初四日（5月8日）	张之洞因铁厂、铁路、枪炮等厂共用水泥值银20万两以上，而大冶泥土适合制造水泥之用，故电托使俄大臣许景澄代购制造水泥机器。①
五月二十五日（6月28日）	铁厂生铁大炉（即化铁炉）开炉炼铁。②
五月二十七日（6月30日）	铁厂出铁。③
六月初一日（7月3日）	张之洞视察汉阳铁厂，时生铁大炉先开1座，日夜出铁8次，共出铁50余吨。④
六月	大冶王三石煤矿开至数10丈，煤层忽然脱节中断，为水所淹，被迫停止开采。⑤
十月初二日（10月30日）	张之洞奏，铁厂拟开炼两炉，请广东借拨经费50万两为开炼成本，但不成功。⑥
十月	铁厂因经费无着，燃料缺乏，暂行停炼。⑦
十一月	马鞍山煤矿炼焦炉完工。⑧
冬	铁厂将生铁、熟铁、贝色麻钢等产品发往上海洋行试销。结果，由义昌成洋行销铁，每吨价二十七八两，但由耶松转售与义昌成，每吨价只23两。⑨
光绪二十一年　乙未（1895年）	
六月十二日（8月2日）	上谕张之洞，饬将汉阳铁厂招商承办。⑩
七月	（1）汉阳铁厂生铁大炉重复开炼。⑪
	（2）马鞍山煤矿出煤渐多。⑫

---

① 《张集》卷一三八，页7—8。
② 同书卷三四，页22下。
③ 同上。
④ 同上。
⑤ 孙毓棠前引书，页891。
⑥ 《张集》卷三五，页11；卷三九，页13下；孙毓棠前引书，页891。
⑦ 《张集》卷三九，页17下—18。
⑧ 孙毓棠前引书，页891。
⑨ 《张集》卷三九，页12下、18；孙毓棠前引书，页795。
⑩ 孙毓棠前引书，页817—818。
⑪ 同书，页892；《张集》卷三九，页18。
⑫ 同上。

七月十六日(9月4日)	张之洞电蔡锡勇,拟将铁厂包与洋人。①
七月二十八日(9月16日)	蔡锡勇电询盛春颐,其叔盛宣怀是否有意承办汉阳铁厂?②
八月	议购洋煤。③
十月	采购开平焦炭。④
十月二十八日(12月14日)	蔡锡勇电覆张之洞,铁矿包与洋人,不若包与华人为宜。⑤
秋冬	英、法钢铁厂经理人前后来商,愿以银500万两附股合办汉阳铁厂,为张之洞拒绝。⑥
光绪二十二年 丙申(1896年)	
四月初二日(5月14日)	张之洞委盛宣怀接办汉阳铁厂。⑦
四月初十日(5月22日)	铁厂自开办以来至是日止,共用官本银6 097 865两左右。⑧
四月十一日(5月23日)	盛宣怀接办汉阳铁厂。⑨
四月	每座日产100吨之化铁炉2座开炼。⑩
五月十六日(6月26日)	张之洞议定汉阳铁厂招商承办章程,并规定自铁路总公司购买铁厂钢轨之日起,铁厂每出生铁1吨,提银1两与政府,官本还清以后,更永远抽收,作为铁厂对政府报效之用。⑪
六月十五日(7月25日)	户部奏准汉阳铁厂招商承办。⑫

---

① 孙毓棠前引书,页818。
② 同上。
③ 同书,页808。
④ 同上。
⑤ 同书,页819。
⑥ 《张集》卷四四,页2下—3。
⑦ 同书卷一〇〇,页11—12;王尔敏前引书,页193。
⑧ 《张集》卷四四,页4下。又参考本表8。
⑨ 《张集》卷四四,页4;许同莘前引书,页103。
⑩ 陈真前引书第三辑,页516。
⑪ 《张集》卷四四,页4、9。
⑫ 《海防档》,丙册,页245。

八月至次年（1897年）十一月	盛宣怀派员随同矿师勘测长江流域煤矿，先后对宁乡、清溪、小花石、衡属漂港、桐庐、彭泽等煤矿加以开采，但均告失败。①
九月二十三日（10月29日）	张之洞奏请优免汉阳铁厂税厘十年。②
十月	铁厂因洋匠太多，开平煤焦运费昂贵，亏本20余万两。③
十一月十一日（12月15日）	廷议准汉阳铁厂免税五年。④
光绪二十三年　丁酉（1897年）	
五月	铁厂因煤焦缺乏，止开化铁炉1座，每日所出生铁，只可炼钢轨1里。⑤
六月	派张赞宸往江西勘测萍乡煤矿。⑥
光绪二十四年　戊戌（1898年）	
三月	委派湖北试用知县张赞宸总办萍乡煤矿一切事宜。⑦
是年	日首相伊藤博文访中国，与清政府订立中、日互易煤、铁密约。⑧
光绪二十五年　己亥（1899年）	
二月	日本八幡制铁所所长和田维四郎至上海，持伊藤博文函见盛宣怀，商讨以日本煤焦与大冶铁砂互易办法。⑨
二月二十七日（4月7日）	汉阳铁厂与日本制铁所互订通易煤、铁合同，并规定矿砂之成色、售价及运输方法。⑩

---

① 《存稿》卷九〇，页11下、24；《未刊信稿》，页14、38、45、50。
② 《张集》卷四四，页30。
③ 《存稿》卷二五，页18下。
④ 《海防档》，丙册，页262。
⑤ 《未刊信稿》，页8、11。
⑥ 陈真前引书第三辑，页444。
⑦ 《存稿》卷二，页17。
⑧ 《东方杂志》七卷九期，页83。
⑨ 《存稿》卷九三，页24；《矿务档》（四），页2321。
⑩ 《矿务档》（四），页2322—2324。《外交文书》卷三二，页524—525；卷三三，页306—307。

二月二十八日（4月8日）	萍乡煤矿订借德商礼和洋行德银400万马克，以招商局产作保，以礼和代购机器物料为条件。①
六月	萍乡煤矿已用款50万两，每日出煤二三百吨。②
十一月	汉阳铁厂已亏银180余万两。③
光绪二十六年　庚子(1900年)	
是年	(1) 日本派西泽氏赴中国执行运铁砂合约。④
	(2) 萍乡煤矿产量已足够供给汉厂炼铁需要，铁厂不需向外购买煤焦。⑤
二月	汉阳铁厂缴还官本银50余万两。⑥
三月	铁厂商办3年，已垫本240万两。⑦
六月	日本派汽船数艘至长江，装载大冶铁砂往日本。⑧
十一月初六日（12月8日）	张之洞致电盛宣怀，劝勿因铁厂、萍矿亏本而接受李维格建议，将厂矿租与比利时柯克里厂包办。⑨
光绪二十七年　辛丑(1901年)	
四月	萍醴铁路兴工。⑩
九月	盛宣怀奏，请准汉阳铁厂免税期限再展5年。⑪
九月三十日（11月10日）	廷议准铁厂免税展限5年。⑫
光绪二十八年　壬寅(1902年)	

---

① 陈真前引书第三辑，页441。
② 《张集》卷五〇，页4下。
③ 《存稿》卷三四，页30下。
④ 《东方杂志》七卷九期，页83。
⑤ 《矿务档》(四)，页2289。
⑥ 《存稿》卷三五，页7。
⑦ 《存稿》卷九四，页13下。
⑧ 《东方杂志》七卷九期，页7。
⑨ 《存稿》卷四八，页9下。
⑩ 同书卷二二，页6下—7。
⑪ 同书卷五，页45。
⑫ 同书卷一三，页3。

七月初四日（8月7日）	盛宣怀拟向礼和洋行续借德银400万马克，300万付现，100万购买机器设备，以作大冶加炉、萍乡运驳之用。后因礼和欲指实招商局产业作保而废止。①
八月	萍乡煤矿因铁路、轮船运输不便，所出煤焦囤积，致欠各商号款项几及50万两。②
九月	盛宣怀奏派李维格出国考察铁政。③
光绪二十九年　癸卯（1903年）	
正月	萍醴铁路竣工。④
三月	与日本三井洋行订立合同，售卖生铁16 000吨。⑤
十二月二十八日（1904年1月12日）	向日本兴业银行借日金300万元，三十年期，以日本制铁所按年所购铁砂抵还本息。⑥
是年	兴筑醴株铁路。⑦
光绪三十年　甲辰（1904年）	
二月二十三日（4月8日）	李维格偕同洋工程师彭脱及矿师赖伦启程往国外考察钢铁业。途经日本、美国而至欧洲。⑧
三月	盛宣怀接受李维格建议，预备在萍乡附近立一新铁厂，并由江苏、安徽、湖北、湖南、江西、四川六省合办，但因管理及行政上发生问题，而不能实现。⑨

---

① 《矿务档》（四），页2288—2289；《存稿》卷五九，页27。
② 《矿务档》（四），页2289。
③ 《存稿》卷八，页22。
④ 《三十年来之中国工程》，杨承训《三十年来中国之铁路事业》，页17。又参考《存稿》卷九七，页13。
⑤ 《存稿》卷六三，页25。
⑥ 《矿务档》（四），页2331—2336；《外交文书》卷三七，页201—202。
⑦ 《三十年来之中国工程》，杨承训前引文，页17。
⑧ 陈真前引书第三辑，页407；《东方杂志》六卷八期，页22；《存稿》卷八，页22。
⑨ 《存稿》卷六四，页3—4。

十月二十一日(11月27日)	李维格等自外国返抵上海。计出国八阅月，在伦敦经名家化验大冶铁矿砂，认为矿质优良，但含磷过多，建议摒弃酸性贝色麻炼钢法，改用碱性马丁炼钢法，以便炼钢。李维格接纳建议，遂在欧洲定购机器及聘工程师。①
十一月	张赞宸报告萍乡煤矿建筑工程大致告成。②
十二月十二日(1905年1月17日)	李维格上《出洋采办机器禀》，建议改良扩充铁厂机器设备，并拟定铁厂今后营业方针。③
光绪三十一年　乙巳(1905年)	
春	盛宣怀委李维格改良汉阳铁厂机器设备，并给予全权总办厂务。④
十一月	粤汉铁路决定所有需用钢轨及一切钢铁料，统向汉阳铁厂订购。⑤
是年	醴株铁路完工，合萍醴铁路名株萍铁路。⑥
光绪三十二年　丙午(1906年)	
闰四月	正太铁路定轨3 000吨，规定明年西历五月交货，价格连运费在内，与洋轨时价相同。⑦
八月	盛宣怀与张之洞合奏，铁厂钢铁出口、转口及内地厘捐、销场一切等税，请准展免10年。⑧
光绪三十三年　丁未(1907年)	
三月初一日(4月13日)	萍乡煤矿总办张赞宸积劳病故，以身殉矿。⑨

---

① 陈真前引书第三辑，页408、410—411。
② 同书，页443—452。
③ 同书，页409—417。
④ 陈真前引书第三辑，页418。
⑤ 《存稿》卷六九，页2下—3。
⑥ 《三十年来之中国工程》，杨承训前引文，页17。
⑦ 《存稿》卷六九，页8—9。
⑧ 同书卷一三，页6。
⑨ 《存稿》卷一四，页24。

是年	(1) 汉阳铁厂改良及扩充机器设备告成,所炼马丁新钢品质纯净,含磷只有万分之一二。已添造之新炼钢炉3座,每月能出精钢6 000吨。①
	(2) 江、浙、皖、闽、粤、京张各铁路,均向铁厂定购钢轨。②
	(3) 铁厂产品远销至日本、旧金山。③
十一月	汉阳铁厂与川汉铁路公司订立预付轨价合同,借款200万两,利息7厘。④

光绪三十四年　戊申(1908年)

二月	盛宣怀与湖广总督赵尔巽会奏,拟将汉、冶、萍煤铁厂矿合并为有限公司,以便加募商股,推广业务;新旧股份,预定招足银元2 000万元。⑤
二月十一日(3月13日)	廷议准汉、冶、萍合并为一公司。⑥
是月	盛宣怀与李维格厘定章程八十八节,赴农工商部注册,汉冶萍煤铁厂矿有限公司于是正式成立;众股东推盛宣怀为总理,李维格为协理。⑦
三月	(1) 盛宣怀奏准,将原存铁厂公款116万两(174万元)充作汉冶萍公司公股,公司于每年三月初一日缴交官利8厘。⑧
	(2) 广九铁路订购钢轨。⑨

---

① 《中国铁矿志》,页247;吴承洛前引书,页111;《存稿》卷七三,页1。
② 《存稿》卷七三,页1。
③ 同上。
④ 同书同卷,页3下—4。
⑤ 同书卷一四,页14—15。
⑥ 同书卷一〇〇,页9下。
⑦ 《东方杂志》六卷八期,页22;《存稿》卷一四,页18、20。
⑧ 《存稿》卷一四,页22下—23。
⑨ 《未刊信稿》,页92。

三月初八日（4月8日）	邮传部奏准，粤汉铁路湘公司因恐株昭铁路筑成后，夺去湘潭铁路生意，改变初衷，不再为汉冶萍修筑株昭铁路，故该段铁路改由官款修筑。预期8个月完工，耗费50余万两。路成后，规定只载运萍乡煤焦，不载运商货。①
四月	总工程司预算铁厂新炼钢、铁炉筑成后，新旧四炉齐开，可日出生铁1 000吨，炼钢800吨。②
七月	汉冶萍公司已招股800余万元。③
八月初七日（9月2日）	盛宣怀东赴日本医治肺病。④
八月二十九日（9月24日）	盛宣怀在东京与日本制铁所长官中村男爵畅谈制铁所情况，得知制铁所亦用萍乡煤焦，但数量不多。⑤
十月初八日（11月1日）	盛宣怀参观日本制铁所，以便回国后，对汉冶萍公司有所改善。⑥
十月三十日（11月23日）	盛宣怀启程回国。⑦
宣统元年　己酉（1909）	
二月	汉冶萍公司集股达1 000万元。⑧
三月二十七日（5月16日）	公司在上海开第一次股东大会，到会者约500人，选举董事9人、查账2人。⑨
四月	日本、美国、奥大利（按：指澳大利亚）均来购买生铁。⑩
七月十一日（8月26日）	株昭铁路开工兴筑。⑪

---

① 《政治官报》第一六三号，页7；《未刊信稿》，页126、128。
② 《未刊信稿》，页100—101。
③ 《未刊信稿》，页129。
④ 《存稿》，《东游日记》，页2。
⑤ 同上，页16下—17。
⑥ 同上，页57—61。
⑦ 同上，页75—77。
⑧ 《未刊信稿》，页155。
⑨ 同书，页165、167；《存稿》卷七四，页19下。
⑩ 《未刊信稿》，页167—168。
⑪ 《存稿》卷七六，页8下。

是年	（1）公司实收股份 1 200 万元。①
	（2）山东巡抚孙宝琦致函盛宣怀，认为山东及附近煤、铁矿储量丰富，可以分设铁厂。盛氏因钢铁工业极为难办，婉拒其建议。②
宣统二年　庚戌（1910 年）	
八月	株萍铁路竣工通车。③
宣统三年　辛亥（1911 年）	
三月初二日（3 月 31 日）	公司与日本制铁所订立售卖生铁合同，于此后四年内，年售 15 000 吨生铁与日本。④
四月初三日（5 月 1 日）	与日本制铁所订借 1 200 万日元合同，以 15 年为期，年息 6 厘，以制铁所按年购买生铁价值给还本息。⑤
四月十一日（5 月 9 日）	清廷接受邮传部尚书盛宣怀建议，实行铁路干线国有政策，引起国人反对，盛氏因此得罪国人，致被撤职。⑥
八月十九日（10 月 10 日）	辛亥革命爆发，汉阳铁厂因战争影响，机器设备蒙受损坏，致一部分生产工作停顿，生产大为减少。⑦
民国元年　壬子（1912 年）	
一月二十九日	盛宣怀与日商代表在日本签订汉冶萍公司中、日合办草合同，议定股本 3 000 万日元，中、日各半，合办期为 30 年，但注明须经中国政府同意及汉冶萍公司股东逾半数赞成后，始签订正约。⑧

---

① 《未刊信稿》，页 186。
② 同书，页 207。
③ 《存稿》卷七六，页 8 下。
④ 《外交文书》卷四四，第二册，页 195—196。
⑤ 同书，页 210—212。
⑥ 拙著《铁路国有问题与辛亥革命》，《中国现代史丛刊》第一册，页 224。
⑦ 《未刊信稿》，页 213。
⑧ 《外交文书》卷四五，第二册，页 115；陈真前引书第三辑，页 495—496。

二月二十三日	李维格致电盛宣怀，言南京临时政府反对中、日合办草约。①
三月二十二日	汉冶萍公司股东在上海开股东大会，一致议决反对公司改为中、日合办。至是公司中、日合办草合同取消作废。②
是月	湖北绅士孙武等呈请政府，要求改汉冶萍公司为湖北省所有。后因全国反对而作罢。③
八月	汉冶萍公司因经费短绌，在上海开股东大会，呈请政府将公司收归国有。后因政府财政困难而作罢。④
民国二年　癸丑(1913年)	
十二月二日	汉冶萍公司与日本制铁所订立1 500万日元借款合同，于40年内，供给制铁所生铁800万吨，铁砂1 500万吨，生铁每吨售价26元，铁砂每吨售价3元；并聘请日本工程师为公司工程顾问，日本人为会计顾问。⑤
民国三年　甲寅(1914年)	
二月十九日	湖北绅士孙武、夏寿康等呈文政府，请否认汉冶萍公司1 500万日元借款合同。⑥
是月	公司因经费短绌，呈请政府改为官商合办，亦因政府财政困难而终止。⑦
民国四年　乙卯(1915年)	
一月十八日	日本驻华公使日置益向北京政府提出"二十一条"，其中要求中、日合办汉冶萍公司。⑧

---

① 《外交文书》卷四五，第二册，页130。
② 《经世文编》，《实业》三，页68；陈真前引书第三辑，页506。
③ 《经世文编》，《实业》三，页67。
④ 《张季子九录》，《政闻录》，卷九，页10。
⑤ 黄月波前引书，页189—191。
⑥ "中研院"近史所藏《湖北同乡会呈》(《汉冶萍矿务案》，北字一九五三)。
⑦ 《张季子九录》，《政闻录》，卷九，页11。
⑧ 李毓澍前引书，页216—217。

二月	汉冶萍公司分别向英国及德国订购机器,以便扩充设备,大量生产钢铁。但因欧战关系,英、德两国政府禁运机器出口。①
五月二十五日	北京政府接受日本"二十一条"要求,其中关于汉冶萍公司部分,准许公司中、日合办,并保证公司不收归国有,或向日本以外其他国家借债。②
十月	公司由日本三井洋行经手,向美国列德干利厂(Riter Conley Company)订购日出生铁400吨、大化铁炉2座,但因战争关系,未能如期运到。③
是年	盛宣怀病重(次年二月逝世),由前外交总长孙宝琦继任汉冶萍公司总理。④
民国五年　丙辰(1916年)	
八月二十三日	汉冶萍公司与安川敬一郎订立合办九州制钢厂合同,规定制钢厂所用一切生铁料件,由公司供给。⑤
民国六年　丁巳(1917年)	
是年	又开30吨炼钢炉1座,连前共有7座,每日能产钢210吨。⑥
民国七年　戊午(1918年)	
是年	欧战结束,钢、铁价格锐降。此后汉冶萍公司大亏其本,日趋式微。⑦
民国八年　己未(1919年)	

---

① 《未刊信稿》,页263;"中研院"近史所藏《汉冶萍公司定购电机案》。
② 黄月波前引书,页292;《三水梁燕孙先生年谱》,页263;刘百闵前引书,页500。
③ "中研院"近史所藏《汉冶萍公司定购电机案》。
④ 《存稿》附录《诰授光禄大夫太子少保邮传大臣显考杏苏府君行述》,页59;"中研院"近史所藏《汉冶萍公司案》(清字六三一)。
⑤ 黄月波前引书,页201—203。
⑥ 陈真前引书第三辑,页517。
⑦ 《新经济半月刊》一卷四期,页106,吴景超前引文;《第二次中国矿业纪要》,页126—127。

	是年	汉阳铁厂日出100吨化铁炉2座及日出300吨(210吨?)之7座炼钢炉,相继停炼。①
民国十年 辛酉(1921年)	是年底	大冶新铁厂建筑工程竣工。②
民国十一年 壬戌(1922年)	夏	大冶新厂开始出铁。③
	是年底	汉阳铁厂日出250吨化铁炉,因过于陈旧而停炼。④
民国十三年 甲子(1924年)	是年	大冶新厂第一座化铁炉停炼。⑤
民国十四年 乙丑(1925年)	是年	(1) 大冶新厂第二座化铁炉于五月开炼,十月停炼。⑥
		(2) 萍乡煤矿因汉、冶两铁厂停炼,不需焦炭而停工,生产锐减。⑦
民国十六年 丁卯(1927年)	春	汉冶萍厂矿工人因停工失业,向国民政府请愿,政府乃派员筹设整理汉冶萍公司委员会。⑧
民国十七年 戊辰(1928年)	是年	(1) 国民政府以整理汉冶萍公司委员会改隶农矿部,颁布《农矿部整理汉冶萍公司暂行章程》。但由于经费缺乏及日本干涉,整理汉冶萍公司计划终不能实现。⑨
		(2) 萍乡煤矿由江西省政府接管,勉强维持工作,但内部机器设备已非常陈旧或破败不堪。⑩

---

① 《第二次中国矿业纪要》,页127;《第三次中国矿业纪要》,页142;《中国铁矿志》,页248。
② 《第二次中国矿业纪要》,页127;《第三次中国矿业纪要》,页142;《中国铁矿志》,页248。
③ 《新经济半月刊》一卷四期,页106,吴景超前引文;《第二次中国矿业纪要》,页126—127。
④ 《第二次中国矿业纪要》,页127;《第三次中国矿业纪要》,页142;《中国铁矿志》,页248。
⑤ 同上。
⑥ 陈真前引书第三辑,页518。
⑦ 同上。
⑧ 同上。
⑨ 张安世前引书,中册,页208—209;《新经济半月刊》,一卷四期,页106,吴景超前引文。
⑩ 《三十年来之中国工程》,侯德封、曹国权前引文,页15。

民国二十年　辛未（1931年）
是年　　　　　　　　　　"九一八"事变爆发，但大冶铁矿仍继续生产，供给铁砂与日本。①

民国二十六年　丁丑（1937年）
八月　　　　　　　　　　因中、日战争爆发，汉阳铁厂由兵工署接管。②

民国二十七年　戊寅（1938年）
八月　　　　　　　　　　资源委员会及兵工署拆下汉阳铁厂、大冶铁厂一部分机件，运往重庆，在大渡口成立钢铁厂。③

---

① 陈真前引书第三辑，页518。
② 同上。
③ 同上。

附　　录

（一）汉阳铁厂与日本制铁所互易煤铁合同（光绪二十五年二月二十七日）

大清国头品顶戴大理寺少堂督办（《日本外交文书》多"湖北"两字）汉阳铁政局盛

大日本国制铁所长官和田（《外交文书》载二者先后次序不同）为订立合同事。照得现因清、日（《外交文书》作"日、清"）两国交谊日敦，辅车情切，凡事互求利济。煤、铁一事，大属富强要端，兹经商酌，拟订各款办法，是为通工易事，联络邦交起见。所有订立条款，开列于左，以便遵守，而昭慎重。

第一款　此次合同订后，日本制铁所须向中国湖北汉阳（原文误作"汉口"，兹从《外交文书》改正）铁厂所属大冶铁矿购买矿石，第一年定买五万吨，第二年以后需购数目，须于本年三月议院议准以后订定，至少亦以五万吨为度。汉阳铁厂及盛大臣兼辖之轮船招商局、纺织纱布（《外交文书》少"布"字）厂，亦须由日本制铁所经手，每年购煤至少以三四万吨为度。须先送招商局向来合（《外交文书》作"所"字）用之煤样，面议价值，听凭择定，并须照招商局向来与日本商人所订合同章程，一律办理。经手并无用钱。此专为运煤来华，运铁回日，来回装货，水脚便宜，两有裨益。

第二款　前款系专指日本制铁所派驶轮船，自赴大冶石灰窑江边受傤（《外交文书》作"载"字）铁石而言。若汉阳铁厂能将矿石自行运沪交货，则除矿石正价外，日本制铁所应另加给扬子江运费每吨洋（《外交文书》少"洋"字）两元，在黄浦江过驳，傤（《外交文书》作"载"）回日本，即不必拘定第一款（《外交文书》少"第一款"三字）购铁即须购煤之例，但必须彼此预先商妥而后行。又（《外交文书》少"又"字）石灰窑本有趸船可以停泊，受傤（《外交文书》作"载"）日本船（《外交文书》少"船"字）须随时量水浅深，派船往装。如日本船因吃水过深，不能泊近趸船装傤（《外交文书》少"装傤"两字），所需驳（《外交

《文书》作"驳")费,由日本制铁所自认。

第三款　所有中国汉阳铁厂及(《外交文书》作"暨")别项(《外交文书》少"项"字)局厂,每年需煤或间需焦炭之额数,须先订定(《外交文书》少"定"字)妥,约需若干吨,知会日本制铁所预备。近年煤价涨落无定,议照招商局购煤章程,每年分两次按照时值(《外交文书》作"价")议定各种价目。焦炭用否,随时酌定。

第四款　日本制铁所所购矿石成色价银,均照另开清单办理,惟磷硫各种轻重数目,日本制铁所所派驻冶委员,应与汉厂自用之洋矿司(《外交文书》作"师")公同察看(《外交文书》多"指定之石,化验一次为准色"等字),不可有意偏执,硬减(《外交文书》作"改")价目,致欠公允。(以下一段文字,《外交文书》缺。)此项矿石成色,应彼此指定矿石化验一次为准色。

第五款　汉阳铁厂既为通工易事,彼此裨益起见,决不愿以劣石销售,致日本制铁所不能源源购办。该处附近产铁山场,除汉厂按月先尽自用外,日本制铁所订购在先,即有别项销路,合同期内,亦必先尽日本每年五万吨之矿石,决无缺少。如日本要加买铁石,亦必照办。但日本制铁所亦不得于此大冶合同(《外交文书》少"合同"两字)之外,另与中国各处及岛地他人、他矿,另立买铁石之约,大冶亦不得将铁石卖与在中国地方另设洋人有股之铁厂。

第六款　日本制铁所拣派委员二三名,常驻石灰窑、铁山两处,以便经理购办矿石等一切事宜。汉阳铁厂应备合式房屋租与各该员居住,不取租值(《外交文书》作"价"),并由局员妥为保护。

第七款　本合同限期,签字盖印之日起,以十五年为满。如限满彼此意见允洽,仍愿接办,并不知照撤销合同,即为续展十五年凭据。

大清光绪二十五年二月二十七日
大日本明治三十二年四月初七日(《外交文书》载二者先后次序不同)

大清头品顶戴大理寺少堂督办湖北汉阳铁政局盛(《外交文书》载二者先
大　日　本　制　铁　所　长　官　和　田　后次序不同)

(以下一段文字,《外交文书》缺)

购办大冶铁矿矿石定准成色清单:

第一,磁铁矿石。

铁　矿石每一百分之内,须有铁六十五分,方为准色。

一、如有铁多于前定准色,则每多一百分之一,每吨加价一角。

二、如有铁少于准色,则每少一百分之一,减价一角,以外均照此一律添扣价码。

三、有铁一百分之五十以下者,一概不买。

锰

一、矿石一千分之内,须有锰五分,方为准色。如有锰多于准色,则每多一千分之五,每吨加价一角。

磷

一、铁一万分之内,有磷五分,方为准色。如少于该准色,则每少一万分之一,每吨添价一角。

二、如有磷多于前定准色,则每多一万分之一,每吨减价一角。

三、铁一万分之内,如有磷过八分以上者,一概不买。

硫磺

一、矿石一千分之内有硫一分者,方为准色。

二、如有硫多于前定准色,则每吨减价二角五分,以资毁硫之费。如再多之时,每多一千分之一,每吨减价半角。

三、如有硫一千分之五分以上者,一概不买。

铜

一、铁一千分之内,如有铜四分以上者,一概不买。

二、矿块之大小。所有装载轮船之矿石,如有漏出二十五密利米达方之网眼者,一概不买。并且所有购买矿石全数之六成以上,须系七十五密利米达之大块,惟毋得有过于一百五十密利米达以上之大块。

第二,褐色铁矿。

锰

一、先行查验有锰几成,而二乘之,再将所得之数,加于铁之成分,而算该矿价值。譬如一百斤矿石,内有锰五斤,有铁五十斤,则五斤锰二乘之,作为十斤之铁,再加上五十斤铁,共合作成六十斤之铁而算。盖以锰价较铁稍贵之故也。其余各样成色，均照磁铁矿石准定成色一律办理，惟其价值较磁铁矿石加添一百分之十五之谱。

第三，论定磁铁矿石价值。

自订立合同之日起，至华历光绪二十七年十一月，东历明治三十四年十二月止，所有磁铁矿石价值，装载运矿轮船舱内，每吨定价二元四角，至期满以后之价，届时再行商酌协定。惟该矿石成色，必须按照前开准色，方为合式。仍将该定准成色，开列于左：

一、铁矿石一百分之六十五分。

一、锰矿石一千分之五分。

一、磷铁一万分之五分。

一、硫磺石一千分之一分。

一、铜铁一千分之四分。

（见《矿务档》，第四册，页2322—2326；《日本外交文书》卷三二，页524—525）

（附属书）

大日本明治三十二年四月初七日
大清光绪二十五年二月二十七日 订立《大冶矿石合同章程》。现经续议，所有条款开列于左。未经续议条款，仍照原合同办理。

第一款　汉阳钢铁商厂认保，日本制铁所派运矿轮船赴石灰窑受傤矿石之时，每日可上傤一千吨，但须于两礼拜前知会船到日期，方不致误。倘值雨雪、大冷、大风之天及过年、端午、中秋日期，有碍劳工不能用力者，不在此例。

第二款　汉阳钢铁商厂须在石灰窑开设化验房，以便日本制铁所派驻委员亦可借用化验，无须租值。

第三款　购办大冶矿石成色暨价值，自订立此合同之日起，以五年为限，改订如左：

一、左开头等成色矿石每一吨定价三元正。

　　铁量　矿石每百分之内须有六十二分及六十二分以上。

　　磷量　矿石每一万分之内有四分及四分以下者，定买二万吨；其有

附　录

　　　　五分及五分以下者,定买三万吨。

　　硫磺量　矿石一千分之内须有一分及一分以下者。

　　铜量　矿石一千分之内有二分六及二分六以下者,定买二万吨;其
　　　　有三分及三分以下者,定买三万吨。

一、左开二等成色矿石每一吨定价二元二角正。

　　铁量　矿石百分之内须有五十九至六十二分。

　　磷量　矿石一万分之内须有八分及八分以下者。

　　硫磺量　矿石一千分之内须有一分及一分以下者。

　　铜量　矿石一千分之内须有三分及三分以下者。

矿块之大小,仍照原合同清单办理,毋庸改订。如有褐色铁矿,价值随时另行商定。

第四款　原合同定购五万吨均为头等矿石。

第五款　二等矿石拟购若干吨,应于三个月前由制铁所与钢铁厂彼此商量定夺。惟此项矿石与原合同所载五万吨无涉。

大日本明治三十三年八月二十九日

大清光绪二十六年八月初五日

大清头品顶戴大理寺少堂督办湖北汉阳钢铁商厂事务　盛(盛宣怀)

大日本制铁所长官和田(小田切代)

大日本钦命驻沪署理总领事小田切

(见《日本外交文书》卷三三,页306—307)

(二) 萍乡煤矿有限公司招股章程(光绪二十七年六月)

此矿系在江西省袁州萍乡县境,故曰萍乡煤矿。迭经泰西著名矿师赖伦及克利马等详切履勘,金称质佳苗旺,数百年开挖不尽,实为中国难得之矿。本为湖北铁厂急需焦炭,而该矿煤质之佳,尤胜于开平,既可炼制焦炭,又合轮船、铁路之用。光绪二十四年三月,督办铁路大臣兼督湖北铁厂、上海轮船(招)商局盛,会同湖广总督部堂张具奏,钦奉谕旨:萍乡煤矿,现筹开办,请援照开平,禁止商人别立公司及多开小窑,招价收买,著德寿即饬所属随时申

禁，以重矿务等因。钦此钦遵在案。查萍乡煤矿，创办两年有余，经之营之，规模业已粗具，矿务已见成效。当创办之初，尚未招集商股，惟轮、电两局及零星附股，共已收得库平银一百万两；而置办机炉等项，需款不赀，又向德商礼和洋行订借马克四百万，合计中国规银一百十余万两，以为陆续购办机器之用，分期本息归还。今矿务已见成效，自应赶紧筑造铁路，以应运煤之用。查萍乡自安源业已造成铁路十四里，名曰萍安铁路，今须展设至醴陵铁路九十里，与萍安铁路十四里相衔接。据洋总矿师赖伦估计机矿工程，铁路总公司洋参议李治估计萍醴路工，总共约需股本库平银三百五十万两，则运道可以畅通；礼和借款，可以如期归还，利权自保，不落外人之手。是则除已收得股本库平银一百万两外，尚须添招股本库平银二百五十万两，庶几一气贯通，将后之利源大沛，可操左券。所拟详细章程，条陈于后。设有未当，幸不吝赐教焉。

一、煤矿及铁路股本，共计应需库平银三百五十万两，除已招收一百万两外，尚应添招库平银二百五十万两。惟上海为各口商务总汇之地，一应出入，皆以规银汇兑。若以库平而论，须按一零九六申作规银，则现在兑收股本，将后兑交股息，皆有畸零之烦。故议得前后所招股本，一律改为规银，计共作股本规银四百万两，前所收过之库平银一百万两，再向原根找收规银四千两，作为一百十万两。今应添招股本规银二百九十万两，除已允江西众绅商留起五十万两、轮船招商总局一百万两外，净应添招商股本规银一百四十万两。

一、本公司股本规银四百万两，每股计规银一百两，共计四万股。每股印票一张，随给息折一扣，一股至千股，均可随意附搭。

一、本公司以萍乡为总公司，他埠为分号。将后上海、汉口等处，皆须设立分号，以便生意进出，可以就近交接。现在各海口之分号，皆寓在招商局内。凡欲附股者，或在萍乡总公司，或各海口招商局，皆可挂号，先行报明姓字籍贯。如搭一股者，先收规银十两，由招商局代出收条一纸。俟挂号截止，填付股票息折之时，再找收规银九十两，以成一百两之数，其银当时收足。此为有限公司，如挂号之后，不来领取股票息折，则挂号先收之银，概不给还。应于何时截止挂号，填发股票息折，届时再行登报声明。

一、股息按年八厘,闰月不计。每至年终结账,除官利及一应开销之外,盈余若干,分作十成,以二成缴部以伸报效,其余八成,应酌量将机器、房屋、轨道、路车折旧若干成,股商余利若干成,员司花红若干成,届时再行秉公酌定,刊明账略,以示大公。

一、凡事先难后易,将来生意丰盛,如或别有推广,应议加股之时,亦照各公司大例,先尽老股,以昭公允。

一、本公司系轮船招商局经办,而股本亦系招商局为多,年终结账,必先缮呈盛总办宪及招商局总办总董核鉴,然后刊印账略,分送股商。是以股息及余利,须五月初一日,乃能凭折照发。

一、生意大例,最忌账目混杂。本公司进出银钱、煤焦数目,立流水簿,逐日过清,不得屯积。按月月结,年终则总结,庶几眉目清楚。招股等事,虽由招商局絜其网领,至平时账目,本公司另有司事专责,各清界限,以符商例而昭公信。

一、本公司专招华人股本,所以股票必须填明府县籍贯,以免含混影射。如或转售与人,须将票折持向萍乡公司或上海分号,更名换票,亦只准换华人姓字籍贯,本公司注明底册,方为本公司实在股东。倘有并未更名注册,而所持股票,非本人姓字籍贯,至本公司自称为股东者,本公司概不承认。

(见于宝轩编《皇朝蓄艾文编》卷二三,《矿政》二,页26—28)

(三) 萍乡煤矿公司借款合同(光绪二十八年七月初四日)

订立合同人:一、萍乡煤矿公司(合同中称煤矿公司);一、轮船招商局、汉阳铁厂及督办铁路兼汉阳铁厂、轮船招商局盛宫保(合同中称担保者);一、上海等处礼和洋行(合同中称礼和)。兹因立此合同之前,已有合同,礼和允借与煤矿公司马克三百万,其前合同年、月、日及立合同人,即与此合同所载相同。又因议该合同(此后称正合同)时议定,礼和须照此合同所载条款,再借与煤矿公司马克一百万,为购办机器等用,故立条款如下:

一、煤矿公司与礼和彼此合意,此合同画押之后,由礼和借与煤矿公司马克一百万,任听随时陆续取用。

二、还本付息,均须缮具期票,盖用煤矿公司关防,并由担保者批行加盖关防。

三、期票所载之数,均用马克,按期在上海交付,照该日之德国马克电报汇价核算。

四、期票所载借款,全数作为煤矿公司存款,由礼和流水登记。其煤矿公司未支之款,给回息常年四厘。

五、马克一百万,常年七厘起息,自出期票日起,照借本全款不折不扣计息,并照后粘本息期单,每半年一付;至借本全款,亦不折不扣于八年内匀摊还清,并照后粘本息期单,每半年一付。其第一次摊还礼和借本,系在一千九百零六年正月一号。

六、此项款,礼和付法如下:煤矿公司或担保者于购办机器等件须付款项,随时可请礼和照发票付交承造此项机器等件之厂,礼和即应照付。而发票上所开此项机器等件装运保险,均归礼和经理,费从最廉。所有经理此事应用之费及照中国交货价九五扣用之费,礼和均可在煤矿公司存款内照划(见第四条)。

七、一千八百九十九年四月八号彼此(汉阳铁厂不在其内)所订合同内载,倘煤矿公司不能付款,允给礼和利益及所有担保允许之事,准其得行于此合同,与载入此合同无异。再汉阳铁厂允保礼和,凡期票未曾付清以前,不得将该厂地基、厂屋、机器等交割出售与人,或向人借钱,或抵押与人。设使于合同期内欲将以上所指厂业抵押与他人,则除尽正合同外,应先酌提若干,按照格式抵押与礼和,或礼和之替人,足敷保实该时尚欠礼和垫款息本之数。又盛大臣允保,倘煤矿公司至还款之期无以应付,则以大冶售与日本矿石之价,除尽正合同外,抵还借款。该矿石合同,尚有十二年期限。至煤矿公司所出期票,倘有一次逾期三个月不付,则所有已经煤矿公司及担保者批行盖印之还本期票,无论系何年月,均作到期之票,同时向煤矿公司索还本款,其息则仍长年七厘计算,至还本为止。又凡遇此种情事,除照一千八百九十九年四月八号所订合同内载礼和所得利益外,并准礼和代管汉阳钢铁全厂及产业,遵照中国政府现在或将来所给该钢铁厂之利益办事,俟期票还清后,再行将汉阳钢铁厂交还。惟合同虽载此款,仍不干碍礼和向担保者索偿,与合同未载此款一样。而倘至礼和收执煤矿公司之矿或汉阳钢铁厂地步,应用矿石白石,由盛大臣择最佳者供给,其价即照与日本人所订之合同数目相同。又礼和应用公司煤焦价值,照便宜卖价核算。礼和所用矿石白石及煤焦,一概不付现款,均登礼和账上,作为煤矿公司存款,以便抵还欠款。

八、倘一千八百九十九年四月八号合同及正合同,或有所行,或有所不行,均不得借口废此合同。若此合同或有所行,或有所不行,亦不得借口废一千八百九十九年四月八号合同及正合同。

九、煤矿公司准礼和将此合同呈由德国驻京大臣报明外务部存案。此合同共缮五份,盛宫保执一份,汉阳铁厂执一份,萍乡煤矿公司执一份,礼和执两份。

大清钦差大臣督办铁路总公司、轮船招商局、汉阳铁厂、太子少保、工部左堂盛

总办汉阳铁厂事宜三品衔湖北候补道盛

会办汉阳铁厂事宜三品衔候选正郎李

总办萍乡煤矿事宜湖北候选道张

德商礼和洋行

光绪二十八年七月初四日

一千九百零二年八月七号

订立合同人：一、萍乡煤矿公司(合同中称煤矿公司)；一、轮船招商局,汉阳铁厂及督办铁路兼汉阳铁厂、轮船招商局盛宫保(合同中称担保者)；一、上海等处礼和洋行(合同中称礼和)。兹因煤矿公司向礼和借马克三百万,礼和应允,故立下开各款：

一、此合同画押之后,煤矿公司与礼和彼此合意,由礼和借与煤矿公司马克三百万,系现款,由公司总办或汉阳铁厂总办出票签字声明何用,任听随时陆续取用,而煤矿公司于此项借款,允准礼和九五扣用。

二、马克三百万,常年七厘起息,自出期票日期,所借全款不折不扣计息,照后粘本息期单,每半年一付。至所借全款之本,亦照上不折不扣应于八年内匀摊还清,亦照后粘本息期单,每半年一付。第一次摊还礼和借本,系在一千九百零五年正月一号。

三、还本付息，均须缮具期票，盖用煤矿公司关防，并由担保者批行加盖关防。

四、期票所载之数，均用马克，按期在上海交付，照该日之德国马克电报汇费核算。

五、期票所载借款，全数作为煤矿公司存款，由礼和流水登记。其煤矿公司未支之款，给回息常年四厘。

六、一千八百九十九年四月八号彼此（汉阳铁厂不在其内）所订合同，内载倘煤矿公司不能付款，允给礼和利益及所有担保允许之事，准其得行于此合同，与载入此合同无异。

七、汉阳铁厂允保礼和，凡期票未曾付清以前，不得将该厂地基、厂屋、机器等交割出售与人，或向人借钱，或抵押与人。设使于合同期内欲将以上所指厂业抵押与他人，则应先酌提若干，按照格式抵押与礼和或礼和之替人，足敷保实该时尚欠礼和垫款息本之数。又盛大臣允保，倘煤矿公司至还款之期无以应付，则以大冶售与日本矿石之价，抵还借款。该矿石合同，尚有十二年期限。至煤矿公司所出期票，倘有一次逾期三个月不付，则所有已经煤矿公司及担保者批行盖印之还本期票，无论系何年月，均作到期之票，同时向煤矿公司索还本款，其息则仍长年七厘计算，至还本为止。又凡遇此种情事，除照一千八百九十九年四月八号所订合同内载礼和所得利益外，并准礼和代管汉阳钢铁全厂及产业，遵照中国政府现在或将来所给该钢铁厂之利益办事，俟期票还清后，再行将汉阳钢铁厂交还。惟合同虽载此款，仍不干碍礼和向担保者索偿，与合同未载此款一样。而倘至礼和收执煤矿公司之矿及或汉阳钢铁厂地步，应用矿石白石，由盛大臣择最佳者供给，其价即照与日本人所订之合同数目相同。又礼和应用公司煤焦价值，照便宜卖价核算，礼和所用矿石白石及煤焦，一概不付现款，均登礼和账上，作为煤矿公司存款，以便抵还欠款。

八、倘一千八百九十九年四月八号合同，或有所行，或有所不行，均不得借口废此合同。若此合同或有所行，或有所不行，亦不得借口废一千八百九十九年四月八号合同。

九、煤矿公司准礼和将此合同呈由德国驻京大臣报明外务部存案。此合同共缮五份,盛宫保执一份,汉阳铁厂执一份,萍乡煤矿公司执一份,礼和执两份。

大清钦差大臣督办铁路总公司、轮船招商局、汉阳铁厂、太子少保、工部左堂盛

总办汉阳铁厂事宜三品衔湖北候补道盛

会办汉阳铁厂事宜三品衔候选正郎李

总办萍乡煤矿事宜湖北候补道张

德商礼和洋行

光绪二十八年七月初四日

一千九百零二年八月七号

(见《矿务档》,第四册,页 2290—2296)

[按:本合同后因礼和洋行要指实轮船招商局产业作保而作废(参考本书第三章第二节)。因为找不到光绪二十五年萍乡煤矿向礼和洋行借款四百万马克的合同,故抄录本合同以供读者参考。]

(四) 大冶购运矿石预借矿价正合同(光绪二十九年十一月二十八日)

一、督办湖北汉阳铁厂之大冶矿局,订借日本兴业银行日本金钱三百万元,以三十年为期,年息六厘。正合同画押之日,先交金钱一百万元,以后每"叁"(《外交文书》作"三")个月交金钱一百万元。计合同签字后,"陆"(《外交文书》作"六")个月交清,利息照每次到期(《外交文书》作"收到")之日起算。

二、以大冶之得道湾矿山,大冶矿局现有及将来接展之运矿铁路及矿山吊车并车辆、房屋、修理机器厂(此系现在下陆之修理厂),为该借款担保之项。此项担保,在该限期内,不得或让,或卖,或租于他国之官商。即欲另作第"贰"(《外交文书》作"二")次借款之担保,应先尽日本。

三、聘用日本矿师,在取矿之山,归督办大臣节制。俟督办大臣聘用不论何国之总矿师时,该日本矿师即应遵从督办大臣之命令,归总矿师调度。

四、此次借款,言明以制铁所按年所购矿石价值给还本息,不还现款。惟查大冶矿山概系直形,并非平槽,以后采挖愈深,工费愈多,是以"拾"(《外交文书》作"十")年期满,须另议价值。其可以浮面浅挖之处,大冶矿局必应

设法（原文少"法"字，兹从《外交文书》补正）浅挖，以免两面吃亏。总以后十年挖矿之深浅难易，比较前十年。又须考查英国铁价涨跌，折中会定矿价。倘会议不定，即应彼此各请公正人"壹"（《外交文书》作"一"）人，秉公定价。倘此两人有意见不合之处，即由此两人公请一人断定，彼此即应照办，不得再有异议。

五、照光绪二十六年原订合同，改为每年收买头等矿石"柒"（《外交文书》作"七"）万吨，不得再少，以敷全款之息及带还本项，并订明至多不过十万吨。如须于额定"柒"（《外交文书》作"七"）万吨之外，添购"壹"（《外交文书》作"一"）万吨至"叁"（《外交文书》作"三"）万吨，应按其数多寡，于一年至少四个月前，由制铁所长官与督办大臣彼此商量定夺。

头等矿石价目，每吨日本金钱三元，订定十年期限，期满查照第"肆"（《外交文书》作"四"）款办理。二等矿石照光绪二十六年八月原合同第五款办理。如火车运道实来不及，彼此商缓日期，订明二等矿石每吨日本金钱二元二角。

六、正合同签字日起，所有光绪二十五年二月，又二十六年八月所订矿石合同，展限三十年。除购用日煤毋庸照办，矿石价值概照本合同之外，其余未经续议条款，悉照原合同办理。光绪二十六年八月初五日所订矿价，直至（原文少"至"字，兹从《外交文书》补正）明治三十八年八月二十九日为止。是日以后，即照新订合同价值，头等每吨日本金钱三元，"贰"（《外交文书》作"二"）等每吨日本金钱二元二角，照办拾年。

七、借款合同期限，既订明"叁拾"（《外交文书》作"三十"）年，则每年应还本项，便以金钱十万元为度。如某年制铁所收运矿石吨数，价值仅敷还息，则先尽还息，是年应还本项，便迟至下"壹"（《外交文书》作"一"）年归还。又如制铁所收运矿石吨数，价值除抵还借款利息外，尚有多余，大冶矿局即将此多余之数，尽（《外交文书》多"数"字）抵还本项，利随本减。倘本项逐渐减少，计算不到三十年便可还清，则大冶矿局暂停数年还本，以符合同三十年期限。此暂停还本数年内，矿价抵息外，多余之数，制铁所付交现款。

三十年期满，本项如有尾款未（《外交文书》误作"末"）清，大冶矿局自应照数清结，注销合同。然制铁所应允竭力多运，以便在合同限期内，本利全数清讫，俾符原约。

八、制铁所不得在大冶或中国境内设炉设厂,将所购矿石镕炼钢铁。

九、制铁所每次将应付矿价径交日本兴业银行,即取该银行收条交到大冶矿局,作为已收还之款抵算。

十、议定制铁所雇来不拘何船装矿时,带运煤斤之水脚,制铁所应努力使照日本他公司寻常运煤水脚相等。

以上正合同连附件三件,各缮三分,日本制铁所、湖北汉阳铁厂之大(原文缺"大"字,兹从《外交文书》补正)冶矿局、日本兴业银行各执"壹"(《外交文书》作"一")分为凭。

大清国太子少保前工部左侍郎督办湖北铁厂盛(《外交文书》多"宣怀"二字)

大日本国制铁所代表人小田切(《外交文书》多"大日本国钦命驻沪总领事万寿之助"等字)

大日本国株式会社日本兴业银行理事井上辰九郎

大日本国钦命驻沪总领事小田切(《外交文书》多"万寿之助")

(《外交文书》载盛宣怀与驻沪总领事小田切署名的次序互相倒转)

大清国(《外交文书》少"国"字)光绪"贰拾玖"(《外交文书》作"二十九")年"拾壹"(《外交文书》作"十一")月"贰拾捌"(《外交文书》作"二十八")日,订于上海。

大日本国(《外交文书》少"国"字)明治"叁拾柒"(《外交文书》作"三十七")年"壹"(《外交文书》作"一")月"拾伍"(《外交文书》作"十五")日,订于上海。

(《外交文书》载二日期次序先后不同)

附件第一　盛大臣致小田切总领事

敬启者:本日签定《大冶借款正合同》,第五款订明每年售与制铁所矿石,至多十万吨,倘将来大冶矿局除供给自用外,尚有余力可以多售,则于所订十万吨之外,再售两万吨,应届时彼此先期商定。特缮本函,作为合同附件,请贵总领事一并存照。敬颂

日祉。

　　　　　盛宣怀(原文少"宣怀"两字,兹从《外交文书》补正)

附件第二　小田切总领事致盛大臣

敬启者：本日签定《大冶借款正合同》，第"拾"（《外交文书》作"十"）款订明制铁所装矿轮船带运煤筋之水脚，所以力争必须与日本他公司运煤水脚相等者，因虑水脚跌贱，侵碍贵大臣兼辖萍乡煤矿之利，是以制铁所应允努力使令运矿轮船带运煤筋，不得比他公司便宜。特缮本函，作为合同附件，即请贵大臣一并存照。敬颂

日祉。

　　　　小田切万寿之助（原文少"万寿之助"四字，兹从《外交文书》补正）

附件第三　小田切总领事致盛大臣

敬启者：《大冶购运矿石预借矿价正合同》第五条内开：照光绪二十六年原订合同，改为每年收买头等矿石"柒"（《外交文书》作"七"）万吨，不得再少，以敷全款之息，并带还本项云云。本总领事应加函声明，光绪"贰拾陆"（《外交文书》作"二十六"）年八月初五日所订合同，直至明治"叁拾捌"（《外交文书》作"三十八"）年"捌"（《外交文书》作"八"）月"贰拾玖"（《外交文书》作"二十九"）日为止，是以每年收买头等矿石至少"柒"（《外交文书》作"七"）万吨之约，须至明治"叁拾捌"（《外交文书》作"三十八"）年"捌"（《外交文书》作"八"）月"贰拾玖"（《外交文书》作"二十九"）日以后，方能照办。其前约未经（《外交文书》误作"径"字）届满之上"壹"（《外交文书》作"一"）年，即光绪三十年，制铁所应允至少之数，收买头等矿石"陆"（《外交文书》作"六"）万吨，请贵大臣查照（《外交文书》多"复示"两字）为要。特缮本函，作为合同附件。敬颂

日祉。

　　　　小田切万寿之助（原文少"万寿之助"四字，兹从《外交文书》补正）

　　（见《矿务档》，第四册，页2333—2337；《日本外交文书》卷三七，第二册，页201—203）。

(五) 广九铁路与汉阳铁厂订定铸轨章程（光绪三十四年四月呈部核定）

平脚钢轨，每码八十五磅。

一、铁厂应照附粘图式，制一轨模，送总工程司处核准，并照制一模，呈验收员核准，经验收员写明准用，即行开铸。至工程司所核准轨模，应由验收

员交还铁厂,一面照制轨模两付(副?),勒镌广九铁路字样,并注明重八十五磅,存工程司处,照制一付(副?),存验收员处。

二、路轨需用钢制成。

三、每次所备制轨之钢,应含炭、磷两质,务经制轨人化验。若炭质不及一百分之三十分,或过于一百分之四十五分,磷质过一百分之七分半,则钢便不合用。

无论何时,验收员可入化验所,随意取验各钢。其成色如何,应由验收员给以凭单。尚应详细化验之处,其日期时刻,应请验收员自主。所制铁轨,每五百吨中,应取一条,请公正矿苗师详细化验。应需成色,开列于左:

炭质,少不得过一百分之三十分,多不过一百分之四十五分。

砂、养(氧)二质,多不过一百分之十分。

磷质,多不过一百分之七分半。

硫磺,不得过一百分之六。

锰质,多不得过一百分之八十分。

不论化验何轨,若非以上所列成色,则所用制轨之钢,概不准用,铁厂必须另制轨样。

化验路轨之矿苗师,应由验收员聘请,经总工程司核准。其化验如何,铁厂不得异言。所有化验费用,均归铁厂料理。路轨长应一律,须与模型不差,并须格外坚固平直,不得有破裂、罅隙、渣锈各节。当制造路轨时,间或拗曲,只可用压力抒直,不得用椎。路轨首尾,必须平直,不得有力锯痕迹。路轨须凭核准模型铸准,每码应重八十五磅,每轨之重,不能逾一百分之一分,亦不能少一百分之一分。各轨之长,应三十六英尺,然或百条中有六条应用三十三英尺与三十英尺者,并临时酌定尺寸者,应需照配。如有应用短轨之时,准制轨人拣长轨之有破玷者,俟冻冷后,截去其破玷而用之。再者,路轨经拉制之后,不得再用火烧,轨之长短,应照所定尺寸,过长不能逾英尺一分,过短亦不能少英尺一分。短轨须另标记,俾与长轨有区别。钢轨首尾两旁,各钻两孔,径口直线,应一英寸零十六分之三,孔内必须磨光平直,孔边外面,亦不得有凹凸形迹,钻孔之处,须照附粘图式所定方向,不得差错。铁厂所用之孔模,应由总工程司核准。若钻孔之处,以及孔之周回大小,差逾一英寸之三十二分之一,则将原轨驳还。凡孔不得先凿钻而后刨钻。轨旁应镌明 CKR 三字(即华文广九铁路),并注明每码重若干与制造厂名以及年份。

试验钢轨有两法,列左:

　　一、每五十吨中,抽取六英尺长之铁轨一条,用两铁架分列两旁,中离三英尺六寸,将铁轨横置其上,首尾平均,中用二十八吨重物,悬至半分钟之久,低垂不可过至一英寸之十六分五,所悬重物之处,亦不可有缺陷痕迹。

　　二、已经试验之铁轨,如前法安置架上,用一吨重铁块,升高二十英尺,居中从空撞下,连撞两次,铁轨并无炸裂痕迹。其首次所撞陷痕,不得逾四英寸,连撞两次之后,铁轨低垂不得过八英寸。以后随意撞击,经验收员验明轨上痕迹,许可后,方为合用。

如验后未能照以上效果,则凡属此等钢料,概不得用。所有制成之轨,首尾须镌明系用何等钢质制造,其数目以及制造年月各字样,须连贯凿印分明,不得模糊零落。

试验铁轨,应搭铁架器具,以及人工各费用,系铁厂料理。至搭架基址,并搭架处所,以及如何搭法,如何试验,均遵验收员之意办理。试验后,不合用之铁轨,铁厂不得索价。所用试验之铁架、铁竿下,应置坚固木料一块,平方十八英寸,将铁竿安插其上,其木块之下,应放石一块,厚二尺,以制撞击之压力。所用以撞击轨之铁块,其底直线不得逾二十四英寸。如铁厂欲以破玷废用之轨,为试验钢质之用,亦可准其照办。每次所制铁轨之条数若干,丈数若干,与所用钢料若干及制造日期,或日工,或夜工,均须登册记载明白,每日早晨照抄一分,呈验收员察阅。所制铁轨,于未交验收员之先,铁厂务自行筹选,将所有破玷之轨,另置一处,其合用之轨,经验准后,始得运载来粤。验收员验收及试验所用器具、人工、费用,一切均铁厂自理,即化验一切费用,亦铁厂自理。所有驳还废轨,首尾装点红色为记,另置一处,如要移动时,应先告明验收员为是。

钢鱼尾片重应八十五磅。

铁厂应照附粘图式,制一鱼尾片模型,送总工程司处核准,并照制一模,呈验收员核准,经验收员写明准用,即行开铸。至工程司所核准模型,应由验收员交还铁厂,一面照制模型两付(副?),勒镌广九铁路字样,并注明重八十五磅,存工程司处照制,一付(副?)存验收员处。以后凡有所制之鱼尾片,均照此一律,不得参差。

  鱼尾片须用钢料制成钢块,必须镕化至开花时,平面处不可逾六英寸,坠结处不可逾三十六英寸,而后制成长式钢块,首尾切去一尺,以期坚固。于钢料未冷时,照所定尺寸锯成钢片,再将钢片用机器击通四孔,并印成四凹。其钢片用压力平铺,首尾要平直,不得有痕迹,务期与所定尺寸相符。边旁亦应切平孔口,尺寸不得逾附粘图式所定者,孔内要停匀,不得大小参差。凿孔工程,须经验收员监督方可,恐其于凿孔时,有碍钢片,以致废用,并可监察孔边崎岖处,令其收拾完妥。所制鱼尾片,务须与核准原模形式,毫无差错方可。如轻重或逾至一百分之一分,均作废物。每副鱼尾片,应重□□□磅,每片内须载明 CKR 三字(即华文广九铁路),并注明重八十五磅,以及制造厂名与制造年月,将模配用压直机器,印成以上各字样,惟须趁铁片热时,印于四孔之间,较见分明。如验收员以字迹不甚明白,则当另换新模。所用以制片之钢料,每方寸所受拉力,少不能差至二十八吨,多不能逾至三十二吨。每十英寸,可以拉长至一百分之二十三分者,方为合用。鱼尾片于凿孔后及冻后,汇十吨为一束,每束中听验收员随意抽取五片,拗折试验,如中有末(未?)经拗至曲尺形式,便有破裂痕迹者,则全束概不堪用。每次镕化造片铁块,须由铁厂自行先取铁样,化验炭、磷两质成色若何。如炭质逾至一百分之十五分,或少至一百分之十分,磷质逾至一百分之七分半,则所镕化之铁块,均不适用。铁厂务将鱼尾片时刻详加化验,所化验成色,验收员未能满意,应听验收员将此等鱼尾片概行剔驳不用。鱼尾片应含成色列左:

  炭质,不得逾一百分之十五分。

  砂、养(氧)二质,不得逾一百分之十分。

  硫质,不得逾一百分之六分。

  磷质,不得逾一百分之七分半。

  锰质,不得逾一百分之六十分。

  化验鱼尾片(期?)间,或应由验收员另请公正练(炼?)矿司办理,其一切费用,亦归铁厂料理。

鱼尾片数目若干,与所用钢料若干及制造年月,或日工,或夜工,应一一登册,每早照抄一分,呈验收员察阅。

所制鱼尾片,于未交验收员之先,铁厂务自行筹选,将所有破砧之鱼尾片,另置一处,其合用之料,经验收员验后,始得绑捆。铁厂须自备一种铁质器具,照图内所指处,将铁器具钉四个大钢钉,其钢钉直径应一英寸。此种器具,须经验收员核准以后,将鱼尾片安置其上,考验量准,配制螺钉之孔。若考验后,鱼尾片与铁器具相配不准,显与核准模样不符,不合章程所载,则此片即不合用。其验收与试验所需器具、人工、费用,一切均铁厂自理,即化验一切费用,亦铁厂自理。所有不适用之片,首尾装点红色为记,另置一处。如要移往他处时,应先告明验收员为是。凡鱼尾片经验准之后,趁冷冻时,用沸胡麻子油浸之,俟干后再用钢线绑捆成束,每束四片,以便交付,每十束照验收员所示标志为记。

钢狗头订(钉?)

制狗头钉钢料,必须特别好料,照付(附?)粘图式铸造,不得有斑点裂痕,以及鱼鳞痕迹。

制狗头钉之钢料,每方寸所受拉力,应有二十五吨与二十八吨之间,每八寸应得拉长之数,不可少于一百分之二十五分。其原钢条,不拘冷热与熏至镇红火度,放入法表八十二度水内之后,经拗折两次,均无破裂形式,方为适用。由钢制成狗头钉之后,亦当如是。钉头热时,用椎椎之,椎至钉头尺寸,比钉尾阔三倍后,而无罅隙破裂形式,方为合用。

制钉钢样,验收员随时可以选取,以验拉力,并可随时拗折。如验之后,未能照以上效果,则凡属此等料件,概不得用,每条狗头钉之头,须镌明CKR三字(即华文广九铁路)。

所制狗头钉之钢料,试验之后,更当时时化验。化验后,如磷质、硫质、砂、养(氧)二质与锰质太多,概不合用。兹将应含各质成色列左:

磷质,至多至一百分之七分半。

硫质,至多至一百分之六分。

砂、养(氧)二质,至多至一百分之十分。

附　录

锰质,至多至一百分之七十分。

所有制钉钢料,应由验收员筹选,就该厂内监督试验,总工程司间或另请局外练(炼?)矿师,将制钉料样,再行试验。所有费用,均铁厂自理,即厂内化验与试验一切费用,亦铁厂自理,验收员应用所有器具及人工费用,亦应由铁厂备办。

狗头钉制成之后,经验收员核准验收后,铁厂仍须随时拂拭,勿致生斑。后用沸胡麻子油浸之,干后始行装入箱内,外用铁环绑捆。每箱贮满不可逾五百磅,箱面应载明所装何件,并重若干,以及记号。以上各字样,不得印刷墨字,须用烙印照验收员所示办理。

光绪三十四年二月十二日
西历一千九百零八年三月十四号

总办李维格代汉阳铁厂　　　押

汉阳铁厂总办证见人颜　　　押

汉阳铁厂工程总理吕伯　　　押

　　　证见人颜　　　押

广九路局总办魏瀚　　　押

广九路局总工程司格鲁扶　　　押

总办并总工程司证见人赖德　　　押

(见邮传部编纂《轨政纪要初次编》,第三册,页107—113)

(六)广九铁路与汉阳铁厂订造钢轨等件合约(光绪三十四年四月呈部核定)

光绪三十四年二月十二日
西历一千九百零八年三月十四号,广九铁路总办并总工程司(此后条款,均称广九路局),与汉阳铁厂(此后条款,均称铁厂),立此合约。订立本合约,原为遵照所列条约料件、价目、铸轨章程,并照图式,代制以下料件,交付粤东应用。

计开

钢　　轨　一万三千五百吨(每码应重八十五磅)。

钢鱼尾片　六百七十五吨。

钢狗头钉　四百吨。

条约

一、现聘大英工程司(此后条款,均称验收员)一人,在汉阳铁厂,为广九铁路局代表人,其职守系验试所制料件,经其许可,而后装运。当制造材料时,铁厂应为验收员预备一切,俾便于试验。

二、广九路局与铁厂,若有争执合约意旨、条例价目或章程各事,彼此应会请在华英工程司一人,持平论断,各宜听从。

三、所制各种料件,自签约日期起,十六个月内,装运到粤。吨数每种少不可过于四分之一,多不可过于一半。二十六个月内,将所需各料照数全缴。

四、铁厂倘非因天灾不测之故,竟不能按第三节内所限日期交料,广九路局自有权衡,立将第五节所载应留材料款项二成,全行抹销,并将合约注销,铁厂不得异言。

五、验收材料,须照验收员所定件数,汇集成束,经其妥验之后,即由铁厂装运来粤。广九路局接到验收员所核准报关行收单并保险公司保单,即照以下所列价目,付给八成,扣留二成,俟各料照约全办妥帖之后,将所留二成,再行给付。各料价目列左:

钢　　轨　每吨银五十二两(汉口津例银)。

钢鱼尾片　每吨银六十七两(同上)。

钢狗头钉　每吨银九十七两(同上)。

以上各件,运到粤省付交。

(见前引书,页114—115)。

(七)汉冶萍公司中日合办草合同细则(1912年1月29日)

汉冶萍煤铁厂矿有限公司
　　　　　　　　　　　　会订华、日合办煤铁厂矿有限公司草合同,所
日　商　代　表
订大纲条款,开列于左(《中华丛报》缺以上一段文字):

一、改汉冶萍煤铁厂矿有限公司之组织为华、日合办有限公司。

二、新公司应在中国农工商部注册,一切须遵守中国商律、矿律,总公司

设在中国之上海。

三、新公司股本定为三千万(《中华丛报》多"元"字),华股五成,计华币一千五百万元,日股五成,计日币一千五百万円(《中华丛报》作"元")(此股本及将来分余利均以日币算)。华股只能售与中国之人,日股只能售与日本国之人。以后公司股东亏盈共认,不定官利,总照各国通行有限公司章程办理。

四、新公司按照矿律,以三十年为期满。期满后由股东会公议,如欲展限,应照矿律再展二十年。

五、新公司股东,公举董事共十一名,内华人六名,日人五名。再由董事在此十一人内,公举总理华人一名,协理日人一名,办事董事华、日各一名。股东另举查账员四名,华、日各二名。

六、总会计用日人一名,由董事局选派,归办事董事节制。以后添用华总会计一名,彼此平权。

七、汉冶萍煤铁厂矿有限公司之所有一切欠款及一切责任,备有确据者,均由新公司接认。

八、除照矿律,外国矿商不得执其土地作为己(原文误作"已"字,兹从《中华丛报》改正)有外,汉冶萍煤铁厂矿有限公司之所有一切产业、物料暨权利,并照案所享特别利益,均由新公司接收。

九、新公司未经注册以前,由华、日发起人先行办事,所有新公司一切章程,由发起人另行商订。

十、以上所开新公司,华、日合办,俟由中华民国政府电准,汉冶萍煤铁厂矿有限公司立将此办法通知股东。倘有过半数股东赞成,即告知日商,日商亦将情愿照办之意,告知公司,签定正合同,立行照办。告知期限,不得逾一个月。

此草合同在神户会订,照缮二份,各执一份。

明治四十五年一月二十九日

汉冶萍公司现有股本一千三百零八万元,公司代表之意,须填足股本一千五百万元,其添填之股票,作为公司公用。其如何用法,由新公司董事会公议。日商须入股款日金一千五百万円(《中华丛报》作"元"),日商代表之意,除原有华股一千三百零八万元外,另填华股票七十五万元,日商出股款一千三百八十三万円(《中华丛报》作"元")。此条须到东京方能定议,其余各条,彼此允洽,别无异议。

以上草合同十条俟民国政府核准后,敝(《中华丛报》作"厂",误)总理再行加签盖印,特此声明。正月二十九日盛宣怀注。

汉冶萍煤铁厂矿有限公司协理李维格。

日商代表小田切万寿之助(陈真把小田切万寿之助分作二人,误)。

(见《日本外交文书》卷四五,第二册,页 116—117;《中华丛报》第一期,《纪事》,页 2—4,引自陈真编《中国近代工业史资料》第三辑,页495—496。)

(八) 中日汉冶萍矿石价金预付契约十四款(1913 年 12 月 2 日订立)

(按) 本合同俟公司完全履行本合同上所订义务之日起应归消灭。

(甲合同全文)

中华民国汉冶萍煤铁厂矿有限公司(下文简称"公司"),前于前清宣统三年四月三日,即明治四十四年五月一日,与日本国制铁所(下文简称"制铁所")及日本横滨正金银行(下文简称"银行")订立合同,预借生铁价值日金一千二百万元,为公司推广工厂及工厂之用,彼此签押在案。旋于民国元年二月十一日,即明治四十五年二月十一日,因政府需款,已经银行借拨日金三百万元,余款未交。现为湖北省大冶地方新设熔铁炉二座,且扩充改良湖北省汉阳铁厂、大冶铁路、电厂,并江西省萍乡煤矿电厂、洗煤所等项,是以赓续前议主旨,将下余之日金九百万元刻期履行,仍以公司售与制铁所矿石生铁价作抵,请由银行承借所需资本。制铁所、公司、银行均为同意订立合同,所有条款开列于后:

第一款 由银行借与公司款项,总数目定为日金九百万元。

第二款 第一款借款按照新设扩充改良工程预算表,每年所需经费于一月十五日、七月十五日两期付款。惟若改变工程预算或工程进行有碍时,即本项交款日时随即展限。

第三款 按照第二款由银行交款时,公司应出收据,为第一款借款交付之凭据。

附　录

第四款　本合同借款偿还方法，以第七款所订矿石生铁价值归还，本合同生效力之日起算，至第四十年为限。第七年起至第十六年，每年分还日金八万元；第十七年起至第三十六年，每年分还日金二十万元；第三十七年起至第四十年，每年分还日金三十万元。每年于六月十五日、十二月十五日两期，由公司匀还一半。惟如（原文误作"各"字，兹从外交部档案改正）公司以中国自有资本确实招得新股，该股款内拨支所需经费，并偿还新旧一切债务款，尚有余款，或公司所获利益金内，扣除相当官红利暨公积金，尚有余款，公司愿将本合同借款之本利全数或未经偿还之款全数付还银行时，银行允可照办，惟公司须于六个月前预先知照银行。

第五款　本合同借款利息，签定本合同日起算，至第六年，周年七厘。第七年起，至还清之日为止，每年利息最低以周年六厘为度，斟酌市面情形，银行与公司协定。每年于六月十五日、十二月十五日两期，由公司支付银行，惟支付利息由实在交款之日起算。

第六款　公司应以公司现在所有，及因本借款合同，暨于$\frac{民国}{大正}$二年十二月二日银行借与公司日金六百万元借款可添之动产、不动产、一切财产，并将来附属此等财产构成其一部分之所有财产，为本合同借款，暨于$\frac{民国}{大正}$二年十二月二日银行借与公司日金六百万元借款之共通担保，抵押与银行。现在由公司所抵押与银行，暨其他债权者之所有担保财产，除其系本合同借款，暨于$\frac{民国}{大正}$二年十二月二日银行借与公司日金六百万元者外，在未还清其债务之前，均暂为本合同之借款，暨于$\frac{民国}{大正}$二年十二月二日银行借与公司日金六百万元之第二担保，抵押与银行。前项担保，至偿清除（外交部档案作"还清"）本合同借款，暨于$\frac{民国}{大正}$二年十二月二日银行借与公司日金六百万元借款以外之债务，而解除担保权时，不用何等手续，自当为本合同，暨于$\frac{民国}{大正}$二年十二月二日银行借与公司日金六百万元借款之共通第一担保，抵押于银行。公司应将本合同借款,暨于 民国／大正 二年十二月二日银行借与公司日金六百万元借款之共通担保所有财产,开列清单,并详细绘图交与银行。惟所有财产办单,应详细分别第一抵押、第二抵押,并注明其债权者姓名、借款数目、解除担保权日期。公司应将其自有一切地契与银行合同纳于公司会计所银柜,其锁匙二分,一交会计所长,一交银行,共同保管,非经双方同意,不得取出。

第七款　制铁所所购矿石、生铁价值,一切(惟公司应交株式会社以日本兴业银行归还债务之矿价不在内)以公司名义存交银行,先由银行提充公司所借新旧债务之利息后,偿还照约当年应该分还之本款,再预扣其年内可交本利,其余之款,由公司随时提用。制铁所将前项债值交付银行,制铁所应将银行之收据送交公司,以为交付价值之凭据。银行收前项价值之时,认为公司归还银行新旧借款本利。前项存款,应将收款通知书送交公司为凭。前项存款之余款,公司如未动用,银行应照市面情形,付公司相当之利息。

第八款　由制铁所交付银行矿石、生铁价值,若不敷足公司预定应借银行新旧债款本利之时,公司应以现款补足归还。

第九款　公司如欲(外交部档案多"由"字)中国以外资本家等商借款项及其他通融资金之时,必须先尽向银行商借。如银行不能商借,公司可另(外交部档案作"可以另行")筹借。

第十款　银行为公司清理债务起见,求公司发行债票时,公司应承认之,银行应先与公司协商发行之办法。

第十一款　本合同俟公司先(完?)全履行本合同所订义务之日起,应归消灭。

第十二款　应以横滨为本合同借欵、交款并付还本利地方。

第十三款　彼此解释本合同或附件词义,如有意见不合之处,可照通行之公正人评断例,彼此各请公正人评断。

第十四款　本合同及附件缮写中文、日文各六份,制铁所、公司、银行各执各文二份,以为凭据。

中华民国二年十二月二日

日本大正二年十二月二日(原文日期在盛宣怀署名后,疑有误,故加以

更正）

汉冶萍煤铁厂矿有限公司董事会长盛宣怀

制铁所长官男爵中村雄次郎代理藤濑政次郎

横滨正金银行头取井上准之助代理横滨正金银行上海支店副支配人水津弥吉

（乙合同全文）

中华民国汉冶萍煤铁厂矿有限公司（下文简称"公司"）现为偿还短期重利旧债起见，又因其旧债原以日本所借者为最多数，由分年摊还之法，以公司售与日本国制铁所（下文简称"制铁所"）矿石、生铁价值作抵，请由日本横滨正金银行（下文简称"银行"）承借所需款项。制铁所、公司暨银行均为同意订立合同，所有条款，开列于后：

第一款　由银行借与公司款项，总数定为日金六百万元。

第二款　第一款借款，公司与银行协议，将公司以本借款应还债款开列清单，交与银行；每俟债款到期，银行即按照清单，如数交与公司，以资公司转还。

第三款　银行按照前款拨款还债之时，即向公司缴收收据交与银行，以为交付第一款资金之凭据。

第四款　本合同借款偿还方法，以第七款所订矿石、生铁价值归还，本合同生效力之日起算，至第四十年为限。第七年起至第十六年，每年分还日金八万元；第十七年起至第三十六年，每年分还日金二十万元；第三十七年起至第四十年，每年分还日金三十万元。每年于六月十五日、十二月十五日两期，由公司匀还一半。惟如公司以中国自有资本确实招得新股，该股款内拨支所需经费，并偿还新旧一切款，尚有余款，或公司所获利益金内，扣除相当官红利暨公积金，尚有余款，公司愿将本合同借款之本利全数或未经偿还之款全数付还银行时，银行允可照办，惟公司须于六个月前预先知照银行。

第五款　至第十四款，与甲合同同。

惟甲合同第六款内，本合同借款，暨于民国/大正二年十二月二日银行借与公司日金六百万元云云，乙合同则改为日金九百万元云云。

（别合同）

关于中华民国汉冶萍煤铁厂矿有限公司（下文简称"公司"）、日本制铁所（下文简称"制铁所"）、日本横滨正金银行（下文简称"银行"）会同订立 $\frac{民国}{大正}$ 二年十二月二日日金九百万元借款合同（下文简称"甲合同"），暨 $\frac{民国}{大正}$ 二年十二月二日日金九百万元借款合同（下文简称"乙合同"），均各同意订立别合同如左：

第一款　自甲乙两合同并此合同生效力之日起四十年内，公司允除已订合同外，售与制铁所下开数目以内之矿石及生铁：

头等矿石［品质（外交部档案多"与"字）大冶铁矿相同者］一千五百万吨；生铁八百万吨。其交货期限，如系矿石，预先于二年前，如系生铁，预先于三年前，由制铁所知照公司，互相协定分年相当数目，如数交货。

其售价，以制铁所通告时，制铁所购入价值（外交部档案多"为"字）标准，制铁所与公司商酌议定。

公司虽按照前列两合同第四款，于未到期以前还清债款，然本款所订效力毫不致有妨碍。

第二款　公司开采铁矿石年额出在一百万吨以上时，公司与银行协定，可得增加每年摊还借款本银之数目。

第三款　公司应聘日本工程师一名为最高顾问工程师，惟公司愿托制铁所代为选择前项顾问工程师。

第四款　公司于一切营作、改良、修理工程及购办机器等事，应先与前款所载最高顾问工程师协议而实行。至于日行工程事宜，顾问工程师可随时发表意见，关照一切。

第五款　公司应聘日人一名为会计顾问，惟公司愿托银行代为选择前项会计顾问。

第六款　公司一切出入款项，应先与会计顾问协议而实行。

第七款　上列甲、乙合同（外交部档案作"两合同"）暨此合同须俟下开条件实行时方生效力：

（一）订立聘请顾问工程师合同。

（二）订立聘请会计顾问合同及银行与公司协定其职务规程。

第八款　彼此解释本合同或附件词义，如有意见不合之处，可照通行之公正人评断例，彼此各请公正人评断。

第九款　本合同及附件缮写中文、日文各六份，制铁所、公司、银行各执各文二份，以为凭据。

（附件）

中国汉冶萍煤铁厂矿有限公司，与日本国制铁所、横滨正金银行，于大正二年十二月二日订立借款合同，借日金九百万元，并于同日订立合同，借日金六百万元。关于该项合同第四款第二项，三者之间应订立附件互相交换如左：

汉冶萍公司，由中国政府将确（外交部档案多"实"字）在本国内所得中国自有之资金，即中国政府并非向他国不论直接或间接借用所得之资金，借与公司，又其利息较本借款所定利息为轻，并无须担保，公司即将此项轻利之资金，偿还本合同借款之全部，或未经偿还之全部时，银行可以承诺。本附件缮写中文、日文各六份，制铁所、公司、银行各执各文二份，以为凭据。

中华民国二年十二月二日

日本大正二年十二月二日

　　　　（见《中外条约汇编》，页189—191；"中央研究院"近代史研究所藏《汉冶萍预借生铁矿石价合同及附件》）

（九）中日合办九州制钢厂股份有限公司合同二十一款（1916年8月23日订立）

汉冶萍煤铁厂矿有限公司（下文简称"公司"），今与安川敬一郎议订合同，在日本九州创设制钢厂，其章程即以左开各项为宗旨，并准据日本国法律办理。

第一　本厂定名：日文称为株式会社九洲制钢所，华文称为九洲制钢厂股份有限公司，英文则称为 Kiu Shu Steel Works Limited。

第二　本厂经营炼制售卖钢铁并其附带一切事业为目的。

第三　本厂总管营业所，设于日本国，但按营业之状况，得酌定中、日枢要地点设立营业所。

第四　本厂资本定为日金一千万元，分为十万股，每股金额为日金一百元正。前项股份，由中、日两国人各担，为第一期计划，按需要之程度，当先缴股款若干，至股本之半数为止。

第五　本厂股票为记名式，非得董事会之承认，不得出让转售，但因承继取得者不在此例。

第六　本厂之职员为董事八人，监察人二人。

第七　董事及监察人，由股东大会就有本厂股份一百股以上之中、日两国股东中，各选任其半数。但日本股东或中国股东之一方面，如有被选资格之股东不满五人时，须由被选资格之他一方面之股东中选任职员，以补其缺。

第八　董事在任期内，应将自己所持之本厂股票一百股，交存于监察人。

第九　董事会会长就日本各董事，副会长就中国各董事，由董事会互选各一人。

第十　办事董事为二人，就日本并中国各董事，由董事会选任各一人。

第十一　董事任期为三年；监察人任期为二年。

第十二　职员中如遇缺员时，准第七之规定，行补缺选举。当选者之任期，以前任者所余期间为限。但前任者所余期间为日无多时，经现存职员之协议，得不用补缺选举，至下次改选期再行选举。

第十三　职员之薪俸或报酬，由股东大会定之。

第十四　定期股东大会，每年四月开会；临时股东大会，遇有紧要事件，随时开会。股东大会招集于日本。

第十五　各股东于股东大会，每一股有一议决权。

第十六　各厂股东得交付委任状于代理人行使其议决权，但非本厂股东者不得为代理人。

第十七　董事得于股东大会之日期前，或因有事故认为必要时，十四天以内停止注册股份转让过户。但停止注册股份转让过户一事，非经公告，不生其效力。前项规定，于本厂解散后之清算人准用之。

第十八　本厂定以每年二月末日为营业年届最终日而行总决算。

附　录　　　　　　　　　　　　　　　　　　　　　　　　　　217

第十九　本厂于每决算期,由营业赢(盈)余中提存下列各款,其余银款经股东大会之决议得分派与股东,或留至下届。一、公积,一百分之五以上。一、别途公积,一百分之五以上。一、职员办事人酬劳,一百分之五以上。

第二十　分派赢(盈)余付与每年二月末日现存之股东。

第二十一　彼此解释本合同或附件词义,如有意见不合之处,可照通行之公正人评断。凡关于创设前项制钢厂一切事务,不特悉由安川敬一郎及公司担任办理,即所有各种需要费用,且暂由两者各自均分担认垫拨,俟本厂设立之时,由本厂担任,作为创设费用。本合同共缮中、日文各三份,当事者各自签名盖章,各执一份为凭,另各一份呈驻沪日本总领事署存案。

中华民国
日本大正　五年八月二十三日

株式会社九州制钢所创办中国发起人代表汉冶萍煤铁厂矿有限公司董事会会长

株式会社九州制钢所创办日本发起人代表安川敬一郎

(见《中外条约汇编》,页201)

(十) 中日合办九州制钢厂生铁供给合同十一款(1916年8月23日订立)

今以中、日合办组织将创设之株式会社九州制钢所(下文简称"钢厂"),系承买汉冶萍煤铁厂矿有限公司(下文简称"公司")所出生铁,炼制钢铁,以谋收利,故钢厂创办发起人代表安川敬一郎及公司,为将来应设立钢厂之利益起见,关于公司与钢厂购办生铁事宜,本日与公司订立合同如左:

第一条　公司允认钢厂为制钢所需一切生铁,悉由公司供给,安川及公司允使钢厂不由公司以外者购办。前项规定,公司应供给生铁,以每年六万吨为最少限度。以后钢厂欲增加吨数,应先知照,由公司筹画(划),与以前所订购铁合同,并本国销数无碍,自可照数供给。但公司于所定期间内,将钢厂所要求生铁之全数或一部分不供给或不能供给时,钢厂得由第三者购办之。

第二条　公司所供给生铁,须要系头等西门子马丁生铁,并与供给与八幡制铁所者相符。至于其品质成分,照末尾所添分析表为准。

第三条　公司所供给生铁价格,在大冶装船交货,按伦敦三号古力郎

(CLEVE-LAND No.3)生铁之市价为标准。但其市价,每年分二期协定,以一月起至六月,及七月起至十二月,为各一期,算出其平均市价。其各期内所供给铁路价格,照此市价计算。惟不论如何,不得少过公司大冶化铁炉生铁生产费,并加生产费之一百分之二并算之金额。其生铁生产费,照公司实在开销之数目,并间接费用,每半年一定。每月所供给生铁价款,除第一期按照伦敦最近之市价算付外,以后均照上期价格,于其次月十五日以前暂行支付。

第四条　公司自现今筹设之大冶化铁炉告竣,可得供给生铁之日起,担任承办钢厂定购之义务。

第五条　此合同生铁,专指现建大冶化铁炉两座所出之生铁而言。惟公司将来拟办上海或其他地方之化铁炉告竣,可以供给生铁,而其所出生铁与第二条所规定相符时,得以其所出生铁供给与钢厂,惟价值须照此合同再议。

第六条　按本合同所供给生铁之钢厂圈内行之。

第七条　凡因遇有特别事故,人力难施,以致不能履行本合同时,双方须从长计议,妥为办理。

第八条　除前开各项,其余详细事项,日后再行商订合同。

第九条　将来钢厂对公司表示拟享受本合同所订利益之意思时,即当以前八条之规定为内容之合同,成立于钢厂及公司间,但前项表示之期,不得逾一年。

第十条　按前条规定,钢厂与公司间之合同成立时,本合同当失其效力。

第十一条　彼此解释本合同或附件词义,如有意见不合之处,可照通行之公正人评断例,彼此各请公正人评断。本合同共缮中、日文各三份,当事者各自签名盖章,各执各一份为凭,另一份呈驻沪日本总领事署存案。

中华民国五年,日本大正五年八月二十三日

生铁供给者汉冶萍煤铁厂矿有限公司兼代经理

株式会社九州制钢所创办中国发起人代表汉冶萍煤铁厂矿有限公司董事会会长

株式会社九州制钢所创办日本发起人代表安川敬一郎。

(附件)三件

附件一　汉冶萍煤铁厂矿有限公司(下文简称为"公司"),与横滨正金银行,于中华民国二年十二月二日订立甲、乙借款合同第九款载明:公司欲由中国以外之银行、资本家等商借款项及其他通融资金之时,必须先尽向银行商借,如银行不能商借,可以另行筹借等语。此项公司所需应缴株式会社九州制钢所(下文简称"钢厂")股款,先向该银行商借,如该银行不能商借之时,安川敬一郎(下文简称"安川")同意借与公司日本金圆二百五十万元整,其条例开列于后:

第一　公司向安川借用日金二百五十万元,以充缴付其所认股款。

第二　本借款利息长年七厘,每年份于五月末及十一月二次交付,由逐批实行付款之日起算。但实行交付借款时,得以察看银市情形,减轻至不逾六厘之最低度。

第三　本借款还法,由钢厂开炉之日起,前五年付利不还本,第六年起分十年本利均匀摊还,尽钢厂分利项下抵扣,不敷之数,再由铁价内照扣。

第四　倘日后钢厂需用资本日本金元五百万元以上之时,所有公司未缴之一半股本,仍与安川商办借款,一切条款,均照此附件办理。

本附件共缮中、日文各三份,当事者各自签名盖章,各执各一份为凭,另各一份呈驻沪日本总领事署存案。

中华民国
日本大正　五年八月二十三日

汉冶萍煤铁厂矿有限公司
董事会会长安川敬一郎

附件二　株式会社九州制钢所(下文简称"钢厂")创办发起人代表,即汉冶萍煤铁厂矿有限公司(下文简称"公司"),及安川敬一郎,中华民国日本大正　五年八月二十三日与公司订立生铁供给合同而由公司供给之生铁价格,载在该合同第三条规定。然该钢厂系公司及安川敬一郎之两者所共同经营之事业,应互相协力,共谋增进钢厂利益为要,故遵此宗旨,兹特声明:所有公司供给与钢厂之生铁实价,均照生铁供给合同第三条所定价格,以八五折计算。惟无论如何,不得少过公司大冶化铁炉生铁生产费并加生产费之一百分之一并算之额。其生铁生产费,照公司实在开销之数目并间接费用,每半年一定。本附件共缮中、日文各三份,当事者各自签名盖章,各执各一份为凭,另各一份呈驻沪日本领事署存案。

中华民国
日本大正 五年八月二十三日

生铁供给者汉冶萍煤铁厂矿有限公司兼代经理

株式会社九州制钢所创办中国发起人代表汉冶萍煤铁厂矿有限公司董事会会长

株式会社九州制钢所创办日本发起人代表安川敬一郎

附件三　汉冶萍煤铁厂矿有限公司与安川敬一郎,中华民国、日本大正五年八月二十三日所订中、日合办制钢厂合同及生铁供给合同,又附件二件,均恳俟汉冶萍煤铁厂矿有限公司本年十月股东大会通过后,方生效力。

中华民国
日本大正 五年八月二十三日

汉冶萍煤铁厂矿有限公司董事会会长

安川敬一郎

(见《中外条约汇编》,页 201—203)

常用书籍简称表

原 书 名 称	简 称
《今世中国实业通志》	《实业通志》
《日本外交文书》	《外交文书》
《民国经世文编》	《经世文编》
《李文忠公全集》	《李集》
《张文襄公全集》	《张集》
《盛宣怀未刊信稿》	《未刊信稿》
《愚斋存稿》	《存稿》

参 考 书 目

"中央研究院"近代史研究所藏:《汉冶萍厂借款案》(北字一九五三号)、《汉冶萍公司案及附件》(清字六三一号)、《汉冶萍矿务案》(北字一九五三号)、《汉冶萍公司定购电机案》、《汉冶萍预借生铁矿石价合同及附件》(清字六九七号)。

"中央研究院"近代史研究所编:《海防档》(台北,1957年9月)。

"中央研究院"近代史研究所编:《矿务档》(台北,1960年8月)。

王彦威、王亮辑:《清季外交史料》(文海出版社重印,1964年7月)。

张寿庸等编:《皇朝掌故汇编》(文海出版社重印,1964年6月)。

孙毓棠编:《中国近代工业史资料》第一辑(科学出版社,1957年)。

汪敬虞编:《中国近代工业史资料》第二辑(科学出版社,1957年)。

陈真编:《中国近代工业史资料》第三辑(三联书店,1961年)。

陈真编:《中国近代工业史资料》第四辑(三联书店,1961年)。

李文治编:《中国近代农业史资料》第一辑(北京,1957年)。

南开大学经济研究所及经济系编:《启新洋灰公司史料》(北京,1963年)。

黄月波等编:《中外条约汇编》(文海出版社重印,1964年11月)。

邮传部编:《邮传部奏议类编·续编》(文海出版社重印,1967年11月)。

邮传部编:《轨政纪要初次编》(华文书局,1969年)。

《清史稿》(香港文学研究社出版)。

《政治官报》(北京,光绪三十四年)。

于宝轩编:《皇朝蓄艾文编》(台北学生书店重印,1965年)。

日本外务省编:《日本外交文书》卷三一(东京,昭和二十九年九月二十日);卷三二(昭和三十年十二月二十五日);卷三三(昭和三十一年一月二十五日);卷三六(昭和三十二年十二月十五日);卷三七(昭和三十三年七月二十日);卷三八(昭和三十四年三月十五日);卷四〇(昭和三十六年三月一日);卷四二(昭和三十六年七月十日);卷四三(昭和三十七年三月十日);卷四四(昭和三十八年一月十五日);卷四五(昭和三十八年十二月十日);《大正二年》(昭和三十九年九月九日)。

林则徐:《林文忠公政书》(文海出版社重印)。

薛福成:《出使英、法、义、比四国日记》(文海出版社重印,1967年10月)。

薛福成:《出使日记续刻》(台北市京华书局,1968年)。

薛福成:《出使公牍》(台北市京华书局,1968年)。

李鸿章:《李文忠公全集》(文海出版社重印,1962年11月)。

张之洞:《张文襄公全集》(文海出版社重印,1962年8月)。

盛宣怀:《愚斋存稿》(文海出版社重印,1963年6月)。

北京大学历史系近代史教研室整理:《盛宣怀未刊信稿》(北京中华书局,1960年)。

陈璧:《望岿堂奏稿》(文海出版社重印,1967年8月)。

屈大均:《广东新语》(木天阁绣版)。

徐珂编:《清稗类钞》(商务印书馆,民国六年)。

傅春官:《江西农工商矿纪略》(序于光绪三十四年)。

蔡冠洛:《清代七百名人传》(香港亚东图书公司,1963年7月1日)。

徐润:《徐愚斋自叙年谱》(民国十六年印)。

许同莘:《张文襄公年谱》(台湾商务印书馆,1969年5月)。

胡钧:《张文襄公年谱》(文海出版社重印,1967年2月)。

张謇:《张季子九录》(文海出版社重印,1962年2月)。

张孝若:《南通张季直先生传记》(文海出版社重印,1962年2月)。

国史编辑社编:《吴佩孚正传》(文海出版社,1967年8月)。

易国干等编:《黎副总统政书》(文星书店,1962年6月)。

张继熙:《张文襄公治鄂记》(台湾开明书店重印,1966年9月)。

黄鸿寿:《清史纪事本末》(台北三民书局,1959年7月)。

陈赓雅:《赣湘鄂视察记》(上海申报馆,民国二十三年)。

丁文江编:《梁任公先生年谱长编初稿》(台北世界书局,1962年12月)。

凤冈及门弟子编：《三水梁燕孙先生年谱》（民国三十五年）。
王昭然编著：《国父孙中山先生新传》（台北，1959 年）。
许师慎编纂：《国父当选临时大总统实录》（台北，1967 年 6 月）。
丁文江、翁文灏：《中国矿业纪要》（地质调查所出版，民国十年六月）。
谢家荣：《第二次中国矿业纪要》（地质调查所出版，民国十五年十二月）。
谢家荣：《煤》（上海商务印书馆，民国五年八月）。
侯德封：《第三次中国矿业纪要》（地质调查所出版，民国十八年二月）。
侯德封：《第四次中国矿业纪要》（地质调查所出版，民国二十一年十二月）。
侯德封：《第五次中国矿业纪要》（地质调查所出版，民国二十四年十二月）。
顾琅：《中国十大矿厂调查记》（商务印书馆，民国五年八月）。
丁格兰著、谢家荣译：《中国铁矿志》（地质调查所出版，民国十二年十二月）。
刘百闵：《中日关系条约汇释》（长沙商务印书馆，民国二十九年十一月）。
张安世编：《世界年鉴》（上海大东书局，民国二十年）。
曹汝霖：《一生之回忆》（春秋杂志社，1966 年 1 月）。
王尔敏：《清季兵工业的兴起》（"中央研究院"近代史研究所，1963 年 7 月）。
李毓澍：《中日二十一条交涉》（上）（"中央研究院"近代史研究所，1966 年 8 月）。
李恩涵：《晚清的收回矿权运动》（"中央研究院"近代史研究所，1963 年 5 月）。
李国祁：《中国早期的铁路经营》（"中央研究院"近代史研究所，1961 年 5 月）。
翁文灏：《路矿关系论》（民国十七年）。
马寅初：《中国关税问题》（商务印书馆，民国二十四年五月二版）。
中国工程师学会主编：《三十年来之中国工程》（台北华文书局重印，1967 年 8 月）。
阮湘等编：《第一回中国年鉴》（上海商务印书馆，民国十七年十二月四版）。
吴承洛：《今世中国实业通志》（上海商务印书馆，民国十八年二月）。
侯厚培：《中国近代经济发展史》（上海大东书局，民国十八年九月）。
杨大金：《现代中国实业志》（长沙商务印书馆，民国十七年三月）。

方显廷编：《中国经济研究》(长沙商务印书馆,民国二十七年三月)。
黄泽仓：《中国天灾问题》(上海商务印书馆,民国二十四年八月)。
柯象峰：《中国贫穷问题》(正中书局,民国三十四年十月)。
李剑农：《中国近百年政治史》(台湾商务印书馆,1965年10月台四版)。
严中平：《中国棉纺织史稿》(科学出版社,1963年)。
严中平等编：《中国近代经济史统计资料选辑》(科学出版社,1955年8月)。
贾士毅：《民国财政史》(台湾商务印书馆,1962年2月)。
刘秉麟：《近代中国外债史稿》(三联书店,1962年4月)。
徐义生编：《中国近代外债史统计资料 1853—1927》(北京中华书局,1962年10月)。
张心澂：《中国现代交通史》(上海,民国二十年)。
凌鸿勋：《中国铁路志》(台北,1963年3月)。
凌鸿勋：《詹天佑先生年谱》(中国工程师学会,1961年1月)。
凌鸿勋：《中国铁路概论》(编译馆,1950年12月)。
萧一山：《清代通史》(台湾商务印书馆,1963年2月)。
翁文灏：《日本人如何取得铁矿砂的供给》,载《独立评论》第一号(北平,民国二十一年五月二十二日)。
梁宗鼎：《中国钢铁权之丧失》,载《国闻周报》第四卷第四十六期(天津大公报社,民国十六年十一月二十七日)。
翊陶：《日人行将提出交涉之汉冶萍公司附汉冶萍公司各厂矿现状及其负债额》,载《国闻周报》第四卷第四十八期(天津大公报社,民国十六年十二月十一日)。
罗玉东：《光绪朝补救财政之方策》,载《中国近代经济史研究集刊》第一卷第二期(北平社会调查所,民国二十二年五月)。
胡庶华：《整理汉冶萍的意见》,载《现代评论》第六卷第一四七期(上海,民国十六年十月)。
胡庶华：《再论汉冶萍公司的整理》,载《现代评论》第六卷第一六二期(民国十七年一月)。
胡庶华：《中国兵工厂之现状》,载《现代评论》第七卷第一七八期(民国十八年五月五日)。

吴景超:《汉冶萍公司的覆辙》,载《新经济半月刊》第一卷第四期(重庆,民国二十八年一月)。

沈鉴:《辛亥革命前夕我国之陆军及其军费》,载《社会科学》第二卷第二期(清华大学出版,民国二十六年一月)。

谢惠:《山东博山之玻璃工业》,载《民族杂志》第一卷第六期(上海,民国二十二年六月一日)。

胡滨:《十九世纪末帝国主义瓜分中国铁路利权的阴谋活动》,载《历史研究》1956 年 5 期(科学出版社)。

《东方杂志》第六卷八期(上海,宣统元年七月)、第六卷第九期(宣统元年八月)、第七卷第七期(宣统二年七月)、第七卷第九期(宣统二年九月)、第八卷第十一期(民国元年五月)、第十五卷第二期(民国七年二月)、第十五卷第四期(民国七年四月)、第十九卷第八期(民国十一年四月)。

拙著:《清末汉阳铁厂》,载《社会科学论丛》第一辑(台北,1950 年 4 月)。

拙著:《清季铁路建设的资本问题》,载《社会科学论丛》第四辑(台北,1953 年 9 月)。

拙著:《清季英国在华势力范围与铁路建设的关系》,载《社会科学论丛》第五辑(台北,1954 年 10 月)。

拙著:《清季西法输入中国前的煤矿水患问题》,载《"中央研究院"院刊》第一辑(台北,1954 年 6 月)。

拙著:《清季的货币问题及其对于工业化的影响》,载《"中央研究院"院刊》第二辑(台北,1955 年 12 月)。

拙著:《山西煤矿资源与近代中国工业化的关系》,载《"中央研究院"院刊》第三辑(台北,1956 年 12 月)。

拙著:《上海在近代中国工业化中的地位》,载《"中央研究院"历史语言研究所集刊》第二九本(台北,1958 年)。

拙著:《从徐润的房地产经营看光绪九年的经济恐慌》,载《"中央研究院"历史语言研究所集刊》第三五本(台北,1964 年)。

拙著(与王业键合著):《清代的人口变动》,载《"中央研究院"历史语言研究

参考书目

所集刊》第三二本（台北，1961 年 7 月）。

拙著：《铁路国有问题与辛亥革命》，载《中国现代史丛刊》第一册（正中书局，1960 年 3 月）。

拙著：《汉冶萍公司之史的研究》，载《中国现代史丛刊》第二册（正中书局，1960 年 6 月）。

拙著：《鸦片战争前江苏的棉纺织业》，载《清华学报》新一卷第三期（台北，1958 年 9 月）。

拙著：《费慰恺：中国早期工业化：盛宣怀与官督商办企业》，载《清华学报》新五卷第一期（台北，1965 年 7 月）。

徐义生：《由甲午战争至辛亥革命时期清政府外债》，载《经济研究》1957 年 4—6 期。

吴廷燮：《论清光绪时之财政》，载《文献论丛》（北平故宫博物院文献馆，民国二十五年）。

吴廷燮：《铁路大事记》，载《国史馆馆刊》第二卷第一期（龙门书店，1967 年 2 月锓版）。

陈炳章：《五十年来中国之公债》，载中国通商银行编《五十年来之中国经济》（京华书局，1967 年 8 月）。

A User, *Iron and Steel* (London, 1948).

Beckmann, G. M., *The Modernization of China and Japan* (Tokyo, 1965).

Buchanan, N. S., "Deliberate Industrialization for Higher Incomes," in *Economic Journal*, December, 1946.

Burn, D. L., *The Economic History of Steelmaking 1867 – 1939* (Cambridge, 1940).

Chang, Chung-li, *The Income of the Chinese Gentry* (Seattle, 1962).

Chang, Kia-Ngau, *China's Struggle for Railroad Development* (New York, 1943).

Cheng, Yu-Kwei, *Foreign Trade and Industrial Development of China* (Washington, D. C., 1956).

Clough, S. B. and Cole, C. W., *Economic History of Europe* (Boston,

1952).

Cressey, George B., *Land of the 500 Million, A Geography of China* (New York, 1955).

Encyclopaedia American (New York, 1964), Vol.25.

Feuerwerker, Albert, *China's Early Industrialization: Sheng Hsuan-huai (1844-1916) and Mandarin Enterprise* (Cambridge, Mass., 1958).

Feuerwerker, Albert, "China's Nineteenth-Century Industrialization: The Case of the Hanyehping Coal and Iron Company, Ltd.", in C. D. Cowan, ed., *The Economic Development of China and Japan* (London, 1964); Reprint No.5 of Center for Chinese Studies, The University of Michigan.

Feuerwerker, Albert, "*Industrial Enterprise in Twentieth-Century China: The Chee Hsin Cement* Co.," in Albert Feuerwerker, etc., ed., *Approaches to Modern Chinese History* (Berkeley, 1967); Reprint No. 27 of Center for Chinese Studies, The University of Michigan.

Feuerwerker, Albert, *The Chinese Economy, ca. 1870 - 1911* (Ann Arbor: Michigan Papers in Chinese Studies, No.1, 1968).

Feuerwerker, Albert, *The Chinese Economy*, 1912 - 1949 (Ann Arbor: Michigan Papers in Chinese Studies, No.5, 1969).

Givas, Meredith, "Iron and Steel Industry," in Edwin R.A. Seligman, ed., *Encyclopaedia of the Social Sciences* (New York, Fifteenth Printing, 1963).

Heaton, Herbert, *Economic History of Europe* (Tokyo, 3rd Printing, Sept., 1965).

Hilgerdt, Folke, *Industrialization and Foreign Trade* (League of Nations, Geneva, 1945).

Ho, Ping-ti, *Studies on the Population of China, 1368-1953* (Cambridge, 1959).

Jansen, Marius B., "Yawata, Hanyehping, and the Twenty-one Demands," in

Pacific Historical Review, Vol. XXIII, No.1 (University of California Press, Feb., 1954).

Kent, P. H., *Railway Enterprise in China* (London, 1907).

Lieu, D. K., *China's Industries and Finance* (Peking, 1927).

Tawney, R. H., *Land and Labour in China* (U.S.A., 3rd Edition, 1964).

Tegengren, F. R., *The Iron Ores and Iron Industry of China* (Peking, 1923–1924).

Woodhead, H. G., ed., *The China Yearbook 1924* (Tientsin).

Woodhead, H. G., ed., *The China Yearbook 1928* (Tientsin).

Woodhead, H. G., ed., *The China Yearbook 1932* (Tientsin).

Wu, Yuan-li, *The Steel Industry in Communist China* (New York, 1964).